मदरसा
[उपन्यास]

मदरसा

मंज़ूर एहतेशाम

राजकमल प्रकाशन
नयी दिल्ली पटना इलाहाबाद कोलकाता

ISBN : 978-81-267-1981-5

मूल्य : ₹ 550

पहला संस्करण : 2011
दूसरी आवृत्ति : 2014

प्रकाशक : राजकमल प्रकाशन प्रा. लि.
1-बी, नेताजी सुभाष मार्ग, दरियागंज
नई दिल्ली-110 002

शाखाएँ : अशोक राजपथ, साइंस कॉलेज के सामने, पटना-800 006
पहली मंजिल, दरबारी बिल्डिंग, महात्मा गांधी मार्ग, इलाहाबाद-211 001
36 ए, शेक्सपियर सरणी, कोलकाता-700 017

वेबसाइट : www.rajkamalprakashan.com
ई-मेल : info@rajkamalprakashan.com

आवरण : जेम्स स्कॉट एडवर्ड

मुद्रक : बी.के. ऑफसेट
नवीन शाहदरा, दिल्ली-110 032

MADARSA
Novel by Manzoor Ehtesham

दिलीप चित्रे की स्मृति में,
इजलाल मजीद के लिए

लेखक की ओर से

एक जाती दुनिया और एक आती दुनिया के बीच एक वक़्फ़ा, एक अन्तराल होता है।

यह उपन्यास उस ज़माने का क़िस्सा है जब मुम्बई, बम्बई हुआ करती थी : इसमें घटनाओं की काल-अवधि अप्रैल, 1987 तक है, जब वह बहुत कुछ, जो उसके बाद हो चुका है, नहीं हुआ था, मगर जिसके होने की भूमिका बनना शुरू हो गई थी।

उपन्यास का विषय वह परिवर्तन नहीं है; यह उस ज़िन्दगी के बारे में है जो सारे बदलाव के बाद, हर ज़माने में, बाक़ी रह जाती है।

मदरसा

एक

1. अम्मा–अन्तिम शोडाउन!

बात बिगड़नी तो काफ़ी पहले बम्बई में ही, जब उसने अब्बा की ज़मीन में से ख़ुद कुछ करने की मंशा से, अपना हिस्सा माँगा था, शुरू हो गई थी। लेकिन धीरे-धीरे बिगाड़ का यह स्वरूप हो जाएगा, यह अनुमान उस समय उसे बिलकुल नहीं था।

पिछले वर्ष ऐसे बीते थे, जिनमें कई ऐसे मामलों पर से पर्दा उठा था, जिन्हें वह अपने बचपन से जोड़कर समझने की कोशिश के बाद भी, नहीं समझ पाता था, और चीज़ें किसी हद तक स्पष्ट हुई थीं।

यह कि वह यतीम था, और तब तक ज़िन्दगी में जिन्हें अपना सगा पिता समझता रहा, वह अम्मा के दूसरे पति और ख़ुद उसके सौतेले बाप थे! उसी हिसाब से, दोनों छोटी बहनें, उसकी सौतेली बहनें।

और यह कि सौतेले बाप की जायदाद में उसका कोई क़ानूनी हिस्सा नहीं बनता था!

फिर, एक-के-बाद दूसरी, कई ऐसी बातें, जिनका जानना, जीवन के उस पल, न सिर्फ़ अम्मा के प्रति उसके सोच को गड़बड़ाता था, बल्कि जो कुछ कभी रहा होगा, उसे उसकी दृष्टि में सन्देहास्पद बनाता था।

अगर ऐसा था, तो उस समय, जब उसकी गृहस्थी भोपाल में जम चुकी थी, अम्मा ने उसे और मरियम को बम्बई वापस लौटने पर क्यों मजबूर किया?

जवाब एक ही था : महज़ अपने स्वार्थ के कारण!

बम्बई में, जायदाद के उलझे मामलों को सुलझाने के लिए कोई भरोसेमन्द भाग-दौड़ करनेवाला नहीं था। उस समय, जब देश में आपातकाल लागू था, चतुरता से कुछ भी किया-कराया जा सकता था।

अब्बा की पहली शादी से एक नहीं दर्जन-भर औलादें थीं, लेकिन सब अपढ़-निकम्मी और अम्मा-अब्बा, ख़ासकर अम्मा की दुश्मन।

पिछले वर्षों में ही बातें खुलकर साफ़ हुई थीं।

तब तक, उसकी कोशिशों से, ज़्यादातर जायदाद के मामले, अब्बा के पक्ष में सुलझ चुके थे, और अपने लिए कुछ माँगने पर, अम्मा के इनकार के बाद, जो कोशिश ख़ुद उसने अपने पैरों पर खड़े होने की की थी, वह न सिर्फ़ पूरी तरह असफल हो गई थी, बल्कि मामला जिस तरह खुलकर सामने आया था, उससे अम्मा को यक़ीन हो गया था कि वह अब्बा की ज़मीन में अमल-दख़ल करके, ग़ैर-क़ानूनी तौर पर, बँधा पैसा कमाना चाहता था।

उसने अनावश्यक सफ़ाई देने की ज़रूरत नहीं समझी थी, और एक बार फिर, मरियम और बिटिया के साथ, उसी शहर भोपाल का रुख़ किया था, जो बीते ज़माने में एक बार उनकी शरणस्थली रह चुका था।

दुनिया में अव्वल तो आदर्श-नामी तोता पालता कौन है, या अगर पालता है, तो उसकी परवरिश गिद्ध की तरह करता है—दूसरों को नोचने-खसूटने के वास्ते इस्तेमाल करने को!

ज़िन्दा चीज़ें अपनी उम्र गुज़ार सकने के लिए आब, हवा और ग़िज़ा की मोहताज होती हैं, वह तोते हों, गिद्ध या इनसान।

कभी कोई बेईमानी करने से पहले दिल में यह नीयत थोड़ी करता है कि मैं फ़लाँ-फ़लाँ काम बेईमानी का करने जा रहा हूँ।

बेईमानी भी हो जाती है, ईमानदारी ही की तरह!

जो हो जाए, उसके पक्ष में दलीलें पेश करना कौन-सा मुश्किल काम है!

लगता है, हमारे ज़माने में ऐसा हो गया, लेकिन शायद दुनिया बनने के साथ ही ऐसा रहा होगा।

सवाल-जवाब का जोखिम भी, किसी के साथ, इस तक़ल्लुफ़ को बरतते हुए ही उठाया जा सकता है कि कहीं हम किसी लक्ष्मण-रेखा का उल्लंघन तो नहीं कर रहे।

फिर भी, दुनियादारी के सारे तक़ाज़े ज़ेहन में रखने की कोशिश के बावज़ूद, कभी-कभी ऐसा हो ही जाता है! (जैसा करने की मन में बेहद इच्छा के बावज़ूद, हम नहीं करना चाहते।)

भोपाल आने के बाद, यहाँ कुछ अपना काम करने के सिलसिले जोड़ता, एक बार, जब वह वापस बम्बई गया था, तो ऐसा ही कुछ अम्मा और उसके बीच हो गया था, जिसके नतीजे उसे अम्मा का वह रौद्र-रूप देखने को मिला था।

—जा, जा! ग़ुस्से की लौ पकड़ती आवाज़ में अम्मा ने उसे ललकारा था।—तेरी हैसियत मेरे लिए कपड़े की उस चिन्दी-सी है, जो महीने पर औरत बाँधती है! तुझसे कितने कीड़े मेरे जिस्म से गन्दगी बनके बह गए, बेग़ैरत! तू बात किससे कर रहा है!!

पल-भर को उसे चक्कर आ गया था!

आँखों के सामने अँधेरा और कानों में झाँइयाँ बोलने लगी थीं।

कड़वाहट और बिगाड़ के बावज़ूद, उसने कल्पना नहीं की थी कि अम्मा इस मुहावरे में, कभी उससे बात कर सकती थीं, या उसके कान उनकी आवाज़ में कभी यह सुन सकते थे।

तब तक हो रही बातचीत, जिसमें ख़ुद उसके तेवर आक्रामक रहे थे, या आक्रामकता से जिसकी शुरुआत हुई थी, ग़ायब—उसका दिमाग़ बिलकुल ख़ाली हो गया था।

उसने क़रीबी दीवार का सहारा न लिया होता, तो ग़श खाकर गिर पड़ा होता।

अनजाने और अनचाहे, उसकी आँखों से आँसुओं की मोटी धारें बह निकली थीं।

यह कि उसके भीतर आँख से बह सकनेवाले पदार्थ की इतनी मात्रा मौज़ूद थी, उसे अन्दाज़ा नहीं था, क्योंकि अपनी याददाश्त में वह शायद ही क़भी रोया था।

ज़िन्दगी के उलझावे, या मौत के सदमे, उसे इस प्रकार प्रभावित नहीं कर पाए थे कि उसे अपने भीतरी समन्दर का एहसास हो पाता।

और पता नहीं, वह रोना ही था या उसे अलग से कोई नाम दिया जाना चाहिए, क्योंकि उसकी आँखें बहती रही थीं, लेकिन हलक़ से कोई आवाज़ नहीं निकली थी।

बल्कि पूरे समय, उसके चेहरे पर, शायद मुस्कुराहट ही खेलती रही थी!

अच्छा हुआ उस पल वहाँ कोई तीसरा नहीं था, वरना क्या मज़ाक बनता उसका!

एक छः फिटा, लहीम-शहीम आदमी, जितना-जितना मुस्कुरा रहा था, उतने ही ज़्यादा आँसू उसकी आँखों से बह रहे थे।

'स्माइल मसल्स' और 'टेयर डक्टस' का ऐसा मसख़रा शॉर्ट-सर्किट, शायद ही कभी देखने में आता हो।

जाने कितना अन्तराल रहा होगा, अम्मा का कहा सुनने के बाद उसकी चेतना लौटने में, लेकिन जब ऐसा हुआ था, तो उसने पाया उस बीच एक पल को भी अम्मा चुप नहीं हुई थीं—लगातार उसी दीवानगी में बोले चली जा रही थीं।

वह उसकी पूर्ण पराजय का क्षण था, कोई सन्देह नहीं!

उनकी नाराज़गी और गुस्सा उसके कानों तक, सिर्फ़ आवाज़ की ऊँच-नीच बनकर पहुँच रहा था, जिसे शब्दों में समझ पाना, या जिसका वाक्यों में अर्थ निकाल पाना, सम्भव नहीं था।

आस्तीन की कोर से आँखें ख़ुश्क करते, उसने नज़र भरकर उन्हें देखा था : आँखों में कौंधती दीवानगी, नफ़रत से फड़कती नाक, और ख़ुद पर नियंत्रण बनाए रखने के लिए, फ़र्श पर बिछे क़ालीन पर हौले-हौले उठते क़दम : उन्होंने हरे फूल-बूटे का गाउन पहन रखा था, और नाक में दमकती, क़ीमती हीरे की लौंग थी।

अधूरे हवास की हालत में भी जो एक शब्द सिमटकर उसकी ज़बान पर आया, वह 'वाह' ही था!

एक बार फिर वह अम्मा के रोब और दबदबे का क़ायल हो गया था!

—वाह! कुछ पल ठहरकर उसने दोबारा ऊँची आवाज़ में दोहराया था, अम्मा को एकटक देखते।

—वाह-वाह क्या कर रहा है! वह और भड़क उठी थीं—कोई मुशायरा हो रहा है यहाँ!

—मुशायरा तो नहीं, उसे अपनी आवाज़ मनों बोझ में दबी, कमज़ोर और कहीं दूर से आती लगी थी—वाह-वाह क्या सिर्फ़ शेर सुनकर ही की जाती है! आपको मान गए, उसकी दाद दे रहे हैं! आपके सामने हमारी हैसियत क्या है, उसने इस तरह कहा था, जैसे उनसे नहीं, ख़ुद अपने-आपसे बात कर रहा हो—हर मायने में आप हमारी अम्मा हैं! वार और ऐसा तीखा! बक़ौल शायर, 'तेग़आज़मा का हाथ ही काम से जाता रहा!' मान गए।

—जा स्साले! उनके स्वर में हिक़ारत थी—शेर सही याद रख सकने तक की तो तमीज़ नहीं, कि 'तेग़आज़मा का हाथ ही', और 'हाथ ही तेग़आज़मा का' के बीच फ़र्क़ कर सकते! शायरों-अदीबों की दोस्ती का दम भरते हैं! हमसे सवाल-जवाब करके तफ़सील और सफ़ाई चाहते हैं! केंचुवे स्साले! वह कौन-सी बदबख़्त घड़ी थी, मालिक! जो मैंने इन जान के दुश्मनों को जना! जन दिया था, तो गला घोंटकर ख़त्म क्यों नहीं कर दिया! ऐसी कौन-सी ख़ता हुई मुझसे, मेरे मालिक, जिसकी सज़ा तू इन मरदूदों को, मेरे सिर पे मुसल्लत करके दे रहा है!

—घड़ी और पल, मेरी पैदाइश के, ख़ूब याद होंगे आपको! उसके मुँह से इस सहजता से निकला था जैसे अम्मा को जता देना चाहता हो कि उसकी सिर्फ़ एक लड़ाई में मात हुई थी, जंग अभी बाक़ी थी!—जब बेटे ने जन्म लेकर आँखें खोलीं, और बाप ने दुनिया को अलविदा कहा। जब...उसने वाक्य अधूरा छोड़ दिया था। लगा था, पूरा करने की ज़रूरत नहीं थी।

वह उसके दिमाग़ को अच्छे-से समझती थीं!

—हाँ! उन्होंने गुस्से में, पूरी ताक़त से चीख़ते हुए, कहा था—डाकू! पैदा होते ही बाप को खा गया!

और आँधी में पत्ते-सी काँपती, कुछ घातक कर गुज़रने से बचने के लिए, वह कमरे से चली गई थीं।

शायद ठीक ही किया उन्होंने, वरना उतनी देर में वह शॉक और सदमे

से इतना तो उबर ही चुका था, कि मासूमियत से पूछ बैठता—खा कहाँ गया? आपकी राह आसान कर दी! आज़ादी दिला दी! वह मरते नहीं, तो एक कंगाल की मुहब्बत आपके लिए कितने दिन काफ़ी होती! कितना साथ निभा पातीं आप उसका, या जब तक वह जिया, कितना साथ रहीं आप उसके!

शुक्र है उसके यह सब कहने की नौबत नहीं आई।

2. ज़िन्दगी जब बिगाड़ पर तुली हो...

यह थी उसकी अम्मा से वह अन्तिम भेंट, जिसे अविस्मरणीय कहा जा सकता था, और जिसके बारे में जानकर मरियम ने पूरी तरह अम्मा का ही समर्थन किया था! उसका ख़याल था साबिर ने अम्मा को इतना कड़वा बोलने पर विवश कर दिया होगा, वरना मरियम उनका असल स्वभाव जानती थी।

यह इसके बावजूद कि बम्बई में रहते जो-जो बीता था उसमें ज़्यादा की ख़ुद मरियम गवाह रही थी, और बाक़ी बातें वह उसे खुलकर बताने की कोशिश करता रहा था। मरियम अम्मा की ज़्यादतियों को लेकर बड़ी हद तक साबिर से सहमत भी लगती रही थी!

उस भेंट के बाद मिलना उसका अम्मा से कई बार हुआ था, लेकिन सरसरी।

ऐसा नहीं कि बुनियादी रिश्ता ख़त्म हो गया हो : एक माँ और बेटे के बीच वह हो भी कैसे सकता है।

लेकिन कोई चीज़ थी, दोनों के बीच, जो सर्द पड़ गई थी।

ऐसा नहीं कि अम्मा का गुस्सा और ज़बानी चाबुक, उसने दूसरों पर इस्तेमाल होते न देखे हों, लेकिन यह कल्पना नहीं थी कि किसी दिन वह ख़ुद भी उनका शिकार हो सकता था!

सचमुच, अगर अम्मा भड़की थीं, तो यूँ ही नहीं!

जब बेटा माँ से अपने बाप को लेकर, या माँ के चरित्र के बारे में, शको-शुबहा के स्वर में बात करने पर उतर आए, तो माँ—वह भी अम्मा जैसे सोच और दिमाग़ की औरत, कर भी क्या सकती थी!

कहावत है कि मुहब्बत और जंग में सब जायज़ होता है!

मुहब्बत तो उसे अम्मा से हमेशा से थी, यह जंग वाला पहलू रिश्ते में धीरे-धीरे, पिछले वर्षों में शामिल होता गया था।

ज़िन्दगी जब बिगाड़ पर ही तुली हो तो बहाने तो मिल ही जाते हैं!

जैसा कि भोपाल आकर उसके मरियम और बिटिया से सम्बन्धों का हश्र हुआ था!

या उसके हर उस क़दम का, जो उसने सुधार की उम्मीद से उठाया था, या उठाने की कोशिश की थी।

सियाने कहते हैं, बुरे वक़्त में अक़्ल भी ख़ुद की दुश्मन हो जाती है।

हो सकता है, वह किसी ऐसे ही अक़्ल के सूर्यग्रहण से गुज़र रहा हो!

अम्मा के सामने आज अगर वह अपनी दुर्गति बयान करने को जोश मलीहाबादी की पंक्ति—'सब शहादत के हैं आसार, चनाजोर गरम!' पढ़े, तो उसमें भी वह कोई ग़लती निकाल दें!

देखते-देखते, अम्मा और बम्बई के अन्य घरवालों के अलावा, यहाँ भोपाल में मरियम और बिटिया भी उसका साथ छोड़ गई थीं और आम सहमति यह थी कि ऐसा उसकी ज़्यादतियों के कारण हुआ था।

उसने उन्हें ऐसा करने पर मजबूर किया था!

मरियम से उसकी मिसाली दोस्ती और आपसी समझ, (अगर सचमुच वह कभी थी तो!) एक पुरानी कहानी बन चुकी थी, और उसकी जगह दूरी और तटस्थता ले चुके थे।

मरियम को उसके साथ एक ही छत के नीचे रहना तक गवारा नहीं था और उसे उसके हाल पर छोड़कर वह शहर के बिलकुल दूसरे हिस्से में किराए के मकान में रह रही थी। उसकी अपनी नौकरी और आमदनी थी, इसलिए पैसों की तंगी नहीं थी।

वह अपनी और बिटिया की ज़िन्दगी की मालिक थी।

कभी-कभी वह ख़ुद उन लोगों से मिलने चला जाता था, और मिलकर ऐसा लगता था, जैसे किन्हीं पुराने शनासाओं के साथ बैठा हो, जो उसकी ताक़त और कमज़ोरियों से अच्छे-से परिचित हों।

सारी बातचीत सतही-सतही।

कब, शराब की धुनकी में, उसने मरियम को तलाक़ देने का ऐलान किया था, ख़ुद उसे न तो याद था, और न वह किसी ऐसी ज़बानी तलाक़ में विश्वास करता था।

मरियम ऐसा करती थी, और दुनिया की नज़र में पति-पत्नी रहने के बावज़ूद, वह एक-दूसरे के लिए पराए हो चुके थे।

ऐसा उसके मरियम को अपनी समझ की सारी दलीलें देने के बावज़ूद था।

बातचीत में वह किसी मुद्दे की तफ़सील में जाना चाहता भी तो मरियम अपनी ज़िद्दी चुप साध लेती जिसके आगे हर हथियार ओछा साबित होता और जिसकी महिमा वह अभी तक मरियम के साथ बिताए उम्र के हिस्से में बारहा देख चुका था। ऐसा चाहे, एक ज़माने में, मरियम के अपने परिवारवालों के लिए रहा हो, कभी साबिर से नाराज़गी के कारण या फिर कुछ ऐसे लोगों के लिए जिनके प्रति उसके मन में मैल आ गया हो।

एक विचित्र समानता का अनुभव, अम्मा और मरियम के व्यक्तित्व और स्वभाव में होता था, इस अन्तर के साथ कि मरियम नाराज़ होकर भी किसी पे चिल्लाती या गाली-गुफ़्तार नहीं करती थी।

एक चुप साध लेती थी वह, जो आमतौर पर अम्मा के शोरगुल से अधिक प्रभावकारी साबित होता था।

अक्सर, उसका यह शक यक़ीन में बदलता लगता कि मरियम को उससे अधिक अम्मा, अब्बा और उसके अन्य रिश्तेदारों से मुहब्बत और सहानुभूति थी। वह अम्मा की ऐसी एजेंट थी जिससे उन्होंने साबिर को अपनी राह से अलग करने का काम, एक समय, उन दोनों के क्रान्तिकारी विवाह का समर्थन करके लिया था।

बम्बई में ज़रूर मरियम को अम्मा से मोहभंग होता प्रतीत होता था, और भोपाल दोबारा आने का भी उसने खुलकर समर्थन किया था, लेकिन यहाँ तो बिगाड़ की सल्तनतें उनके स्वागत की हर प्रकार तैयारी कर चुकी थीं!

भोपाल आने के कुछ ही समय बाद मिसेज़ गांधी की हत्या और बड़े स्तर पर सिख विरोधी दंगे हुए थे, और ख़ास भोपाल में, यूनियन कार्बाइड का मनहूस गैस रिसायन हादसा।

उसी के कुछ बाद, मरियम के दिमाग़ में फ़तूर जागा था कि वह उससे छिपाकर, दूसरी शादी करना चाहता है और उसकी मर्ज़ी के ख़िलाफ़ एबॉर्शन कराके, उसने उस बच्चे से मुक्ति पाई थी जिसकी वह माँ बननेवाली थी।

इसी दीवानगी का अगला चरण मासूम बिटिया के निकाह का तमाशा था।

सोचने पर यह भी लगता था कि होनेवाली कुछ चीज़ें तो ज़रूर ऐसी थीं जिन पर उसका क़ाबू नहीं था, लेकिन और बहुत सारी चीज़ें?!

क्या वह सचमुच उतना ही मासूम और निर्दोष था जितना ख़ुद को समझना चाहता था?

समझने का ख़ुद से ही पोज़ करता था!

उसकी स्मृति में, काफ़ी कुछ ऐसा था जो संकेत करता था कि सबकुछ उतना इकहरा और सरल नहीं था, जितना अपनी सुविधानुसार, वह उसे बनाकर सोचना और याद करना चाहता था!

ख़ुद को औरों द्वारा प्रताड़ित समझने को!

कितनी ही बातें थीं जो नानीजान, जब-जब वह पाकिस्तान से आती थीं, इशारों-कनायों में कहा करती थीं।

फिर, जब अलीगढ़ मामू ने पढ़ाने की मंशा से, उसे अपने पास रखा था, तो उसके लिए यतीम बच्चों के फंड से इमदाद ली थी।

यह भी, मालूम उसे तब ही हो गया था, लेकिन ऊपरी तौर पर समझ में नहीं आया था, और गहराई में जाने की उसने ज़रूरत नहीं समझी थी।

उधर, अब्बा की पहली शादी से औलादें जो ताने-तिशने करती थीं, वह भी खुलेआम था।

इस सबके बावज़ूद अम्मा, अब्बा और बहनों के अपनेपन ने उसे कभी अलग इकाई की तरह सोचने ही नहीं दिया।

सच देखा जाए, तो उसे अन्दाज़ा रहा था, कि अब्बा से पहले अम्मा किसी और मर्द को ब्याही थीं, जो शादी के कुछ समय बाद, शायद जब वह ख़ुद पैदा भी नहीं हुआ था, फ़सादों में मारा गया था!

बाद में अम्मा की शादी, जो एक कम-उम्र की विधवा थीं, अब्बा से कर दी गई थी जो उम्र में उनसे ख़ासे बड़े, अपढ़, लेकिन साहिबे-हैसियत रँडवे थे।

यह सब जिस ज़माने में हुआ, वह ख़ुद किस उम्र का रहा होगा, और हो रहे में क्या दख़ल दे सकता था, यह सोचना मुश्किल नहीं था!

वह पहला आदमी, अम्मा का पहला शौहर और ख़ुद उसका सगा पिता कौन था, इस ख़याल को तो उसके अस्तित्व के साथ, किसी प्रेत-सा पलना और धीरे-धीरे बाक़ी ज़िन्दा लोगों पर अपनी परछाईं डालना था।

3. असल और परछाईं : 'गिल्टी टिल प्रूव्ड इन्नोसेंट!'

–हर चीज़ की परछाईं होती है, कुछ समय पहले अलीगढ़ मामू ने उसे किसी उधेड़-बुन में उलझा देखकर समझाने के अन्दाज़ में कहा था–जो उसी के साथ दफ़न भी हो जाती है। ज़िन्दा लोगों और उनकी असलियत को बेजा शको-शुबह में पड़ने के बजाय सूरज की रोशनी में देखा-परखा जाना चाहिए।

यह उन मामू का मशवरा था जिनकी वह दिल से इज़्ज़त करता था।

जिन्होंने उसे अलीगढ़ में साथ रखकर पढ़ाने की कोशिश की थी, और पिछले समय में जिस तरह बातें खुलकर सामने आई थीं, उनकी रोशनी में जो अम्मा के पहले पति अर्थात् ख़ुद उसके हक़ीक़ी पिता के बहुत क़रीबी दोस्त भी रहे थे।

यही नहीं, जिसके न रहने के बाद, जिन्होंने अम्मा की दूसरी शादी में भी महत्त्वपूर्ण भूमिका निभाई थी।

मामू की ख़ुद की ज़िन्दगी, आम लोगों के लिए किसी पहेली से कम न थी।

सारे विरोधाभासों के चलते, अलीगढ़ मामू के ज़िन्दगी और ज़िन्दा लोगों के प्रति रवैए में, एक फ़ल्सफ़ियों की शाने बेनियाज़ी थी, और वह सही-ग़लत या सच-झूठ जैसे पैमानों को, ज़िन्दगी को समझ सकने के लिए, अनुपयुक्त और ग़लत मानते थे।

वह तरह-तरह, अलग-अलग मौक़ों पर, उसे भी समझाने की कोशिश कर चुके थे कि तुम्हारी ज़िन्दगी एक अनोखा सफ़र, उसका रास्ता और मंज़िल सब अनोखे। इस अनोखेपन को समझोगे तो ख़ुद को जान पाओगे! बाक़ी सब जो लिखा-पढ़ा डिस्कस किया जाता है, ट्रैफ़िक के क़ानून की तरह है, जिसका

जानना हर सवारी के लिए ज़रूरी है, लेकिन इसका सफ़र की असलियत से कुछ भी लेना-देना नहीं।

हालात ऐसे बनते गए थे कि वह सफ़र की असलियत के बजाय, ट्रैफ़िक के क़ानूनों में ही उलझकर रह गया था!

और अब तक दोनों चीज़ें इस तरह गड्डमड्ड हो चुकी थीं कि वह ख़ुद को, एक को दूसरे से अलग करके देखने के अयोग्य पाता था।

न उसे किसी को तक़लीफ़ पहुँचाना था, न किसी से इन्तक़ाम लेने की भावना दिल में बची थी।

सिर्फ़ कुछ सवाल थे (कुछ समय पहले तक!) जिनके जवाब से उसका होना-न-होना जुड़कर रह गया था।

उन जवाबों तक पहुँचने की कोशिश और प्रक्रिया में अगर उसके हाथों किसी को कोई तक़लीफ़ पहुँची, तो उसका वह क्या कर सकता था!

कुछ मामलों की तह तक पहुँचने और लोगों की असलियत जानने की मंशा से उसने जो क़दम उठाए, ख़ुद उसकी असलियत याद दिलाकर उसे रोकने की कोशिश की गई।

ख़ुद अपने स्वभाव के दोहरेपन—डुप्लिसिटी—से उसे कहाँ इनकार था? मगर इसका स्वीकार भी वह किसी ऐसे व्यक्ति के सामने ही कर सकता था, जो कम-से-कम उससे कम दोग़ला या बेईमान हो!

अब जबकि उम्र जीवन की चौथी-दहाई की दहलीज़ छूने को थी, एक पूरी ज़िन्दगी का सरमाया—माँ, बीवी, बेटी, दोस्त, पहचानवाले, मालो-असबाब, हद यह कि सिर छिपाने का छप्पर तक, सब दाँव पर लगा था।

यह तक अन्दाज़ा नहीं था कि आनेवाला कल उसके लिए क्या सौग़ात लेकर आनेवाला था।

लगता था कि चित-पराजय और पुट-शिकस्त, दोनों उसी के थे!

इस बार बम्बई से जब वे तय करके चले थे कि आइन्दा ज़िन्दगी भोपाल में गुज़ारनी है, तो उनके पास—मरियम और उसके ज्वाइंट एकाउंट में, इतना पैसा था कि ज़िन्दगी नये सिरे से शुरू करने के बारे में सोचा जा सकता था।

उसमें वह कमाई भी शामिल थी जो उन्होंने पिछली बार यहाँ साथ की ज़िन्दगी और उसके बाद बम्बई में मरियम ने नौकरी करके जमा की थी, और वह आमदनी भी, जो अब्बा की ज़मीनों के बेचने पर ख़रीदारों ने उसे नज़राने की शक्ल में दी थी।

उसे कमीशन इसलिए नहीं कहा जा सकता था कि उसे मालिक और ख़रीदार दोनों पार्टियों से वसूल किया जाता है, जबकि उसने अब्बा या अम्मा से एक पैसा नहीं लिया था।

बात जब खुली थी तो अम्मा को इस पर भी कड़ा एतराज़ हुआ था कि उसने बिना उन्हें बताए किसी से भी पैसा क्यों लिया।

वह यह मानने को तैयार नहीं थीं कि पैसा उसने माँगा नहीं था बल्कि पार्टियों ने, जैसा कि लेन-देन का उसूल है, उसे ख़ुद दिया था।

एक ओर कहा जा रहा था कि सगी औलाद न होने के कारण अब्बा की सम्पत्ति में उसका कोई हक़ नहीं था, दूसरी ओर जितना एक दलाल का सौदा कराने में बनता, उसका उससे आधा लेना भी गवारा नहीं था।

यह थी आपसी भरोसे के ख़ात्मे की शुरुआत।

आगे यह कुछ और भद्दी हो गई थी, क्योंकि अपने खोए हुए हक़ की पूर्ति की मंशा से उसने सचमुच कुछ ज़मीन ग़ैर-क़ानूनी तौर पर बेचना चाही थी।

उसमें सफ़ल नहीं हो पाया था और नुक़सान उठाना पड़ा था।

लोगों के रहने की चाल, जो उसने इस उद्देश्य से बनवाई थी, कॉर्पोरेशनवालों ने बसने से पहले ही तोड़ डाली थी।

उसके नफ़े-नुक़सान को सोचे बग़ैर, उस समय, अब्बा से कहीं ज़्यादा वह अम्मा के सदमे का कारण बना था, हालाँकि तब उन्होंने उससे सीधे-सीधे कोई जवाब तलब नहीं किया था। बस, उनके और अन्य घरवालों के व्यवहार में एक साफ़-साफ़ महसूस किया जा सकनेवाला परिवर्तन आ गया था।

ऐसा भी नहीं कि तमाम सौदों में ही उसे पैसा मिला हो।

शुरू की डीलिंग्स में उसने साफ़ मना कर दिया था, लेकिन बाद में जब यह लगने लगा कि उसका उपयोग एक समझदार-ईमानदार मुंशी के रूप में

किया जा रहा था, रोटी, कपड़े और ऊपरी ख़र्चे के एवज़, तो उसने सारी बात मरियम के सामने रखी थीं।

मरियम को उससे हमदर्दी थी लेकिन–'मज़हब के नज़रिये से हक़ नहीं बनता, तो छोड़ो,' उसने मशवरा दिया था।–'हमारा सबकुछ ठीक तो चल रहा है। यह समझ लो कि अब्बा ने जो मुहब्बत की है, सारी उम्र का क़र्ज़ चुका रहे हो।'

मरियम जॉब कर रही थी।

बिटिया के स्कूल और उसके अपने शौकों के अलावा कोई ख़ास ख़र्च थे भी नहीं, या ज़रूरत होती तो अम्मा पैसा दे देती थीं।

ग़र्ज़ कि किसी प्रकार की तंगी नहीं थी।

बात ज़रूरत या तंगी की नहीं, दिल को बुरा लगने की थी।

उसने मरियम से खुले शब्दों में कहे बग़ैर ख़रीदारों से नज़राने क़बूल करना शुरू कर दिया था!

मरियम यह भी नहीं कह सकती थी कि वह सारे मामले से बिलकुल अनजान थी, क्योंकि कई पार्टियों ने पैसा चेक से अदा किया था, और उनका ज्वाइंट एकाउंट था, जो मरियम ही ऑपरेट करती थी। सो यह कि पैसा आ रहा था, और कहाँ से आ रहा था, वह न जानना चाहती तो भी सम्भव नहीं था।

और इतनी लम्बी लेन-देन में, कुल जमा, मिला कितना पैसा था उसे?

बमुश्किल आठ-दस लाख, जिसमें से ज़्यादा तो उस चाल के चक्कर में ही खुट गया था!

उसके अलावा वो अगर उस घड़ी बम्बई छोड़ न देते, तो जाने कितने लोग, जिन्होंने चाल के लिए एडवांस दिए थे, अपना पैसा वापस माँगते; उनका घेराव कर रहे होते!

'चाल का चक्कर' एक प्रकार से ज़िन्दगी में बिगाड़ की औपचारिक शुरुआत था, जिसका निरन्तर सिलसिला, उसके बाद से चल रहा था। शुरू में, उसकी ज़िद भी, कि ख़ुद की और बाक़ी लोगों की, असलियत कह लें उसे या सच्चाई, वह मालूम करके छोड़ेगा, हालात की ख़राबी के अनुपात में बढ़ी थी!

जितना-जितना वह बीते वक़्त में हो चुके को जानता गया था, मौज़ूदा ज़िन्दगी आसान होने के बजाय और मुश्किल और भविष्य की कल्पना एक पहेली में बदलती लगी थी।

वह अनजानी जगहों पर गया था, अजनबी लोगों से मिला था, सुने को 'हुआ होगा' के रूप में सोचने की कोशिश की थी : उस 'परछाईं' को, एक ज़िन्दा वजूद में परिवर्तित कर सकने के प्रयास में जो कभी अम्मा का पहला पति और ख़ुद उसका सगा बाप रहा होगा।

ददियाली ख़ानदानवालों से मिलकर उसने टूटा हुआ राब्ता क़ायम करने की कोशिश की थी और उन मदरसों को समझना चाहा था जिन्होंने बीते ज़माने में कभी उसके माँ और बाप को क़रीब लाने और फिर उन्हें जुदा करने में महत्त्वपूर्ण भूमिका निभाई थी।

उस पर लेन-देन में गड़बड़ और चाल बनाने के असफल प्रयास के अलावा अम्मा की ओर से जो अन्य आरोप थे उनमें बम्बई में अब्बा की पहली शादी से जो औलादें थीं, जिनका अम्मा के प्रति हमेशा दुश्मनी का रवैया रहा था, उनसे दोस्ती के सम्बन्ध बनाना, और अम्मा की पहली ससुराल अर्थात् ख़ुद उसकी ददियाल जिसे वह सिरे से भूल चुकी थीं और भूले रहना ही चाहती थीं, खोजकर उन लोगों, अर्थात् उसकी फूफियों और उनके परिवारों से दोबारा सम्बन्ध स्थापित करना थे।

उस 'परछाईं' का कोई दूसरा भाई नहीं था, यह बिना किसी के प्रत्यक्ष रूप से बताए, वह जानता था, यह उन लोगों से मिलकर पुख़्ता हुआ था। मतलब नानीजान, मामू, ख़ाला या अन्य किसी के कहे द्वारा उसे पता चला होगा या अम्मा की सौतेली औलादों के आए दिन के गाली-गलौच और ताने-तिश्नों से।

अम्मा को लगा था कि वह दो विभिन्न पक्षों के प्रति, ऐसा व्यवहार चुनने की हिम्मत कर रहा था, जो उनकी पसन्द के विपरीत था।

सच यह नहीं था।

उम्र और मानसिक पुख़्तगी के साथ उसे महसूस हुआ था कि अब्बा की वह औलादें अम्मा के लिए सौतेली हों मगर अब्बा की तो सगी थीं। उन्हें अब्बा की मिल्कियत में उनके अधिकार से क्यों वंचित रखा जाए?

उसकी पैरवी से अब्बा ने उन लोगों को जितना सम्भव हो सका, उनका हक़ दिया भी था।

अम्मा ने उसका खुलकर विरोध तो नहीं किया, मगर वह समझ रहा था, ऐसा होना उन्हें अच्छा बिलकुल नहीं लगा था।

उन्होंने इसे किसी रूप में साबिर की अब्बा की सम्पत्ति में अधिकार न होने की प्रतिरोधी कार्यवाही के रूप में देखा था।

अम्मा की सौतेली औलादों को यह अच्छा लगा था, और पुरानी दुश्मनी भूलकर, उनका अम्मा और परिवार के प्रति रवैया हमदर्दाना हो गया था।

इसी से मिलता-जुलता उसका अपनी ददियाल डिस्कवर करने का मामला था।

वंश-वृक्ष, यानी एक पेड़ के तने पर एक शाख–किसी पत्ते के रूप में आपका वजूद गिनाती हुई–हर कोई अपने पास सुरक्षित रखना चाहता है।

सही या सच नहीं खोज पाता तो झूठा आविष्कार कर लेता है!

क्योंकि उम्र के हर बीतते दिन के साथ एहसास होता है कि उस फ़ज़ूल दस्तावेज़ की रोज़मर्रा ज़िन्दगी में कितनी बड़ी अहमियत है।

बिलकुल पासपोर्ट की तरह!

अवश्य, यही भावना उसके सगों को खोजने के पीछे रही होगी, ख़ासतौर पर इस सार्वजनिक घोषणा के बाद कि अब्बा उसके सगे पिता नहीं थे, अकेलेपन के बढ़ते एहसास का सामना कर सकने के लिए।

उसे क्या पता था कि ख़ानदान की तफ़सील, सरहिन्द से सम्बन्ध और वहाँ पूर्वजों का लम्बा पड़ाव, आलिमों का सिलसिला जो जिहाद का रास्ता तय करता, अन्ततः एक प्रकार के सूफ़ी पंथ में परिवर्तित होकर लम्बे ज़माने से बरेली को अपना घर बनाए हुए था, जहाँ उसके दादा (परछाईं के पिता) का स्थापित किया हुआ एक दीनी मदरसा था, के साथ-साथ उसे कुछ ऐसा भी जानने को मिलेगा जो कुछ समय के लिए अम्मा के बेदाग़ व्यक्तित्व को अजीब प्रकार से धुँधलाकर, उन्हें गहरे सन्देह की परिधि में खड़ा कर देगा।

यह आग माँगने गए, मिल गई पैग़म्बरी की तरह था!

हालाँकि उसके बाद वह ख़ुद के, किसी भी अर्थ में, मूसा होने का दावा नहीं कर सकता था!

लोगों के ज़बानी कहे-सुने को सच मान लेने के बजाय उसने ख़ुद, अपने ढंग से मामले की खोजबीन करने के बाद असलियत तक पहुँचना चाहा था।

अदालतें 'इन्नोसेंट टिल प्रूव्ड गिल्टी' मानती हैं।

ख़ुद उसके साथ 'गिल्टी टिल प्रूव्ड इन्नोसेंट' वाला मामला हो गया था!

भोपाल लौटने के बाद महज़ तीन वर्षों में वह सरमाया, जिसके बूते एक नई शुरुआत की योजना थी, सब उड़नछू हो गया था! कुछ उसके हाथों तो कुछ मरियम द्वारा, कहीं इन्वेस्ट तो कहीं ख़र्च होकर।

शेयर ख़रीदने की मरियम की पुरानी आदत थी, और उसमें अक्सर उसने कमाया ही था।

फ़िलहाल पता नहीं था, वह कितने लाख की डूब में थे!

अकाउंट बुक्स और सारा हिसाब-किताब मरियम के पास था, और वह ख़ुद लगभग क़ल्लाश, टेकरी के कच्चे मकान के सामने, पत्थर के चबूतरे पर, बेंत की कुर्सी डाले बैठा था।

मरियम को उससे शिकवा था शराबख़ोरी और औरतबाज़ी का।

और भी होंगे, जो वह खुलकर कहती नहीं थी, या अभी तक नहीं कहे थे।

उसे मरियम से शिकायत थी, दूसरी औलाद के लिए रज़ामन्द न होकर, बिना उसे बताए, एबॉर्शन करा लेने की!

उसके बाद, साबिर की मर्ज़ी के ख़िलाफ़ बिटिया के निकाह की कार्यवाही करने की!

और अपने शौहर के बजाय, उसके विरोधियों—अम्मा और इस शहर में उसके अन्य रिश्तेदारों और एक समय रह चुके दोस्तों-समर्थकों की तरफ़दारी की!

शिकवे-शिकवे-शिकवे!

अम्मा से उसको, उससे अम्मा को।

मरियम को उससे, उसको मरियम से।

बिटिया को उससे, और न जाने किस-किससे!

शिकवों का पूरा एक जहान आबाद था, जिसमें शिकवे बरसते थे, शिकवों की खेती होती थी।

लोग शिकवे पहनते, शिकवे खाते थे।

शिकवा-शिकायत ज़िन्दगी का दूसरा नाम बना हुआ था।

4. नॉर्मल, यानी अदना और मामूली!

अमजद ने आठ तक आने का कहा था।

धूप कमज़ोर पड़ने लगी थी।

हवा बन्द, गर्मी बेपनाह और बिजली ग़ायब।

इमली के नीचे, कुर्सी खींचकर, वह किताब के पन्ने पलटने और आसपास का जायज़ा लेने बैठ गया था।

एक स्थानीय उर्दू शायर का ग़ज़ल-संग्रह था।

वह उसके दोस्त, वकील का मित्र था और एक शाम उसी के साथ यहाँ टेकरी पर आया था। चलते समय वह अपने दर्द-का-सरमाया, यह संग्रह उसे भेंट कर गया था!

अन्दर दर्ज—'जनाब साबिर साहब के लिए, जिनके साथ उनके ख़ूबसूरत घर में ज़िन्दगी के यादगार लम्हे बिताने का मौक़ा मिला'—अब ख़ुद शायर साहब को याद था या नहीं!

बिलकुल टुन हालत में गए थे वह यहाँ से।

शायरी भी, बस क़ाफ़िया नापनेवाली ही थी, जैसी नब्बे-फ़ीसदी ग़ज़ल करनेवालों की होती है।

उर्दू में बाक़ी कुछ जैसा भी हो, ग़ज़ल ख़ूब लिखी जा रही थी।

उर्दू ही क्या, लोग हिन्दी में भी ग़ज़ल को ख़ूब अपना रहे थे, मगर हालत वहाँ भी कुछ बेहतर न थी।

नीचे सड़क पर एक मोटरसाइकिल और उसके पीछे-पीछे कोई कार ज़ा रही थी।

अन्दर वॉल-क्लॉक ने बारह के घंटे बजाए थे!

ख़रबूज़े को देखकर ख़रबूज़ा रंग बदलता है, तो वॉल-क्लॉक भला क्यों पीछे रहे!

दो दिन पहले उसने क्लॉक एडजस्ट किया था, कि रात को घड़ी चुप रहे और दिन को घंटे बजाए।

जाने क्या घपला हुआ कि घड़ी मनमानी पर उतर आई, और सारी पाबन्दियों से आज़ाद हो गई।

सितम यह कि दिन को चुप रहने और रात को डंके पीटने लगी!

पिछली रात सोते से जागकर मन हुआ था कि उसे दीवार से उतारकर दूर तालाब में सन्ना दे।

फिर फ़ौरन ही शेर याद आया था—कहा हम ऊँट पर बैठें, कहा तुम ऊँट पर बैठो/कहा कोहान का डर है, कहा कोहान तो होगा।

जिस ज़िन्दगी और बिगाड़ का चोली-दामन का साथ चल रहा था, उसमें झुँझलाहट की कहाँ गुंजाइश!

और नाम भी तुम्हारा बुज़ुर्गों (अलीगढ़ मामू के सिवा कौन रहा होगा!) ने ख़ूब समझकर रखा—साबिर यानी सब्र करनेवाला!

तो सब्र कर, दरिया में डाल!

तुझे ज़मीन नहीं भाती, और आसमान तुझे क़बूल करने पर राज़ी नहीं।

वॉल-क्लॉक पर काहे का गुस्सा, बेजान शै है बेचारी!

ख़ामोशी से देखते रहो, जब मुहलत मिले, कान उमेठकर ठीक कर लेना।

फिर उस पठान को याद करके उसे हँसी आ गई थी जिसका मुर्ग़ा रात को बे-वक़्त बाँग देने लगा था। पठान ने इसका इलाज मुर्ग़े के पिछवाड़े घी लगाकर किया था, कि साँस ही न रुकेगी तो बाँग कहाँ से देगा!

ऐसा ही कुछ शायद वॉल-क्लॉक के साथ भी करना पड़े!

आश्चर्य यह कि ख़ासा क़ीमती वॉल-क्लॉक उसके घर की दीवारों पर टँग के इतनी जल्दी रात और दिन की तमीज़ भूल गया था।

बम्बई से भोपाल शिफ्ट होकर कुछ दिन बाद, जब अपने काम की जुगाड़ खोजता वह फिर बम्बई गया था तो अपने लम्बे समय के इकलौते मित्र संजय से अपनी वॉल-क्लॉक की ज़रूरत बयान की थी। संजय के कस्टम विभाग के लोगों से मेल-मरासिम थे और इम्पोर्टेड चीज़ें वाजिबी क़ीमत में मिल जाती थीं।

संजय वॉल-क्लॉक को लेकर साबिर के जीवन में हुए मोहभंगों को जानता था। जाने कैसे, वही अकेला था, जो हर प्रकार से ग़ैर और पराया होने के बावज़ूद उससे बेगाना नहीं हुआ था, और जिससे वह खुलकर अपने जीवन-अनुभवों को साझा कर पाता था।

उसे विस्तार में नहीं जाना पड़ा था।

उसके होंठों से 'ऑटोमेटिक वॉल-क्लॉक' प्रसंग सुनते ही संजय ने किसी दार्शनिक की मुद्रा-भंगिमा धारण करते सहानुभूतिपूर्वक कहा था—मैं समझ गया सब! यह क्लॉक की ट्रेजडी, तुमने मुझको बोला—तुम्हारे मामा का, ख़ाला का, इधर बड़े घर का भी (बड़ा घर, अर्थात् अम्मा-अब्बा का घर!) लाइफ़, नाम ही, साबिर भाई, उस रंडी का है, जो दिखाती अंग-अंग है, पैसा वसूलती है! हाथ वहाँ नहीं धरने देती, जहाँ तुम चाहते हो! बाक़ी सब बिछा देती है, तुम लेटो-बैठो उस पर। धमाल मचाओ, रातें बिताओ, गोट जमाओ, मेला लगाओ! भुतनी की।

जीवन-दर्शन की व्याख्या इन सरल और खरे शब्दों में वह ख़ुद कभी नहीं कर पाता, मगर यह सही था कि अगर वह ख़ुद अपने जीवन को कुछ अध्याय में बाँटना चाहे तो एक का शीर्षक 'दीवार घड़ी' अवश्य ही होगा!

तीन घरों, तीन निहायत आत्मीयों ने, ज़िन्दगी में विभिन्न अवसर पर, उसे आश्वस्त किया था कि उससे बढ़कर उन लोगों के लिए जीवन में बहुत-सी चीज़ें नहीं थीं। जब चाहे, जो चाहे, वह माँगकर देखे, उसे मिलेगा, वह उसे देंगे। इतना ही नहीं, ज़ोर देकर मजबूर किया था, कि तुम तो माँग ही लो, ताकि हम देने की परीक्षा से छूटें!

पहली बार इत्तिफ़ाक़ से, और उसके बाद, ज़िद में, उसने उन तीनों से, विभिन्न मॉडल के, पुराने बन्द या चालू वॉल-क्लॉक माँगे थे, और

पाया था, उन तीनों आत्मीयों को वह वॉल-क्लॉक साबिर से अधिक प्रिय थे!

तीनों ने, सीधे इनकार किए बिना बहाना कर दिया था, और वॉल-क्लॉक उसे नहीं मिले थे।

संजय ने उस ख़ूबसूरत दीवार घड़ी की व्यवस्था कर दी थी जिसमें कई तरह के एडजस्टमेंट की सुविधा थी, जो इतनी मुद्दत बिना हील-हुज्जत काम करते रहने के बाद एकाएक अपना मानसिक सन्तुलन खो बैठी थी।

उसने अन्दर जाकर देखा—सवा सात हुआ चाहता था।

किचन में बड़ा पेग रम का बनाकर आईस-क्यूब्ज़ और ठंडा पानी मिलाने के बाद, कुर्सी ऊपरी चबूतरे पर खींचकर वह वापस बैठ गया।

तथाकथित 'मानसिक सन्तुलन' का खोना उसे ज़रा भी आश्चर्य में नहीं डालता था।

असन्तुलित अर्थात् पागल या नीम-दीवाना, आमतौर पर ऐसे व्यक्ति को कहा जाता था जिसे दुनिया अपनी सुविधानुसार समझ नहीं पाती थी : ऐसा सियाना जो नॉर्मलों से आगे की सुधबुध रखता हो!

जिसकी नज़र सितारों से आगे के जहानों पर हो।

ऐसे लोगों की तो क़द्र की जानी चाहिए, और शायद अपने ढंग से की भी जाती थी।

नॉर्मल, यानी अदना और मामूली!

ख़ुद उसके रिश्तेदारों में तो, ख़ासतौर पर, पागलपन का अलग ही महत्त्व रहा था!

दुश्मन मज़ाक के स्वर में कहते थे उसके ननिहाल में कुछ पार्ट-टाइम दीवाने थे और बाक़ी फुल-टाइम!

कोई आसेब कहता, कोई जिन्नात, लेकिन जिन लोगों के आधार पर यह कहा जाता था उन्हें उसने ख़ुद असाधारण रूप से समझदार पाया था, जिसका सबसे बड़ा उदाहरण अलीगढ़ मामू थे।

कहा जाता था, और कुछ ख़ुद उसकी याद में भी सुरक्षित था, कि समय-समय पर मामू पर अलग-अलग दीवानगी के दौरे पड़ते रहे थे।

उस हालत में वह पत्नी और सन्तानों से बुरे सुलूक से लेकर, आत्महत्या के प्रयास तक, सबकुछ कर चुके थे।

बहुत बाद में जाकर वह नॉर्मल हुए थे, लेकिन लोग तब भी उन्हें सन्देह की दृष्टि से देखते थे।

परिवार में एक महिला रिश्तेदार भी थीं, जिनका दीवानगी और होशो-हवास की अवस्था में, लम्बी उम्र तक, शैतान से धारावाहिक संवाद चला था, और अब भी, हालाँकि अब वह ख़ासी बूढ़ी हो चुकी थीं, कुछ छोटी-बड़ी गुफ़्तगू, उस दोस्त-दुश्मन से हो ही जाती थी!

बचपन में उसने उनकी बातचीत के जो अंश सुने थे, वह दिमाग़ पर एक अमिट छाप छोड़ गए थे।

बिलकुल जीनियस : कोई बड़ा फिलॉसफ़र भी उसके आगे कहाँ टिकेगा!

अम्मा का परिवार नामी-गिरामी मज़हबी आलिमों का गढ़ था : कट्टरपंथी विचारधारा को मानने और अन्य सारे प्रकार के इस्लामी ब्रांड्स को ग़लत गर्दाननेवाला। धार्मिक मामलों पर, अविभाजित भारत में, उनकी राय विशेष महत्त्व रखती थी।

अम्मा के अब्बा, यानी उसके नाना के, अनेक शागिर्द ऐसे थे जिन्होंने देश के स्वतंत्रता-संग्राम में नाम कमाया और बाद में, ऊँचे पदों पर रहे : हिन्दुस्तान और पाकिस्तान, दोनों देशों में।

यह सोचने पर ज़रूर अजीब लगता है कि किसी समय दीन और दुनिया को एक झंडे के नीचे जमा किया जा सका, मगर ऐसा हुआ।

वह लोग एबनॉर्मल ही रहे होंगे जो दीन से दुनिया को जोड़नेवाले रहस्य को आत्मसात् कर पाए, वरना तो लोग इस कोशिश में तरह-तरह की दिशाहीनता के शिकार ही नज़र आते हैं। बीते ज़माने में भी और आज भी!

और ऐसे लोग भी हर ज़माने में मौजूद नज़र आते हैं, जो अपनी उम्र का ज़्यादा हिस्सा भटक चुकने के बाद अन्ततः थक-हारकर नॉर्मल हो जाते हैं। जैसे कि अलीगढ़ मामू!

शायद अलीगढ़ मामू को, अब भी, नॉर्मली-नॉर्मल नहीं कहा जा सकता।

और वह 'परछाईं', जो कभी ख़ुद उसका बाप था : था तो वह भी, नाना का ही एक शागिर्द!

वह अगर ज़िन्दा रहता तो आज क्या होता?

इन सबको सोचते ही, अम्मा उसे लिलीपुट में गुलीवर लगती थीं!

न कोई उलझावा, न पछतावा।

बिना किसी की परवाह किए, जो ठीक समझती थीं, वह करती थीं।

दुनिया भी उन्हीं के सामने झुकती थी।

एक वह ख़ुद ही अम्मा के शब्दों में 'नाशुक्रा' था, जिसने उनसे टक्कर लेने की जुर्अत की थी।

क्या सचमुच, उसने कुछ भी सिर्फ़ अम्मा को तक़लीफ़ पहुँचाने की मंशा से किया था?

कुछ ऐसा जो ग़लत था और नहीं किया जाना चाहिए था?

शायद हाँ!

शायद ना!

समय बीतने के साथ मुद्दे मामूली लगने लगे थे, और लोग—अम्मा और मरियम जैसे लोग—महत्त्वपूर्ण।

लेकिन जो हो चुका, वह किसी सूरत में मिटाया तो नहीं जा सकता।

अगर वह लोगों के नाम एक माफ़ीनामा भी लिख भेजे, हथियार उनके क़दमों में डालने के अन्दाज़ में, तो गारंटी तो नहीं कि वह लोग भी पसीजकर या शर्मिन्दा होकर, उसके जज़्बे को सराहें या उसकी क़द्र करें!

क्या पता अम्मा को सचमुच उससे तक़लीफ़ पहुँची भी थी या नहीं?

हो सकता है, वह ख़ुद अपनी तक़लीफ़ उनके खाते में डालने की मूर्खता कर रहा हो!

आसमान में बेरौनक़, अधूरा चाँद टँक गया था, जिसकी निर्जीव रोशनी तालाब की लहरों पर मातमी ढंग से फैल-सिमट रही थी। हवा के झोंके राहत का एहसास बनकर चलना शुरू हो चुके थे और बिजली भी आ गई थी।

हवा के झोंकों की वजह से मच्छर भी कम थे वरना रोज़ सूरज ढलते मच्छरों की बरातें जश्न मनाती निकलती थीं।

कुछ रोज़ बाद शब-बरात होगी, और उसके पीछे रमज़ान शरीफ़ सिर झुकाए तशरीफ़ ले आएँगे।

नास्तिक होने का उसे कोई दावा नहीं, लेकिन मज़हब एक ऐसी लक्ज़री हो गया था, जिसे वर्तमान परिस्थितियों में अफ़ोर्ड कर पाना, उसके बूते का नहीं था।

और पिछले वर्ष कुछ अजीब हुआ था!

5. पिछले वर्ष, रमज़ान में...

पिछले वर्ष, बिगाड़ के बावज़ूद, उसके कहने पर, मरियम और बिटिया रमज़ान भर टेकरी पर उसके साथ रहे थे, और पूरे महीने, यहीं रहकर रोज़े रखे थे।

यह उनकी भलमनसाहत ही थी।

उनतीसवें रोज़े की शाम वकील अपने दोस्त शकील के साथ आ धमका था, और याद दिलाया था कि उस शाम रोज़ा शकील के फ़ॉर्म पर इफ़्तारने का तय था। इफ़्तार और खाने का सारा सामान उन लोगों के साथ था, हालाँकि वह ख़ुद रोज़े-नमाज़ के मामले में बड़े चोर थे।

वह गर्मी का एक कठिन रोज़ा था और मरियम रो ज़्यादा समय बातचीत भी ताने-तिश्नों में चली थी, इसलिए घर से बाहर निकलने का एक अच्छा बहाना लगा था।

वकील से उसके पुराने गरासिम थे, और तब मिलना हुआ था, जब वह मरियम के साथ पहली बार पनाह खोजता यहाँ आया था। यह बिटिया के जन्म से पहले की बात थी।

वकील को लिखने-पढ़ने का शौक था और शहर के अदीब-शायरों में उसका उठना-बैठना। यह कि वह ख़ुद भी गम्भीरता से कुछ लिखता या लिखने का प्रयास करता था, बाद में खुला था।

शकील वकील के बचपन का दोस्त था, और शिक्षा के बाद नौकरी के बजाय अपना ख़ुद का काम शुरू करने की कोशिशों में लगा था।

बिटिया के जन्म के बाद से, उन दोनों से, एक प्रकार के पारिवारिक सम्बन्ध बन गए थे, और वकील अक्सर (और शकील गाहे-ब-गाहे) उनके घर आता और मिलता रहता था।

दरअसल, कोई डेढ़ दशक पहले के वे दिन, जब वकील और शकील ही नहीं, इस शहर के अन्य कई लोगों से उनका मिलना-जुलना बढ़ा था, ज़िन्दगी के अच्छे दिनों की तरह याद किए जा सकते थे।

उम्र की उस दहलीज़ पर कई नौजवानों के लिए साबिर और मरियम एक ऐसा उदाहरण बन गए थे, जिससे अपनी शर्तों पर जीने की भावना को शक्ति मिलती थी।

यह अलग बात कि मौज़ूदा बिगाड़ में भी, उनमें से अब कुछ, अधेड़ उम्र को पहुँच रहे लोगों का ही, बड़ा योगदान था।

जैसे कि बादबान साहब!

उनका माँ-बाप का रखा नाम रमेश था, लेकिन स्कूटर चलाते, वह जिस अदा से उसे सड़क पर मोड़ते थे, लगता बादबानवाली कश्ती दरिया में अपनी दिशा बदल रही हो।

शकील तो उस ज़माने में व्यस्त था, और आज भी मिलने की फ़ुर्सत कम पाता है, लेकिन वकील के पास साधन कम, समय-ही-समय था।

जाने किस घड़ी उसका नाम वकील रखा गया था, कि वह अगर झूठ को भी किसी की पैरवी कर दे, तो, उसका मुक़दमा हारना मुक़द्दर था।

पिछले समय में वही था, जो खुलकर साबिर का समर्थन करता रहा था, और अंजाम सामने था!

इस बीच वह अपने लेखन के सामर्थ्य और पेट के तक़ाज़े के बीच की दूरी समझने के बाद, अब शकील के ही काम-काज में हाथ बँटा रहा था। शादी और औलाद, किसी समय उसके चेहरे पर खेलते, किसी फ़िलॉसफ़र के हर पल मन्द-मन्द बदलते, तिलिस्मी भाव को, भूचाल डालकर, अजीब प्रकार से हास्यास्पद बना गए थे।

बहरहाल, वह उसके बुरे क्षणों का आसरा था, और अभी तक के अनुभव की रोशनी में, दिल का भला व्यक्ति भी।

स्वभाव उसने खुलकर बैठने का पाया था, जो वर्तमान परिस्थितियों में ख़ुद साबिर के लिए भी स्वागत-योग्य ही था।

—आज फ़ाइनल इफ़्तार है, वकील ने राज़दारी से कहा था।—अभी तक लगातार दो चाँद तीसें हो चुके हैं, इसलिए रमज़ान का अनतीसा होना तय है! अपन चाँद-रात की पूरी तैयारी से चल रहे हैं, बीयर और व्हिस्की, दोनों रख ली हैं! शहंशाहों की तरह, इफ़्तार के बाद चाँद देखेंगे, और ऐश करेंगे!

उसने रमज़ान भर शराब नहीं छुई थी।

दोस्त टेकरी पर आते रहे थे, पीते रहे थे, लेकिन इसमें उसने किसी का साथ नहीं दिया था। मनोवैज्ञानिक हो, या जो भी हो, रोज़े रखने के साथ वह पीने का सोच ही नहीं पाता था।

दोस्तों में, ज़्यादा के साथ, समस्या यह थी कि पीते तो थे, मगर अपने घर पर नहीं!

उसे किसी और के पीने पर एतराज़ यूँ भी नहीं था कि दिन भर के रोज़े और मरियम तथा बिटिया से शीत-युद्ध के बाद, वह कोई ऐसी कम्पनी चाहता था जिससे कुछ पानी-परिन्दे की बात की जा सके।

ईद का चांद सेलिब्रेट करने का आइडिया उसे अच्छा लगा था, और वे सब शक़ील की जीप में सवार दिन भर तपी सड़कों पर बीस किलोमीटर चलकर फ़ॉर्म पहुँच गए थे।

उस शाम आसमान इस तरह धुवैंला था, जैसे उसके नीचे कोयले के इंजनवाली मालगाड़ियाँ शंटिंग करती रही हों।

हवा दम-साधे, जैसे उसके चलने से ज़मीन पर कुछ बिगड़ने का ख़तरा हो।

बाँध का विस्तार स्लेटी, जैसे राख और साबुन मिला, नालियों का पानी जमा हो।

और उजाड़ पहाड़ों का सिलसिला, यूँ हाँफता-साँस लेता, जैसे अपना बोझ साधे-साधे, थक चुका हो।

धूप की तेज़ी मर चुकी थी, और पथरीली ज़मीन गर्म साँसें छोड़ रही थी।

उस सबमें, विशेष कुछ भी नहीं था, क्योंकि दिन-ब-दिन, गर्मियों की झुलस बढ़ रही थी, और हर साल, पिछले से बदतर होता जा रहा था।

फ़ॉर्म पर ईंट-गारे का एक छोटा, खपरैलवाला मकान था, और खुले में कुछ कच्चे, गोबर से लिपे चबूतरे।

वहाँ पहुँचकर पता चला कि शकील ट्यूब-वेल की बोरिंग करा रहा था।

शाम की मुर्दनी के बावज़ूद फ़ॉर्म की लोकेशन की सुन्दरता से इनकार नहीं किया जा सकता था। शहर, जो टिड्डी-दल-सा अपने केन्द्र के चौतरफ़ फैल रहा था, अभी वहाँ से दूर था, और माहौल में पुराने ज़माने की बू-बास और शान्ति ज़िन्दा थी।

इफ़्तार में कुछ देर थी और उनके पहुँचने के कुछ ही पल बाद बोरिंग करनेवालों ने सुरक्षा की वार्निंग दी थी।

वह लोग जीप की ओट में दुबक गए थे।

—इस तरह की तोड़-फोड़ या धमाके कराने हों, उसने शकील से अपनी दानिस्त में मज़ाक से कहा था।—तो मरियम को ठेका दे दिया करो। बग़ैर बारूद के काम हो जाएगा।

कुछ क्षण धड़कती ख़ामोशी।

धमाका!

दूर-दूर तक पत्थर के रेज़े बरसने की आवाज़, टीन की छत पर मोटी बूँद के बरसते झले-सी।

ठेकेदार और मज़दूरों की बात करने की आवाज़ें।

शकील उन लोगों की ओर बढ़ गया था।

वकील ने उसकी आँखों में देखकर फ़जूल बातें करने से ख़बरदार किया था, और मरियम और बिटिया के साथ उस चबूतरे की ओर बढ़ गया था जिस पर इफ़्तार और खाने का सामान सजाया जा रहा था।

यही रवैया रहा था, तमाम दोस्तों और जान-पहचानवालों का!

मरियम और बिटिया के पीठ-पीछे भले उसकी हाँ में हाँ मिलाकर, उनकी नुक़्ताचीनी में दो शब्द बोल दें, लेकिन उनके सामने सबके मुँह पर ताले पड़ जाते थे!

ऐसे लोग जो सारे घटनाक्रम के साक्षी और सही-ग़लत के गवाह रहे थे!

—रोज़ा तो नहीं लग रहा? वकील दिलासा देने के स्वर में बिटिया से पूछ रहा था।—तुमने भी कमाल कर दिया। इतनी गर्मी में पूरे रोज़े रख डाले! चलो, आज ख़त्म, ईद का चाँद देखकर चलेंगे!

—हमें तो, मरियम सूखी-सी आवाज़ में कह रही थी,—रोज़े में आम दिनों से बेहतर महसूस होता है। दिल और दिमाग़, दोनों हल्के रहते हैं।

सौ-फ़ीसदी वही!

मरियम का जिस प्रकार दुनिया में प्रचार था, वह यही था।

ख़ुद मरियम तो 'जन्नत की कुंजी' थी, और साबिर 'दोज़ख़ का कुन्दा!'

ऐसी बातें और लहज़ा सुनकर उसका ख़ून खौल उठता था।

लाहौल पढ़ता वह आगे बढ़ गया था, शायद धीमी आवाज़ में बुदबुदाता कि हम गुनहगार हैं, इसलिए रोज़े में भूख भी लगती है, और प्यास भी! नेक बन्दे तो, रोज़ा रखकर, ज़मीन से डेढ़ बालिश्त ऊपर हो जाते हैं! सारी पाबन्दियों से आज़ाद!

—पीर झुनझुने, शुरू हो गए! वकील ने आवाज़ देकर उससे कहा था।

लोगों के, नए-नए नाम रखना, उसकी इंटिलेक्चुअल हॉबी थी!

साबिर को वह पीर झुनझुने, और टेकरीवाले ख़्वाजा जैसे नामों से नवाज़ चुका था!

उसके मुँह से सुनकर, कुछ दूसरे भी इन नामों का मज़ाक करने लगे थे।

शकील लौट आया था।

बर्फ़ धोई-कूटी गई थी, तरबूज़ और अनन्नास काटकर ठंडे किए जाने को रखे गए थे, और बाक़ी इफ़्तारी, प्लेटों में दस्तरख़्वान पर सज गई थी।

शकील सिगरेट के कश लगाता, मरियम और बिटिया से बतियाने लगा था।

उन्हें उनके हाल पर छोड़कर, वह ख़ुद वकील की ओर बढ़ गया था जो आसमान के धुँधलके में उस ओर नज़रें गड़ाए खड़ा था, जहाँ किसी भी पल इफ़्तार का गोला छूटने की चमक नज़र आ सकती थी।

—यार, वकील के कन्धे पर हाथ रखते हुए उसने दोस्ताना स्वर में कहा था—तुम भी, सबकी तरह मेरे ही दुश्मन हो जाते हो!

वकील के चेहरे पर घनी गम्भीरता मँडराती देखकर उसने हमदर्दी से पूछा था—सब ख़ैर है!

वकील, एक तो यूँ ही, जाने किन-किन चिन्ताओं में खोया, हमेशा गम्भीर दिखता था, और अगर यह एहसास हो जाए कि आसपास कोई देखनेवाला मौज़ूद है, तो नाटक भी शुरू कर देता था।

—कितनी गुमसुम, बेजान शाम है! नाक पर चश्मा उचकाते हुए, उसने बहुत उदास भाव से कहा था!—धमाके की आवाज़ तक सकूत नहीं तोड़ पाई। पानी में लहर है, न हवा में जुम्बिश।

—हाँ, सूखे होंठों पर ज़बान फेरते उसने वकील की ताईद की थी।—बकौल फ़ैज़ अहमद 'फ़ैज़'—'यह रात उस दर्द का शजर है/जो तुझसे, मुझसे अज़ीमतर है।'

—यार! वकील ने हाथ जोड़ लिये थे—आप ख़ुद को साहिर लुधियानवी तक ही क्यों नहीं रखते! और ग़लत मौक़े पर तो, कम-से-कम, शेर सही पढ़ दिया करो! मुझसे-तुझसे पर ख़ाक भी डालें, तो बात शाम की हो रही है, और आप शेर पढ़ रहे हो रात का!

—तो क्या हुआ, उसने सहज होकर कहना चाहा था।—रात की जगह शाम कर लो! वज़न गड़बड़ हो, तो आप ख़ुद ठीक कर सकते हो!

—आप तो समझते हो, वकील ने कुढ़कर कहा था—भारी आवाज़ से शायरी में भी वज़न पैदा हो जाता है! देखो, गोला चल गया! रोज़दारों, इफ़्तार कीजिए! पीर साहब चलिए, रोज़ा खोलिए!

शहर की स्काईलाइन पर गोले छूटने की चमक साफ़ देखी जा सकती थी।

इफ़्तार के बाद मरियम और बिटिया नमाज़ पढ़ने लगी थीं।

कुछ फ़ासले पर शकील अपनी बीयर की बोतल खोले खड़ा था।

—तुम क्या लोगे? वकील ने अपनी व्हिस्की में बर्फ़ डालते हुए पूछा था।

—अभी नहीं, उसने तरबूज़ के शर्बत का घूँट लेते हुए कहा था।—चाँद दिखने के बाद लेंगे।

—वह दिखेगा, शकील ने पुख़्ता यक़ीन से कहा था।—हम कह रहे हैं!

–दिखेगा यार, वकील ने हाँ में हाँ मिलाई थी।–दो-दो तीसे के बाद भी नहीं दिखेगा! धुंध की वजह से, ऐलान में कुछ देर ज़रूर लग सकती है।

–धुंध तो है, उसने पसोपेश में पड़ते कहा था।–मगर इतनी ज़्यादा भी नहीं।

अचानक और पूरी तरह उसके अनजाने, भीतर कुछ हुआ था और उसे ख़ुद भी अपनी आवाज़ बाहर से कानों में आती सुनाई दी थी–लाओ, व्हिस्की दे दो!

खाना लग रहा था।

मरियम और बिटिया नमाज़ ख़त्म कर चुकी थीं।

उसके हाथ में शराब का गिलास, मरियम न मख़ौल उड़ाती नज़रों से देखा था और बिटिया का चेहरा बुझ गया था।

पूरे महीने बाद शराब उसके हलक़ से उतरी थी।

पेग बड़ा था, तो भी दो साँस में गिलास ख़ाली करके उसने वकील से कहा था–दो!

–कर क्या रहे हो! वकील हैरान रह गया था।–क्या कोई शराब पीने का दंगल लड़ रहे हो!

–दो यार! उसने शराब की सनसनी को शरीर में महसूस किया था और किसी भूली बात की तरह, ख़याल दिमाग़ में आया था, कि शराब चीज़ों का सहना आसान कर देती है।

बीते दिनों की कड़वाहट में, शायद शराब न पीने का भी हाथ रहा था।

पहले वह लम्बी मुद्दत तक बिना पिए रह सकता था।

यह हुआ क्या कि किसी चीज़ पर उसका क़ाबू नहीं रहा!

दूसरा गिलास वह एक ही घूँट में गुटक गया था।

सचमुच, शराब ख़ुद पर हँस सकने का हौसला देती है।

ज़्यादा सहनशील बनाती है।

वह शराब की ख़ूबियाँ शुमार करने का मज़ा ले ही रहा था कि दो पेग ने ख़ाली पेट में खलबली मचा दी, और दिमाग़ मनमानी पर उतर आया।

ख़ूबियाँ ही नहीं, सोच की प्रतिध्वनि कह रही थी, शराब में ऐसी ख़राबियाँ भी थीं, जिनके कारण उसे मिडिल-क्लास घरानों में बुराई की नज़र से देखा जाता था!

असल बात मॉडरेशन, सन्तुलन की थी।

वही, नॉर्मलवाला सन्तुलन!

पीने में सन्तुलन रहे, तो किसे आपत्ति हो सकती है।

हलाल-हराम, कम-अक़्लों को डराने की बात थी!

बादशाहों पर वह क़ानून लागू नहीं होता, जो रिआया के लिए होता है!

न कभी हुआ, न हो सकता!

बाबर मुसलमान था, लेकिन क्या मज़े ले-लेकर अच्छी शराब पीता था!

अलीगढ़ मामू ने बताया था, फिर उसने ख़ुद, पूरा बाबरनामा पढ़ा था!

अकबर, जहाँगीर, शाहजहाँ—बात सन्तुलन की थी।

फिर जैसे ही, औरंगज़ेब जैसा कट्टरपंथी आया, दीन और दुनिया का सन्तुलन गड़बड़ाया, ख़्वारा हो गया!

अंग्रेज़ी कुटेशन है—'अल्कोहल गिव्ज़ द डिज़ायर बट टेक्स अवे द परफॉर्मेंस!'—ज़रूर किसी समझदार आदमी का होगा!

वह ख़ुद, अल्कोहलिक तो था नहीं, यार-दोस्तों के साथ नशिस्तें हो जाती थीं, जो मरियम और बिटिया के चले जाने के बाद, ज़्यादा हो गई थीं।

लगभग हर रोज़!

इस बीच, बीवी और बेटी के अलावा भी तो, बहुत कुछ गड़बड़ हुआ था, जिसमें टेकरी का टंटा भी शामिल था, और उन लोगों के तक़ाज़े भी, जिन्होंने पुराने सम्बन्ध पर भरोसा करके, उसे अपनी टी.वी. स्टेंड कम्पनी का एजेंट घोषित करके, माल सप्लाई किया था : उसे यह मुहलत भी न मिल सकी कि दूकानदारों से तक़ाज़ा-वसूली करता!

कौन मारा-मारा फिरता, शहर-शहर, दर-ब-दर!

उधर बादबान साहब, यह कहकर पैसा लौटाने से नट गए थे, कि वह उसी को लौटाएँगे जिससे पैसा लिया था, यानी मरियम!

मरियम से उन्होंने साफ़ कह दिया था, कि पैसा धन्धे में लगा है, जिसे गुंजाइश देखकर क़िस्तों में ही वापस करने का सोचा जा सकता था।

फिर मरियम-समर्थकों द्वारा, उसे नीचा दिखाने के, अन्य-अन्य अभियान; यह दिखाने को कि मरियम सही और वह ग़लत था!

उससे भी पहले, अम्मा से ऐतिहासिक सामना, वस्तुतः साबिर से सम्बन्ध समाप्त होने का घोषणापत्र और उनकी शह पर, यहाँ के लोगों का, उससे सम्पूर्ण असहयोग!

बिटिया के निकाह का नाटक!

बम्बई में, अन्तिम दिनों का अनुभव, बरेली से मोहभंग, और अलीगढ़ मामू से हुई लम्बी बातचीत के नतीजे, अतीत की ओर खुलता, विचित्र एल्बम!

कितना यथार्थ, कितनी फ़ैंटसी, अक़्ल तय करने में असमर्थ थी!

बुरा समय बीता था, और बुरा ही चल रहा था!

ज़रूरत सन्तुलन की थी, और उनतीसवें रोज़े की उस शाम, इफ़्तार के बाद, यह शकील के फ़ॉर्म पर खड़ा, व्हिस्की गुटक रहा था!

वह शराब के लम्बे घूँट ले रहा था, ज़िन्दगी में तब तक हो चुकी अप्रिय घटनाओं की यादों की जुगाली करता, लेकिन दिमाग़ में एक नए ख़तरे का डंका पिटना शुरू हो चुका था।

उसके समूचे होशो-हवास, हर बीतते क्षण के साथ, उसकी देखने की क्षमता में केन्द्रित होते गए थे, और नज़रें शहर की स्काईलाइन पर गड़ गई थीं।

चाँद के गोले की चमक के इन्तज़ार में।

इफ़्तार के बाद, काफ़ी देर हो चुकी थी, लेकिन अभी तक गोले छूटना शुरू नहीं हुए थे! उसकी शंका ग्लानि और अपराध-बोध को बढ़ा रही थी।

हो सकता है, आज चाँद न दिखे! एक पछतावा घेर रहा था।

शराब पीना गुनाह हो या नहीं, वह ख़ुद जो उस समय कर रहा था, वह गुनाह था!

सारे फ़ल्सफ़े और विचारधाराएँ उसे निहत्था छोड़ गए थे, इस ग़म और पश्चात्ताप के सिवा, कि जहाँ उनतीस दिन सूखे रहकर गुज़ारे, वहाँ एक दिन और इन्तज़ार क्यों न किया!

यह गुनाह था और इसकी सज़ा उसे मिलेगी।

उस सारे वबाल से हटकर जिसमें वह वैसे ही घिरा था, ज़रूर मिलेगी।

अब सोचो तो विश्वास नहीं होता, कि इस बात को लेकर वह कितना भावुक और उत्तेजित हो गया था।

देखा जाए तो पीना, पीना ही होता है।

उनके लिए मना, जो उसे हराम मानते हैं, दिन रमज़ान के हों या किसी और महीने के।

वह पल, वास्तव में, उसे एक अन्य पराजय के अनुभव से भर रहे थे : मरियम की फ़तह, और साबिर नईम की पराजय के अनुभव से!

कोई भारी बोझ, उसकी आत्मा पर यूँ आ लदा था, कि उसे साध पाना दूभर हो रहा था।

यह ठीक नहीं हुआ! की तक़रार उसके वजूद में गूँज रही थी।

—हवा तो चलना शुरू हुई, याद नहीं शकील ने ऊँची आवाज़ में कहा था या वकील ने।—मगर यार, चाँद के गोले अभी तक नहीं चले?

तब ही, फिर सुरंग लगाए जाने का ऐलान किया गया था, और सब सुरक्षित जगहों पर दुबक गए थे। वह वकील के साथ जीप की आड़ में हो गया था।

सुरंग का धमाका हुआ था, और वह कुछ समझ नहीं पाया था।

तक़लीफ़ की ऊँची कराह उसके मुँह से निकल गई थी।

पत्थर का कोई रेज़ा, धमाके में उड़कर, उसकी गर्दन से आ चिपका था!

मरियम, बिटिया, वकील, हाथ में टॉर्च लिये शकील और पेट्रोमेक्स उठाए मज़दूर, उसकी ओर दौड़े आए थे।

चोट ऐसी नहीं थी कि ख़ून निकला हो या मरहम-पट्टी की ज़रूरत पेश आई हो।

उसकी कराह के पीछे भी, चोट की तक़लीफ़ से अधिक, कोई अनजाना ख़ौफ़ था जो उसे वजूद में उतरता महसूस हुआ था।

आसमानी ताक़तों की हुक्म-अदूली, और उसकी सज़ा का ख़ौफ़!

आसमान उसी तरह उजाड़ था : न चाँद, न तारे, न दूर शहर की स्काईलाइन पर छूटते गोलों की चमक।

तैश में उसने और शराब पी थी, और उन मज़हब के माननेवालों को कोसा था, जो चौदह सौ साल गुज़र जाने के बाद, आज तक, अपना स्थायी कैलेंडर तक नहीं बना पाए थे!

जिनके सबसे महत्त्वपूर्ण तीज-त्योहार, रमज़ान, ईद—सब पूरी तरह, मौसम और बादल-बदली के रहम के मोहताज थे।

जिन्हें दावा था यूनान को खोजकर बाक़ी दुनिया से परिचित कराने का, उमर ख़ैयाम के कैलेंडर तरतीब देने का, सितारों की राहें दरयाफ़्त करने का, लेकिन जो ख़ुद, उस सबसे बेफ़ैज़, ज़िन्दा थे!

महीनों के चाँद की गवाही देनेवालों को खोजते, और यह पैमाइश करते कि उनकी आँखों देखे गए पर एतबार किया जा सकता है या नहीं!

उनकी आँखें नहीं, दाढ़ी और हुलिया नापकर!

रात साढ़े नौ बजे, वह वापस शहर पहुँचे थे, तो वहाँ गोले छोड़कर चाँद दिखाई दे जाने का ऐलान किया जा रहा था : आसपास गाँव में किसी को चाँद नज़र आ गया था, और ऐसी गवाही मिल गई थी, जिसे शरीअत के अनुसार क़बूल किया जा सकता था।

उस पल, उसे पत्थर के उस रेज़े पर, बेपनाह गुस्सा आया था, जिसने उसे चोट पहुँचाई थी।

साथ ही, यह इत्मीनान भी हुआ था कि मरियम और बिटिया से एक शर्मिन्दगी का सामना टल गया था।

लड़ाई का वह राउंड, जिसे वह हारा हुआ मान चुका था, बराबरी पर ख़त्म हो गया था।

यह पिछले साल की बात थी।

6. टेकरी, मदरसा और अमजद : उठाव की घड़ी

अँधेरा पूरा पड़ाव डाल चुका था।

तालाब की सतह पर दूसरे किनारे की रोशनियाँ घेरा बाँधे अदब से जगमगा रही थीं।

गर्मियों की शामें ख़ामोशी से रात में बदल जाती हैं और समय का एहसास नहीं हो पाता।

ख़ासतौर पर, टेकरी पर, जहाँ किसी आगे बढ़ते जहाज़ के कप्तान की तरह, उसका ठिया था।

यहाँ से शहर कोई पेंटिंग या फ़ोटोग्रॉफ़ लगता था।

दूसरे किनारे, पहाड़ी के विभिन्न लेविलों पर, इमारतों की जगमगाहट थी, और दाईं ओर, कम होती रोशनियों के बाद, घुप्प अँधेरा, आगे फैले वीराने की शुरुआत।

वहाँ चिड़ियाघर बनाया गया था, जहाँ फिलहाल गिनती के जानवर थे।

उनमें, एक इकलौता शेर भी था, जिसकी कराहती दहाड़, रात के सन्नाटे में कानों में पड़ जाती थी।

बाईं ओर, रोशनियों का सिलसिला, तेज़ी से बढ़ते शहर का इश्तिहार था।

इस बार, भोपाल आकर, भविष्य में यहाँ के विस्तार को नज़र में रखते हुए, और मदरसे की उस धुँधली योजना को, जो जाने-अनजाने उसकी सोच का हिस्सा बनती गई थी, रूपाकार देने की मंशा से, उसे यह टेकरी और आसपास फैली ज़मीन बहुत मुनासिब लगी थी।

तब यहाँ कच्ची खपरैल के एक झोंपड़े के सिवा कुछ नहीं था, जिसमें एक बूढ़ा और उसकी पत्नी, अपनी मुफ़लिसी की ज़िन्दगी जी रहे थे। वह किसी समय महल के ख़िदमतगार रह चुके थे।

टेकरी और उसके साथ की फ़ैली ज़मीन, शाही महल का उजाड़ पिछवाड़ा थी।

समय का बदलाव था, और शाही महल, हद कि क़सरे-सुल्तानी तक, जहाँ भूतपूर्व रियासत के शासकों के वारिस रहते थे, ख़स्ता हालत, और देखरेख के मोहताज थे।

उसने जगह की तफ़सील, लोगों और नगर-निगम में कुछ परिचितों से, मालूम की थी, और पूरी तसल्ली होने पर वहाँ रहनेवाले दम्पती को जगह और उससे सम्बन्धित पेपर्स, जो उनके पास थे, की इतनी क़ीमत ऑफ़र की थी, जो बाज़ार-भाव से बहुत कम, लेकिन उनकी कल्पना से कहीं अधिक थी।

सौदा हो गया था, और उसने उन लोगों से जगह फ़ौरन ख़ाली करने को भी नहीं कहा था।

अपनी मदरसे की योजना का, उसने सिर्फ़ मरियम से, सरसरी ज़िक्र किया था, और एक एज्यूकेशन सोसायटी का, कोई अच्छा-सा नाम सुझाने को कहा था, जो जगह के औपचारिक सौदे के डॉक्यूमेंट्स में इस्तेमाल किया जा सके।

उस पल किसने कल्पना की थी कि बहुत जल्द हड़बड़ाहट में उसे ख़ुद अपना सिर छिपाने के लिए वहाँ यह एस्बस्टॉस की शीट्स की छतवाला टप्परनुमा स्ट्रक्चर बनवाना पड़ेगा।

इसमें हर तरह का बेजा ख़र्च हुआ था।

बिजली की लाइन, पानी का कनेक्शन, पहुँचने की सड़क—सबके लिए गिरह से ख़र्च करना पड़ा था।

इसके अलावा, सबसे बड़ा नुक़सान यह हुआ था कि टेकरी पर नया स्ट्रक्चर बनते देख, वह स्पॉट लोगों की नज़र में आ गया था, और देखते-ही-देखते, आसपास नाजायज़ क़ब्ज़ों की होड़ लग गई थी।

अक्सर लोग उसके बारे में भी यही समझते थे, कि नाजायज़ कब्ज़ा था, और उसने किसी को सफ़ाई देने की ज़रूरत भी नहीं समझी थी।

कुछ आसमानी-सुल्तानी ऐसा होता है, जिससे टक्कर ले सकने की क़ुव्वत, जाने-अनजाने, व्यक्ति के भीतर निहित होती है, लेकिन कुछ ऐसा भी होता है, जो बिलकुल बिजली गिरने के समान होता है।

इस अन्तर के साथ, कि जलाकर भस्म कर डालने के बजाय, वह उसी ताप की हड़बड़ाहट पैदा करके, व्यक्ति को ज़िन्दा छोड़ जाता है, पीड़ा और सदमे की थाह समझ सकने के लिए।

उसे भी कुछ-कुछ अन्दाज़ा तो होने लगा था कि बादल घिर रहे हैं, गरज-चमक किसी आनेवाले तूफ़ान का संकेत है, लेकिन उसकी सूरत-शक्ल बीवी और बेटी का साथ छोड़ जाना भी हो सकता था, यह क़तई अन्दाज़ा नहीं था।

बस, एक दिन उस किराए के फ़्लैट में जहाँ बिटिया, मरियम और साबिर साथ रहते थे उसने ख़ुद को अकेला पाया था, और ख़ुद भी कहीं सिर छुपा सकने को टेकरी पर उस टप्पर को बनवाना शुरू कर दिया था।

यह भोपाल में एक साल साथ गुज़ार चुकने के बाद हुआ था!

उसके बाद भी मरियम से रिश्ता, ऊँच-नीच, निकटता-दूरी, भावुकता-तटस्थता की एक दास्तान रहा था।

सारे काग़ज़ात, जिनमें चेक-बुक और बैंक-अकाउंट से सम्बन्धित सारे पेपर्स भी थे, आज भी मरियम के ही पास थे : अकाउंट ऑपरेट करने का अधिकार ही उसको था।

हाथ की तंगी के कारण दिन में वह बीस किलोमीटर की यात्रा, मोटरसाइकिल पर करके शहर के उस छोर पर पहुँचा था जहाँ मरियम ने बिटिया के साथ रहना चुना था।

—महलवालों का फ़ाइनल करना है, रस्मी बातचीत के बाद उसने इस तरह कहा था, जैसे ख़ुद से बात कर रहा हो।—उनका तक़ाज़ा है, मुश्किल खड़ी कर सकते हैं।

—मुझे ख़ुद पैसों की ज़रूरत है, मरियम ने लापरवाही से कहा था।—किससे माँगूँ? मालूम तो है, किस-किसको कितना-कितना दिया हुआ है! लोग अपनी सहूलियत से लौटाएँगे।

यह सही था, कि ज़्यादा पैसा, मरियम द्वारा कई जगह इन्वेस्ट किया हुआ था : सही शेयर ख़रीदने-बेचने की समझ भी उसी को थी। मगर उसे अन्दाज़ा था कि दो लाख, जिसकी उसे ज़रूरत थी, बैंक अकाउंट में था।

बल्कि उससे ज़्यादा था।

जब उसने बैंक का हिसाब देखना चाहा था, तो मरियम ने बहाना कर दिया था।

—पेपर्स कहीं रखे गए हैं, उसने बेमुरव्वती से कहा था।—मिलेंगे तो दिखा दूँगी।

वह ख़ाली हाथ लौट आया था।

यह अपनी जगह था, लेकिन पैसों की व्यवस्था ज़रूरी थी।

बूढ़ा और उसकी पत्नी तो कभी के अपना हिस्सा लेकर चले गए थे, मगर फ़ाइनल हिसाब महलवालों से किया जाना था।

टेकरी में कई पार्टियों की दिलचस्पी बढ़ गई थी और लोग रक़में लेकर वहाँ पहुँचने लगे थे।

उसके पास कुछ काग़ज़ात और जगह का कब्ज़ा था, इसलिए महलवाले भी चाहते थे मामला उसी से तय हो जाए।

वह चीज़ों को बोली पर लगाकर, जो मिल सकता था, जल्द-से-जल्द पाना चाहते थे।

ख़ुद उसकी सारी भाग-दौड़ के बाद भी, पैसे का इन्तज़ाम अभी नहीं हो पाया था।

नीचे अँधेरे में धुँधियाई हेड-लाइट्स का स्कूटर आकर रुका था।

—तुम्हारे स्कूटर को मोतियाबिन्द उतर रहा है! एक शाम लाइट्स की ओर इशारा करते, उसने अमजद से कहा था, जिसे सुनकर वह देर तक फूट-फूट के हँसता रहा था।

हँसी हो या संजीदगी, अमजद पर दोनों के दौरे पड़ते थे।

स्कूटर बन्द नहीं हुआ था और हॉर्न की रुँधी आवाज़, दरअसल तक़ाज़ा था कि वह ख़ुद उठकर नीचे जाए।

उसने चिल्लाकर अमजद से ऊपर आने को कहा था, और कुछ पसोपेश के बाद, स्कूटर की लाइट और आवाज़ बन्द हो गई थी।

अमजद ऊपर आ रहा था।

—आप यहाँ बैठे हो? ऊपर पहुँचकर उसने बदिक़्क़त फूली साँसों पर क़ाबू पाते, अचरज और फ़िक्रमंदी में डूबे स्वर में कहा था।—क्या किसी ने ख़बर नहीं की?

—क्या? अमजद की उलझन उसकी समझ से बाहर थी।

नीचे, तेज़ रफ़्तार से, किसी मोटरसाइकिल के गुज़रने की आवाज़, हौले-हौले, ख़ालीपन और सन्नाटे के उस शून्य में खोती, जिसे वह ख़ुद 'आवाज़ों का कारख़ाना' कहता था।

सारी दुनिया की आवाज़ें अधर में उस बेपता फ़ैक्टरी से बनकर आतीं और फिर वहीं लौट जाती थीं।

—कमाल है! अमजद का आश्चर्य पर क़ाबू पाना मुहाल हो रहा था।—अरे यार, मरियम भाभी की तबीयत गड़बड़ है, वह नर्सिंग होम में एडमिट हैं! मैं यहाँ आ रहा था, तो रास्ते में, वह आपकी पहचान के मिल गए—वह जो न्यू ईयर पर यहाँ मिले थे! अमजद को नाम याद रखने में दिक़्क़त होती थी।—उन्होंने बताया।

साबिर का इत्मीनान देखकर अमजद के स्वर की कसावट ढीली पड़ने लगी थी।

—बैठो, उसने दूसरी कुर्सी खींचकर चबूतरे पर बिछाते हुए कहा, और ख़ुद अन्दर चला गया।

उसे शराब का गिलास लिये लौटता देखकर अमजद की उलझन सीमाएँ लाँघने लगी थी।

—लो, उसे गिलास थमाते हुए साबिर ने कहा था।—ख़ैरियत पूछने गए थे? अच्छा किया।

—कमाल है, अमजद की आवाज़ एकदम फुसफुसा गई थी।—यार साबिर, आपको समझ पाना बड़ा मुश्किल काम है!

—ठीक ही है, उसने दिलासे के अन्दाज़ में कहा था।—जितने थोड़े में काम चल जाए, उतना बेहतर।

—ख़ाक बेहतर! अमजद ने झल्लाए स्वर में कहा था।

आते हुए उसके स्वर का कोलम्बस की तरह नई दुनिया खोज निकालने का जोश क़ाफूर हो चुका था।

साबिर को, कभी बचपन में रटा—'इट वाज़ कोलम्बस, हू डिस्कवर्ड अमेरिका, एंड वास्को डीगामा फाउंड द सी-रूट टु इंडिया' याद आ रहा था।

सही-सही यह याद नहीं आ पा रहा था कि उन दोनों में से ट्रेजडी किसके साथ हुई थी, कि करने निकले थे एक काम, और हो गया दूसरा!

—मैं ख़ुद देखकर आ रहा हूँ! अमजद की थकान और बेक़रारी लड़ने पर अब भी बज़िद थे।—चीयर्स! साबिर के हाथ में गिलास देखकर उसने हथियार डालने का फ़ैसला किया था और अपना गिलास लहराने के बाद होंठों से लगाकर एक बड़ा सिप लिया था।—ग्लूकोज़ चढ़ी है, ख़ासी कमज़ोर हो गई हैं। बहकी-बहकी बातें कर रही थीं।

—तुम्हें पहचाना? न चाहते हुए भी उसके स्वर में व्यंग्य का पुट शामिल हो गया था।—पहचान लिया ना? बात सँभालने की ख़ातिर उसने जोड़ा था।—अब चैन से बैठो।

—मैं तो कहकर आया था, अमजद का ज़मीर फिर तड़पड़ाया था—कि जाकर तुम्हें बताता हूँ...।

—तो बता दिया, उसने आश्वस्त किया था।—नाऊ रिलैक्स! मेरी ज़रूरत हुई, तो चला जाऊँगा।

मरियम और साबिर के रिश्ते को समझना, चाहते हुए भी वह अमजद जैसे बाहर के आदमी से नहीं कह सकता था, हर एक के बूते की बात नहीं थी।

इस सम्बन्ध का कुछ भी, मुहब्बत या अदावत, वैसा नहीं था जैसा ऊपरी तौर पर नज़र आता था।

मरियम की तो ख़ूबी यही थी कि जो उससे मिलता उसकी हमदर्दी में गिरफ़्तार हो जाता था!

दोस्ती साबिर से जताता था, और असल हमदर्दी, मरियम और बिटिया से होती थी।

अमजद भी, दिल-ही-दिल में, कब का उसका ख़ैरख़्वाह बन चुका था, यह अन्दाज़ा उसे ख़ूब था।

महज़ यह देखकर कि मरियम अलग रहकर जॉब कर रही थी, औलाद की ख़ातिर, और साबिर अलग रहकर गुलछर्रे उड़ा रहा था!

दूसरे के बीवी-बच्चों के लिए सद्भावना सबसे आसान सौदा था, जो बिना असलियत जाने आसानी से किया जा सकता था।

फिर, मरियम में तो ढेरों ऐसी विशेषताएँ थीं, जो आम औरतों में ढूँढ़े नहीं मिल सकती थीं।

इसमें अमजद का क्या क़सूर!

कैसे बताया जाए कि उससे शादी से पहले वह ख़ुद उसका कितना बड़ा हमदर्द था।

बाद के दिनों में जब वह उससे मिलने मरियम के घर जाता (जो तब पिंकी हुआ करती थी) तो उसका बड़ा भाई व्यंग्यात्मक-हास्यात्मक ढंग से, पंजाबी लहज़े में 'आओ जी, आओ! पिंकी के हमदर्द-दवाख़ाने साहब, आओ!' कहकर उसका स्वागत करता था।

उस ज़ालिम ने साबिर का नाम 'पिंकी-का-हमदर्द-दवाख़ाना' रख दिया था!

ग़लत नहीं रखा था, क्योंकि इसी भावना पर उन दोनों के बीच रिश्ते की बुनियाद पड़ी थी।

और ज़बानी जमा-ख़र्च अलग, सारे बिगाड़ के बावज़ूद, उसे मरियम से आज भी उतनी ही, हमदर्दी ही नहीं बल्कि मुहब्बत थी, जितनी कभी रही थी।

जाने कैसे, इस मुहब्बत की तासीर पर, धीरे-धीरे ज़ंग लगती गई थी।

मरियम का उससे पराई औरतों में दिलचस्पी का शिकवा, बिलकुल ग़लत तो था नहीं।

लेकिन मरियम को यह भी सोचना चाहिए कि उसकी उम्र और स्वास्थ्य के मर्द की कुछ आवश्यकताएँ होती हैं!

जब पत्नी पुट्ठे पर हाथ न धरने दे, तो वह कहीं-न-कहीं तो मुँह मारेगा!

और उसने यह सब, ख़ुद छिपाने की कोशिश भी नहीं की।

उनका रिश्ता बना ही यूँ था, कि दो लोग अपने अलग अतीत, और किसी सीमा तक वर्तमान के बावज़ूद एक परिवार की तरह रह सकते थे।

अन्य पुरुषों को लेकर, अपने मन में उपजे शुबहा को, उसने कभी इश्यू नहीं बनने दिया था।

इसके बावज़ूद, कुछ ज़िदें—उसकी या मरियम की! आड़े आईं, और वह अलग-अलग रह रहे थे।

ख़ुद उसका मानना था, कि ऐसा मरियम की हठधर्मी के कारण था।

मरियम अलगाव का किसे दोष देती थी, यह तो वह ख़ुद, या उसके हमदर्दों की बड़ी संख्या ही जानती होगी।

फिलहाल दूसरा मसला दरपेश था।

अमजद दरअसल महलवालों का दलाल था, और टेकरी के पैसों की बात करने की मंशा से आया था।

दो लाख, जिनका इन्तज़ाम नहीं हो पाया था!

हालाँकि अमजद की औक़ात भी, इस बीच, वह ख़ूब समझ चुका था, लेकिन बहरहाल, उसका महल आना-जाना था।

उसने अमजद से सम्बन्ध बनाए ही यह सोचकर थे कि वह इस डील में सहायक हो सकता था, जो किसी हद तक हुआ भी था।

उसे पहली बार महल ले जाने का श्रेय भी जाता अमजद को ही था।

हालाँकि, अब सोचो तो लगता है, काहे का महल और कैसी बेग़म साहिबा!

जब तक आँखों से नहीं देखा था, दिल में महल का हौवा था, लेकिन वहाँ जाकर बड़ी निराशा हाथ लगी थी।

यहाँ के महलों से तो कहीं शानदार, यू.पी. के मामूली रईसों की कोठियाँ थीं।

देख-रेख न होने से, जो था, वह भी, बिलकुल उजाड़ लगता था।

सिर्फ़ ताल और पहाड़ थे, जिन्होंने ख़ूबसूरती के नाम पर, शहर की इज़्ज़त रखी हुई थी।

ख़ुद बेग़म साहिबा, बोलती उर्दू और अंग्रेज़ी, दोनों निहायत नफ़ासत के साथ थीं, लेकिन ख़ुद उनके व्यक्तित्व में नफ़ासत की कोई भूमिका नहीं थी।

सुर्ख़ो-सफ़ेद चमड़ी, या खड़े नाक-नक़्श से तो कोई ख़ूबसूरत नहीं हो जाता।

छोटा-सा क़द, बैरिल जैसी काठी और आँखों में रोब की जगह धूर्तता का भाव : वह शेक्सपियर के शायलॉक का, बिलकुल लेडी शायलॉक-संस्करण लगती थीं!

क़ीमती क़ालीनों पर, झाड़-फानूस और एंटीक फ़र्नीचर के बीच, ढेरों 'बिया', 'बिया' करते मुसाहिबों में न घिरी हों, तो कौन समझेगा उन्हें बेग़म!

एक ऐसे सिलसिले की कड़ी, जिसने पीढ़ियों रियासत पर हुकूमत की!

उन्होंने हुकूमत की, और यह अब, बचे-खुचे को, परचून की तरह, मोल-भाव करके, ठिकाने लगाने पर तुली थीं!

बड़े नख़रों के बाद अमजद उसके मिलने के लिए टाइम ले पाया था।

ख़ुद अमजद का महल से यूँ सम्बन्ध था कि बीते ज़माने में उसके बुज़ुर्ग रियासत के ख़िदमतगार रह चुके थे।

अब ख़ुद अमजद छोटे-छोटे मामलों में महलवालों के लिए दलाली का काम कर रहा था : पार्ट-टाइम दलाली, और फुल-टाइम चमचागिरी!

ख़ुद उसके शब्दों में उसका स्वभाव कुछ ऐसा था कि 'ब्लू ब्लड' की जी-हुज़ूरी कर सकता था, 'लुच्चे-लफ़ंगों' की यस सर नहीं!

साबिर को किसी तरह अमजद को अपनी मुश्किल समझानी थी, कि वह कुछ और मुहलत उसके लिए माँग सके।

अभी तक दोस्ती गाँठने और मुफ़्त की शराब पीने के अलावा अमजद उससे अपनी सेवाओं के एवज़, पैसा भी लेता रहा था, और आगे भी लेगा।

अमजद की कमाई ही इस तरह के कामों से थी।

साबिर के पास एक क़ीमती स्कॉच थी, जो वह बम्बई से लाया था।

अमजद का दिल वह सवा लीटर की ख़ूबसूरत बॉटल ही जीत सकती थी!

वैसे उसका दावा था, कि उसने दुनिया की सबसे क़ीमती शराबें पी थीं।

इतनी, कि अब रम के सिवा किसी में मज़ा नहीं आता था!

कहाँ पी थी?

महल पर!

किसके साथ?

बात टाल जाता था।

महलवालों के साथ बैठकर पी सकने की औक़ात उसकी नहीं थी।

वह दोबारा उठकर अन्दर गया था और स्कॉच का गिफ़्ट-पैक लेकर लौटा था।

—यह लो, गिफ़्ट-पैक अमजद की ओर बढ़ाते उसने कहा था।

—यह क्या? अमजद आश्चर्यचकित था।

—तुम्हारी बर्थडे का एडवांस गिफ़्ट, उसने सहजतापूर्वक कहा था—खोलकर तो देखो।

अमजद क़ीमती ब्रांड देखकर बाग़-बाग़ हो गया था।

—बाई गॉड! वह ग़लत अंग्रेज़ी बोलने में माहिर था, और 'माई' को 'बाई' कर दिखाना, उसका छोटा-सा कमाल।—यार, यह तो बहुत महँगी ब्रांड है!

ख़ुश होने के साथ-साथ वह उदास भी हो गया था।

—थैंक्यू, यार! वह भावुक हो उठा था।—मगर मेरी बर्थडे में तो अभी काफ़ी दिन हैं। घर में मैं शराब पीता भी नहीं, इसे यहीं सँभालकर रखो! साथ-साथ सेलिब्रेट करेंगे।

—यह क्या बात हुई! साबिर ने बुरा मानने के अन्दाज़ में कहा था।—वह अलग करेंगे। इसे तुम महल में ले जाना। चलो, ड्रिंक तो ख़तम करो।

—वेरी गुड यार! अमजद को सुझाव पसन्द आया था, साथ ही 'महल' सुनकर कुछ ज़रूरी याद भी आ गया था।

दोनों ने साथ गिलास ख़ाली किए थे और नए पेग बन गए थे।

अमजद, मरियम की तबीयत के अलावा, कुछ सोच रहा था, साबिर अन्दाज़ा लगा सकता था। अपनी बात शुरू करने को वह मुनासिब लफ़्ज़ और लहज़ा तलाश कर रहा था।

साबिर समझता था, वह क्या कहने में हिचक रहा था।

—यार! तैयारी के बाद भी वह शुरू हुआ तो अटकता हुआ।—तलबी हुई थी, दरबार में! उन्हें जल्दी है। कुछ इन्तज़ाम हुआ?

—वह बात भी करते हैं, पहले साँस तो दुरुस्त कर लो, उसने इस तरह कहा था जैसे कोई रोज़मर्रा का मामला हो।

—नहीं, अमजद का स्वर कोरा कारोबारी हो गया था।—उन्हें पैसों की ज़रूरत है, ज़्यादा नहीं रुक पाएँगे।

—तुम्हारे होते वह मेरा बिगाड़ क्या लेंगे। वह जानता था, इस तरह की फूँकें अमजद पर शराब के साथ ही चढ़कर उतर जाती थीं।

किया क्या जा सकता था! किसी तरह, कुछ मुहलत हासिल करनी थी।

—तुम जानते तो हो, उसने अमजद को मनाने के अन्दाज़ से कहा था।—मैंने यहाँ एक नेक मंशा से अपना पैसा उलझाया है, एक अच्छा, बच्चों

का स्कूल या मदरसा खोलने की प्लानिंग से। यह तो इत्तिफ़ाक़ है, कि फ़िलहाल मुझे ख़ुद यहाँ रहना पड़ रहा है।

—मेरे जानने से क्या होता है यार, उन्हें तो पैसा चाहिए! स्कूल नहीं आप होटल खोल लो! अपनी नेक मंशा से उन्हें क्या लेना-देना! अपन मजबूर थोड़ी कर सकते हैं, अमजद बेचारगी से कह रहा था।—उनकी चीज़ है, वह जिसे चाहे दें। कब्ज़ा तुम्हारा है, और कुछ काग़ज़ात भी तुम्हारे पास हैं, इसलिए वह औने-पौने भी देने को राज़ी हैं।

—औने-पौने मतलब! साबिर ने बुरा मानने का नाटक करते हुए कहा था।—अभी तक तीन लाख से ज़्यादा ख़र्च कर चुका हूँ इस वीराने पर!

—वह उन्हें तो नहीं मिले, बेशक आपने दस लाख ख़र्च कर दिए। ख़र्च करके और अपनी मुसीबत मोल ले ली! अब यह वीराना नहीं, प्रॉपर्टी डीलर्स के लिए शहर का प्राइम-स्पॉट है! मैं चाहता हूँ, जल्द-से-जल्द निबटारा हो जाए, उसी में तुम्हारा फ़ायदा है।

—मैं ख़ुद भी चाहता हूँ। यह भी जानता हूँ कि तुम मेरा ही भला सोचते हो। दो लाख देना है, कोई इनकार थोड़ी है। यह भी नहीं कि पास नहीं है। है, मगर इधर-उधर बँटा हुआ है, तुम्हें बता चुका हूँ। वसूल करने में वक़्त लग रहा है, मगर हो जाएगा। चाहूँ तो दो लाख कहीं से उठा लूँ, सूद ही देना होगा, मगर मामला मदरसे का है, ठीक नहीं रहेगा! कुछ मुहलत मिल जाए, तो आसानी होगी। मरियम से भी मशवरा कर ' होगा, उन्हीं के बूते स्कूल का सोचा है, और लोगों को पैसा भी उन्होंने ही दिया हुआ है, वही वसूल करेंगी।

—कितनी मुहलत? अमजद का स्वर गम्भीर था।

—ऐसे क्या कह सकता हूँ, उसने अपनी मजबूरी समझाना चाही थी।—जैसे ही पैसा मिल जाए। हफ़्ता भी हो सकता है, और महीना भी लग सकता है।

—या उम्र भी लग सकती है! अपने ख़याल में अमजद ने मज़ाक किया था।—यार, मुझे वह मुद्दत बता दो, जो मैं उनसे कहकर देख सकूँ?

—'देख सकूँ'—क्या मतलब! उनमें हिम्मत है मुझे यहाँ से निकालने की?

उसने चिढ़ने का नाटक किया था।

—मगर कोई डैड-लाइन तो देनी होगी, कि हमें इतना वक़्त चाहिए, है कि नहीं?

—मैं महीने-भर का कहकर देखता हूँ, वैसे उम्मीद कम लगती है।

—ठीक है। यूँ नहीं, तो फिर किसी और तरह निबटने का सोचेंगे।

न चाहते हुए भी उसकी आवाज़ में थकान उभर आई थी।

दोनों ने तेज़, और ज़्यादा शराब पी थी।

अमजद की बातों से पुख़्ता हुआ था कि लैंड-माफ़िया की टेकरी और आसपास की ज़मीन में दिलचस्पी बढ़ी थी।

वह लोग महल से सीधा सम्पर्क बनाए हुए थे।

ख़ुद उसने अमजद को यह बताना ज़रूरी नहीं समझा था कि एक पार्टी की ओर से, जगह के लिए, 'मुनासिब प्रॉफ़िट' का ऑफ़र, अर्थात् धमकी! सीधे उस तक पहुँच चुकी थी।

महलवालों को उनके आपसी लेन-देन से मतलब नहीं था।

वह अपने दो लाख चाहते थे, जो भी उन्हें दे दे।

हो सकता है, यह जानकारी अमजद को भी महल से मिल चुकी हो, लेकिन उसने साबिर को अपना विश्वासपात्र बनाने के योग्य न समझा हो।

साफ़ था कि आगे झूठी हमदर्दी के सिवा अमजद से किसी सहायता की उम्मीद नहीं की जा सकती थी।

लगा, वह थोड़ा और अकेला पड़ गया था।

अमजद को रुख़सत करने के बाद ख़याल आया, उसने दोपहर में भी खाना नहीं खाया था।

फ्रिज में ऐसा कुछ नहीं था, जिससे काम चल सकता।

सहसा उसे ठंडी सड़क, हमीदिया रोड के ढाबे किसी पुराने दोस्त की तरह याद आए।

कभी रही होगी वह ठंडी, अब तो उस सड़क की दुनिया ही बदल चुकी थी, और ख़ुद उसका उधर से गुज़र भी, कभी-कभार ही हो पाता था।

पिछली बार वहाँ खाना खाने कब जाना हुआ था, इस समय उसे यह तक याद नहीं था।

ढाबों की दुनिया आबाद, और हाफ़-डाउन शटर्स से ग्राहकों की आवक-जावक जारी थी।

मोटरसाइकिल प्रेम पंजाब ख़ालसा नाइट के सामने खड़ी करके उसने झुककर अन्दर प्रवेश किया था।

ढाबे का मालिक प्रेम उसे पहचानता था और काउंटर से दोस्ताना मुस्कान के साथ उसका स्वागत किया था।

एक शाम प्रेम ने उसे उस परीक्षा से विस्तार से अवगत कराया था, जिससे शहर के सिख समुदाय को मिसेज़ गांधी की हत्या के बाद गुज़रना पड़ा था—आँसू-भरी आँखों के साथ, जिसकी प्रेम के साथ अलग से कल्पना असम्भव थी।

यह ख़ुद साबिर के उन दिनों की बात थी, जब वह मरियम और बिटिया के साथ किराए के बाक़रीना फ़्लैट में, अख़बार पढ़ते, टीवी देखते, संगीत सुनते, दुनिया से तटस्थतापूर्ण जुड़े रहकर, अपने अतीत और वर्तमान के बीच कोई संधि खोजने के जतन कर रहा था। रोज़ शाम, कुछ दोस्त घर आ जाते, और देर रात तक, महफ़िलें सजी रहतीं।

देश में सिखों के साथ हुई ज़्यादतियों का उसे, और ख़ासतौर पर मरियम को, अन्दाज़ा था, लेकिन यहाँ भोपाल में भी वैसा कुछ हुआ, प्रेम से जानकर बड़ा अचम्भा हुआ था।

उसकी व्यथा-कथा सुनते, वह यांत्रिक ढंग से, आश्चर्य और अफ़सोस प्रकट करने के सिवा, कर भी क्या सकता था। बाक़ी तफ़सील तो धीरे-धीरे सामने आई थी।

वह वक़्त ही अजीब था।

इंदिरा गांधी की हत्या, यूनियन कार्बाइड की 'किलर गैस' का रिसना, और देश में इलेक्शन, सब साथ-साथ ही हुए थे।

लगता था, तस्बीह के दाने, जिन पर उँगली फेरता, बनाव के बजाय, कोई बिगाड़ की बद्दुआ, वज़ीफ़े की तरह पढ़ रहा था!

प्रेम अनोखा सरदार इस मायने में था कि उसका सिर्फ़ एक हाथ था, पहाड़ियों-से नाक-नक़्श और दाढ़ी में गिनती के बाल।

उसकी एक ख़ास सज-धज की जीप थी, जिसे वह एक हाथ से शहर की भीड़-भरी सड़कों पर दौड़ाता फिरता था।

उसकी दादागिरी के क़िस्से सारा शहर जानता था, लेकिन ढाबे पर हुई लड़ाई में, बेटे की मौत के बाद, वह बुझ गया था।

वह सिख था, पंजाबी बोलता था, मगर अजीब टूटे-फूटे लहज़े में, जिसे शायद उसके क़रीबी ही पूरी तरह समझ पाते हों।

गेहुँए से दबा रंग, छोटा क़द और कंचों-जैसी गोल-गोल आँखें।

बोलते हुए, उसकी आवाज़, ज़नाना और मर्दाना के बीच, लगातार गेयर बदलती थी।

कुर्तेनुमा लम्बा क़मीज़ और शलवार, पेशावरी सूट उसका पहनावा था और सिर पर लिपटी पगड़ी का तुर्रा बाहर निकला रहता था।

इस समय उसने नीले रंग का सूट और सफ़ेद पगड़ी पहनी हुई थी, और नौकरों से हिसाब लेने में व्यस्त था।

वातावरण में बसी बघार की दम तोड़ती महक से अन्दाज़ा लगाया जा सकता था कि यह उठाव की घड़ी थी जब नए ग्राहकों की उम्मीद ख़त्म हो जाती है।

रात गए ढाबों का धंधा, वैसे भी खाने से अधिक पानी मिली शराब मनमानी क़ीमत पर बेचने से चलता था।

एक आपसी समझ के अन्तर्गत होटलों पर पुलिस के छापे भी पड़ते थे, ख़बरें भी छपती थीं, और अख़बार के साथ ही पुरानी हो जाती थीं।

आसपास ठहरने के सस्ते होटलों की भरमार थी, क्योंकि रेलवे-स्टेशन और बस अड्डा, दोनों नज़दीक थे।

जो लोग क़ीमती होटलों में खाना-पीना अफ़ोर्ड नहीं कर पाते थे, या जिन्हें काम की भाग-दौड़ में यह याद नहीं रह पाता था कि शराब की

दूकानें रात दस बजे बन्द हो जाती हैं, सब इस सड़क के ढाबों के मेहमान ठहरते थे।

और कुछ ऐसे भी, जिन्हें ढाबेबाज़ी में मज़ा आता था।

ऐसे परिचित, अपनी शराब, ढाबों में बैठकर पी सकते थे।

—खाने में क्या है? केबिन का पर्दा हटाकर टेबिल साफ़ करते वेटर से उसने पूछा था।—और रम, एक क्वार्टर, ब्रांड प्रेम से पूछकर! दाल फ्राइ, गोभी की सब्ज़ी—गोभी-आलू और गर्म तन्दूरी पराँठा। खाना ज़रा ठहरकर, शाबाश!

वेटर चला गया था।

उठाव की घड़ी, जब सारी थकान क बावज़ूद जल्दी होती है।

ताज़ा-दम होकर, नया दिन शुरू कर सकने, और बीते दिन की उकताहट से छुटकारा पाने की जल्दी!

वेटर एक खुला पौवा, काँच का गिलास, पानी भरा जग और सलाद की प्लेट सपाटे से, लिनोलियम जड़ी टेबिल पर रखकर, केबिन का पर्दा बराबर करते हुए, लौट गया था।

टमाटर, ककड़ी और प्याज़ की बासी क़ाशें।

गिलास में रम उँडेलते लगा कोई पर्दे से अन्दर झाँक रहा था।

—प्रेम! उसने कहा था, और नज़र उठाकर देखा था, प्रेम ही था!—मैं ज़्यादा देर नहीं रुकूँगा। टाइम हो गया है, मुझे अन्दाज़ा है। आओ एक ड्रिंक हो जाए।

प्रेम, बिना जवाब दिए, पिच्छे पाँव लौटा था, और अपना ट्रेडमार्क, स्टेनलेस स्टील का भरा गिलास, और भुने पापड़ की प्लेट लिये, लौटा था।

ऐसा कम होता था, और प्रेम सम्बन्धों को धन्धे से गड़बड़ाता नहीं था।

सामने बेंच पर, गर्दन को ख़ास ढंग से झटका देकर, बैठते हुए, गिलास लहराकर, उसने चीयर्स किया था और किसी गहरी चिन्ता में डूब गया था।

—और क्या हाल-चाल हैं? उसने प्रेम को वर्तमान में बुलाने के लिए पूछा था।—यहाँ हमीदिया रोड पर कुछ नया-ताज़ा? बहुत ट्रैफ़िक बढ़ गया है यार, इधर से तो गुज़रने की हिम्मत नहीं पड़ती।

उसने झूठ-मूठ, जैसे इतने दिन बाद, ढाबे पर आने की सफ़ाई दी थी।

प्रेम ने दोबारा गर्दन हिलाई थी, मानो सहमति जता रहा हो कि बेशक, ट्रैफ़िक तो बढ़ गया, और चुप साधे रहा था।

—यह ढाबा ख़त्म कर रहा हूँ, एकाएक उसने सुधरी हिन्दी में, फ़ैसला सुनाने के ढंग से कहा था।

—क्यों? विश्वास कर पाना सम्भव नहीं था।

साबिर प्रेम के बिना ढाबे, या ढाबे के बिना प्रेम की कल्पना नहीं कर सकता था।

—यह काम का धंधा नहीं रहा जी, प्रेम की आवाज़ सनातन उदासी में डूबी थी।—न पहले-सा मज़ा रहा, न लोग! ज़मीन ख़रीदी है, हल चलाऊँगा। पुश्तैनी काम है।

—यह तो अच्छी ख़बर है, दोस्त-दुश्मन सबके लिए। दुश्मनों के लिए यूँ, कि उन्हें हमीदिया रोड की शहंशाही मिल जाएगी! कोई कॉम्पिटीशन नहीं रहेगा।

वह महज़ बोलने के लिए, प्रेम से सतही बातचीत करता, उसकी खेती की योजना के बारे में पूछताछ करता रहा था, लेकिन दिमाग़ प्रेम के जवान बेटे, लवली की मौत के मायने-मतलब खोजने में उलझता रहा था।

शराफ़त, गुंडागर्दी, ख़ून-ख़राबा, पुलिस : कुछ भी, इस बूढ़े होते सरदार के लिए, उसकी उम्र और पेशे में, नया नहीं हो सकता था।

इन सब शब्दों के मायने, वह उससे कहीं बेहतर समझता होगा, जो किसी शब्दकोश में दर्ज किए जा सकते थे।

रहस्य हो सकता था, लवली का न रहना, और बाक़ी सारे संसार का, ज्यों-के-त्यों, चलते रहना!

एक अनुभव जो सारी, ठंडे दिल से सोची, जीवन-सम्बन्धी परिभाषाओं को ठेंगा दिखा सकता था!

रोज़, नित नए ढंग से, दिखाता ही रहता था!

हथियार न डालने की कोशिश ज़रूर की जा सकती थी, मगर उसमें कामयाबी शर्त कहाँ!

हर ख़ुशी की शुरुआत मातम में क्यों तब्दील होती जाती थी?

उसे बिटिया की याद बेतरह घेरने लगी थी।

क्या सचमुच, वह इस सच को नहीं जानता था, कि बिना प्रदर्शन के बच्चे प्यार को नहीं समझ सकते?

या ऐसा न करना, उसकी उसी लापरवाही के कारण था, जिसमें उससे अभी तक अनेक घपले होते रहे थे!

क्या कुछ भी, जीवन के साथ बिताए समय में, ऐसा नहीं था, जो बिटिया को उससे बाँधकर रख पाता?

जो उसे यक़ीन दिला पाता, कि उसका पिता, अपनी सारी कमज़ोरियों के साथ, उसे सच्चे दिल से चाहता, और उसके लिए कुछ भी कर सकता था!

कैसा अजनबीपन, कब और क्यों, बिटिया के मन में उसके लिए पलता-परवरिश पाता रहा!

क्या सचमुच, उसने अपनी बेटी के लिए, कभी कुछ किया ही नहीं?

सिर्फ़ मरियम ही थी जिसने उसे सारा प्यार दिया?

ज़रूर मरियम ने बिटिया को साबिर के एक से अधिक सन्तान के आग्रह को, अपनी तरह से तोड़-मरोड़कर बयान किया होगा, और बिटिया ने उसके एबॉर्शन कराने का समर्थन, यह सोचकर कि उसकी माँ उस अकेली पर ही, अपना सबकुछ न्योछावर करना चाहती है।

वह खुलकर बिटिया से कभी पूछ ही नहीं सका या कभी कोशिश की तो उसने किसी चालाक वकील की तरह, उसके सारे सवालों के ऐसे जवाब दिए, जिनसे किसी प्रकार उसके दिल का हाल नहीं खुलता था!

अब तो इसके लिए वह ख़ुद को ज़िम्मेदार मान ही चुका था : बच्चे वही करते हैं, जिसके लिए हम उन्हें तैयार करते हैं; और अवश्य ही, उसके बिटिया से व्यवहार में अनेक कमियाँ रही थीं।

वह इस समय प्रेम से भी कुछ सवाल करना चाहता था।

कि उसे लवली की पहली स्मृति क्या थी?

लवली के अलावा तुम्हारे और भी बेटे हैं, जिन्हें तुम मुँह पर गाली देकर निकम्मा, ज़नख़ा और जाने क्या-क्या कहते हो : यहीं ढाबे पर, ग्राहकों के सामने।

यह ग़लत है।

मेरा अनुभव कहता है, उनमें से कोई भी, किसी पल, अच्छे-बुरे की परवाह किए बिना, विद्रोह कर सकता है।

तुम्हारी उम्र में तो थका और बेज़ार ही हुआ जा सकता है, लेकिन नौजवानों का सोचो, जो विद्रोह कर सकते हैं।

नई पीढ़ी, हमारे दोग़लेपन को समझ चुकने के बाद इस खेल में भी, हमें हरा सकने की क्षमता रखती है।

अपने ज़िन्दा बेटों की परीक्षा मत लो, और उनसे ऐसा व्यवहार करो कि आनेवाले समय में वह अपने बुज़ुर्गों के नाम के साथ, दुनिया की चमत्कारपूर्ण घटनाएँ जोड़कर, बयान कर सकें।

बन्द करने में क्या है, तुम ढाबा बन्द कर रहे हो, और जिस पार्टी से मेरा सौदा चल रहा है, वह अपनी भूतपूर्व रियासत की आख़िरी दूकानें!

तुमसे किसने कह दिया कि खेती, बाक़ी दुनियादारी से हटकर, सिर्फ़ शराफ़त के बूते की जा सकती है?

या यह ढाबा चलाने से किसी तरह आसान होती होगी!

मुझे तो ऐसा नहीं लगता।

वह यह भी पूछना चाहता था कि यार! इस जगह की क्या क़ीमत मिल रही है—दस या पन्द्रह लाख?

क्या ऐसा नहीं हो सकता कि उसमें से कुछ समय के लिए, दो लाख तुम मुझे दे दो!

नेक काम, मदरसा क़ायम करने के ख़याल से ज़मीन लेने का सोचा था मैंने!

तुम्हारी सहायता से मेरी एक मुश्किल हल हो जाएगी, जो इस वक़्त हड्डी बनकर गले में अटकी है!

वह प्रेम को यह मशवरा भी देना चाहता था कि अपने प्रस्तावित फ़ॉर्म का नाम वह अपने प्यारे बेटे, लवली के नाम पर रखे, क्योंकि आगे क्या हो कुछ तय नहीं।

बीता याद करने का पल भी मिले न मिले!

सब अच्छे के लिए ही होता होगा।

इनसान किस-किस परछाईं से कब तक हिलगेगा!

बला की तेज़ी पकड़ ली है ज़िन्दगी ने।

बहुत धूल उड़ और जम रही है।

तुम्हें मेरी बातें सुनते, ज़ख़्मी परिन्दों की चीत्कार या सूफ़ी शब्दावली में, 'रक़्से बिस्मिल' का आभास हो, तो यह मेरा या तुम्हारा क़सूर नहीं।

हम सब बहुरूपिए हैं!

मेरे मामू, किसी ज़माने में, अपने क़रीबी दोस्त (मेरे दिवंगत, सगे पिता!) को बहुरूपिया कहते थे।

यह उन्हीं का बताया शब्द है।

मेरा तो कुछ भी नहीं। उस अर्थ में, पढ़ा हुआ भी नहीं।

वैसे मैंने बहुत पढ़ा है, लेकिन पास हाई स्कूल भी नहीं किया!

ऐसा पढ़ा किस काम का!

इल्म की भी चोरी ही की है मैंने।

कुछ लोग चोरी करने के बीमार होते हैं, और कुछ चोरी पर पर्दा डालने का स्वाँग रचने के।

उसके भीतर नशे के अन्धड़ चल रहे थे, बर्फ़बारी हो रही थी।

प्रेम किसी समन्दर में डूबा, डूबा ही रहना चाहता था।

खाना खाते, उसने मरियम को सरप्राइज़ देने का तय किया था। नर्सिंग होम पुराने जीपीओ के पास था।

हर चीज़ दो—नई और पुरानी!

शहर से लेकर क़ब्रिस्तान, तालाबों से लेकर रेलवे स्टेशन!

हो सकता है, आनेवाले ज़माने में, यह शहर तालाबों के बजाय, अस्पतालों के शहर के नाम से जाना जाए!

मरियम सो रही थी।

अटेंडेंट ने उसे डिस्टर्ब करने से मना किया था।

ख़ास परेशानी नहीं। डीहाइड्रेशन से कमज़ोरी हो गई थी। अब सब ठीक था। सुबह छुट्टी हो जाएगी।

शीशे से, बिस्तर की सफ़ेद चादरों में खोई, मरियम को वह लाचारी से देखता रहा था : बिटिया उस समय जाने कहाँ थी?

रुकना चाहिए या लौट जाना, दिमाग़ तय नहीं कर पा रहा था।

क़रीब-दूर सन्नाटा : किसी मरीज़ या अटेंडेंट के खाँसने-खखारने की आवाज़ तक नहीं।

भारी क़दमों, ज़ीना उतरकर, वह वापस मोटरसाइकिल तक आया था।

दो

7. नौजवानी की तिलिस्मी दहलीज़...

मरियम!

वह दुनिया और ज़माना, जब उसने पहली बार मरियम को देखा होगा, या उनकी आपस में भेंटें हुई होंगी, आज किसी अन्य युग और काल की बात लगती थी!

अब न तो वह शहर आसानी से पहचान में आता, जिसे बम्बई के नाम से जाना जाता था और न उन सगे-सम्बन्धियों और यार-दोस्तों में से अधिकांश का पता-ठिकाना था, जो आपस में मिलकर, उस समय जीवन को परिभाषित करते थे।

35 मि.मी., सिनेमास्कोप, वाइड-स्क्रीन, 70 मि.मी., स्टीरियोफ़ोनिक और अन्य कौन-कौन-से साउंड-सिस्टम और क्या-क्या तकनीकी आधुनिकीकरण की लम्बी यात्रा के नतीजे, सिनेमाई और वास्तविक, दोनों दुनियाएँ पूरी तरह बदल चुकी थीं, और इस बदलाव की गति हर पल और तेज़ ही होती लगती थी।

मदनपुरे का पुराना घर हो या गाँव का बँगला, अपनी-अपनी तरह सब पूरी तरह बदल चुके थे।

पुरानी जगहों से सम्बन्धित यादें भी अब स्मृति में कतरनों की ही तरह सुरक्षित बची थीं।

जब वह उससे पहली बार मिला था तो मरियम भी मरियम नहीं, पिंकी हुआ करती थी। एक सम्पन्न और शिक्षित सिख परिवार की सदस्य।

पिंकी उन लड़कियों में से हरगिज़ नहीं थी, जिन पर साबिर हज़ार जान से आशिक रह चुका था, और ऐसी तब तक एक नहीं कई आ और जा चुकी थीं।

एक उम्र होती है जब पसीना इत्र और अर्के-गुलाब होता है!

भीगती मसें, चटख़ती आवाज़, शरीर में कभी न ख़त्म होती ऊर्जा और स्फूर्ति।

जब हड्डी और चमड़ी के बीच चर्बी–चर्बी की तहें–जो बेग़ैरती की बड़ी पहचान हैं, नहीं होतीं।

जब किसी चीज़ की आदत नहीं पड़ी होती।

जब इबादत करें या अय्याशी, दिल लगता और मज़ा आता है।

यह बदलाव और ऐब तो उम्र के साथ-साथ वजूद पर थुपते हैं, जब बना रहना ही अकेली शर्त ठहरता है।

नज़र का चश्मा लगाना पड़े या सुनने का आला, शकर छोड़ना पड़े या नशे की गोली खाकर सोना, नाफ़ के नीचे की ख़लीश मिटाने के लिए कॉल-गर्ल्स का आसरा लेना पड़े या उससे मिलती-जुलती कोई दूसरी व्यवस्था, जीना शर्त ठहरता है।

नौजवानी, जब सूरज न चाँद, ख़ुद के वजूद से एक ख़ास रोशनी और गरमाहट फूटती है, जिसके होने का एहसास, हमेशा उसके खो जाने के बाद होता है!

बालों की सफ़ेदी, कमर की बढ़ती गोलाई, गालों और चेहरे की चर्बीली चमक, या किसी नई उम्र के सोलह-सत्रह साल के युवा से आमना-सामना, जब ख़ुद को गहरी उदासी में डूबा और थका छोड़ जाता है।

जब अपनी ही उस उम्र की तस्वीरें देखकर, आश्चर्य और अविश्वास होने लगता है।

नौजवानी की उसी तिलिस्मी दहलीज़ पर साबिर का अलका से माशक़ा हुआ था!

पिंकी नहीं, अलका से!

उस उम्र में इश्क़ स्टेटस तो देखता नहीं।

न यह परवाह होती कि भविष्य में आप क्या-कितने बड़े या कितने छोटे हो सकते हैं।

कोई तकल्लुफ़, कोई पाबन्दी नहीं—सारी इश्क़िया दास्तानों के नायक आप ही हो सकते हैं!

बिना हाई-स्कूल पास किए, अलीगढ़ से बम्बई लौटकर, और आगे पढ़ाई की कोई कल न बैठती देखकर, उसने अपने बचपन के सखा, संजय के साथ पेंटिंग-मकानों की रँगाई-पुताई का काम, ठेके पर लेना शुरू किया था।

संजय किसी कम्पनी में पहले काम कर चुका था।

तजुर्बा संजय का था, और काम शुरू करने के लिए एक हज़ार रुपए की व्यवस्था अम्मा ने की थी। इस शर्त के साथ कि उनका पूरा उधार अदा होने तक, कमाई की एक हिस्सेदार वह भी रहेंगी।

ठीक था।

तब हज़ार रुपए का महत्त्व आज से कई गुना ज़्यादा था।

अलका का सम्बन्ध बम्बई के एक फ़िल्मी परिवार से था और उसके पिता का शुमार देश के चोटी के फ़िल्म प्रोड्यूसर-डायरेक्टरों में होता था।

उनका नया बँगला पेंट करने का काम, यह बाद में पता चल पाया कि अलका की सिफ़ारिश पर रैनबो आर्ट्स, साबिर और संजय की फ़र्म, को मिला था। यह उन्हें तब तक मिले कामों में सबसे बड़ा था।

अलका उसे कैसे जानती थी?

उसके कुछ रिश्तेदार अम्मा-अब्बा के बँगले के क़रीब, उस पहाड़ी पर रहते थे, जो कुछ समय पहले, उन्होंने अब्बा से ख़रीदी थी।

गाँव तेज़ी से महानगर में शामिल होता जा रहा था।

वहाँ आते-जाते अलका ने एक ऐसे लड़के को देखा जो वास्तव में उसके ख़्वाबों का शहज़ादा था।

स्क्रीन पर जिसकी एक झलक देखकर लड़कियाँ इश्क़ और लड़के रश्क में, रातों की नींद गँवानेवाले थे!

यह वाक्य अलका ने न कहा हो, उसकी बातों का सार यही था!

और क्रिकेट!

क्रिकेट तो वह अच्छी खेलता ही था!

अलीगढ़ में अंडर-ट्वेंटीज़ में, उसका नेशनल्स में सेलेक्शन हुआ था। विदेश जाने के पूरे चांसेज़ थे।

जिन दिनों टीम के फ़ाइनल सेलेक्शन का कैम्प लगा था, जिस पर उसके क्रिकेट कैरियर का भविष्य टिका था, अलीगढ़ मामू ने उसे दलीलें देकर मनवाया था कि उसका तब्लीग़ी जमात में चालीस-दिन के चिल्ले पे जाना ज़्यादा बेहतर था।

मामू, जो आज अपने तब्लीग़ से कभी रहे लगाव को भूलकर बात करते हैं, और बहुत अच्छा करते हैं!

मगर वह चला भी गया था, उस क्षण, क्रिकेट कैम्प के बजाय तब्लीग़ी जमात में!

यह अलग, कि उसमें पाँच दिन भी दिल न लग सका था!

न फिर लौटकर, अलीगढ़ में।

अलीगढ़ मामू की मर्ज़ी के ख़िलाफ़ बिना हाई-स्कूल की परीक्षा दिए, अलीगढ़ छोड़कर वह बम्बई लौट गया था।

अलका ने उसे कॉन्वेंट के मैदान में क्रिकेट खेलते देखा था, और वह उसे अब्बास अली बेग से कहीं हैंडसम, और बेहतर क्रिकेटर लगा था।

ख़ास बात यह कि वह आलराउंडर था।

बँगले की रँगाई-पुताई के साथ उसकी अलका से निकटता बढ़ती गई थी।

अलीगढ़ के पड़ाव में उसने अपनी सुविधा और हिसाब से, सेक्स सम्बन्धी अनुभव और ज्ञान, अर्जित किया था। लड़कियाँ उसके लिए कोई आसमानी मख़लूक़ नहीं थीं।

न ही अलीगढ़ में जो हुआ, वह कुछ ऐसा जिसे अलग से महत्त्व दिया जा सकता।

वह अनुभव इसीलिए महत्त्वपूर्ण कहा जा सकता था कि पहला था; कोई भावुकता या स्मृति-विशेष उससे नहीं जुड़ी थी।

मामू के घर के वातावरण में ढँक-छुपकर जो हो सकता था, हुआ था; उससे उम्र में बड़ी एक रिश्तेदार महिला के साथ, जो परीक्षा देने वहाँ आई थी।

उस अनुभव को, बम्बई में, वह अन्य लड़कियों के साथ पुख़्ता करता रहा था।

अलका से लगाव के पीछे भी आकर्षण सेक्स ही था, जो जल्दी ही अलका के स्वभाव के कारण, भावुकता में गड्डमड्ड हो गया था।

देखते-देखते, उनके बीच रिश्ता प्रगाढ़ स्नेह और डिवाइन मैडनेस की सीमाएँ लाँघता, एंडलेस मैडनेस में परिवर्तित हो गया था।

अलका उसे गुरुजी, स्टिल फ़ोटोग्राफर के पास ले गई थी, जो उस ज़माने के सबसे नामी आर्टिस्ट थे।

यह शुरुआत थी; अलका उन स्टिल-फ़ोटोग्राफ़्स को अपने डैडी को दिखाना चाहती थी। अगला क़दम उसकी डैडी से भेंट था।

अलका ने ख़बरदार किया था कि उसके पिता बँगले का मुआयना करने आएँ तो उनकी नज़र साबिर पर न पड़ने पाए; एकदम उससे मिलवाकर वह डैडी को बड़ा सरप्राइज़ देना चाहती थी।

काम तो, भला हो संजय का, चलता रहा। उधर अलका के साथ धीरे-धीरे ख़ुद उसकी भी फ़िल्मस्टार बनने की महत्त्वाकांक्षा यहाँ तक जा पहुँची कि दोनों ने आपस में तय करके, उसका फ़िल्मी नाम ('सुनने में भला, और आसानी से याद रह जाने वाला!') देवराजकुमार—देव आनन्द, राजकपूर, दिलीप कुमार की खिचड़ी, रख डाला!

वह प्रोटेस्ट करना चाहता था कि उसकी पसन्द गुरुदत्त है, लेकिन यह समझते—कि अलका के पिता वैसी फ़िल्में नहीं बनाना चाहते थे, जिन्होंने गुरुदत्त को दिवालिया किया, वह चुप रहा।

अलका उसे अकेले में इसी नाम से पुकारने लगी थी, और देवराजकुमार का मोनोग्राम बने, दर्जनों रूमाल, किसी ख़ास आर्टिस्ट से बनवाकर, उसे भेंट किए थे।

—देखना! वह जगमग भविष्य की उस कल्पना में खोकर कहती जिसमें फ़िल्मी दुनिया का राजपाट देवराजकुमार की प्रतीक्षा में हाथ बाँधे खड़ा

था।—यू विल बी अ स्टार विद् युवर फ़स्ट रिलीज़। सुपर-हिट! तुम इस्टेब्लिश हो जाओगे तो आई विल मेक माई डेब्यू। लेकिन मैं तुम्हारी ही हिरोइन बनूँगी, दूसरे किसी एक्टर की नहीं! हमारी रोमांटिक जोड़ी फ़िल्म-हिस्ट्री में याद रखी जाएगी—द एक्सक्लूसिव टू-सम! तुम पर रोक नहीं, तुम दूसरी हीरोइन्स के साथ भी काम करोगे। चाहे अनाउंस बाद में करें, लेकिन शादी हम तुम्हारी फ़िल्म लांच होते ही कर लेंगे। ठीक है ना?

वर्षों के बेतरतीब सिलसिले में उसे अलका की वह सादगी और बेलौसी अक्सर याद आते हैं।

लगता है, अलका भी जहाँ और जैसी भी हो, उसे भूली नहीं होगी।

आगे जो हुआ, वह इसलिए उल्लेखनीय नहीं लगता कि उसे याद करके एक मूर्खतापूर्ण शर्मिन्दगी का अनुभव होता है।

अपना चेहरा जीवन-भर पहने-फिरने को हर व्यक्ति अभिशप्त है, बिना सोचे, कि वह किसको कहाँ से कैसा दिखता होगा! (ऑब्जेक्ट ड्राइंग!)

नाक की हड्डी, जो कहा जाता है, चेहरे की ख़ूबसूरती में चार चाँद लगाती है, कैमरे की आँख से कैसी भद्दी तितली-सी दिखने लगती है, (फिर वही!) या आँखें जिनकी गहराई में शायरी के दीवान डूबे हैं, कैमरे के गले उतरकर, ऐसी दिखती हैं, जैसे कोई आदी मुजरिम या सायकोपैथ (फिर, फिर वही!) यह वामण थमाणे गुरु के स्टिल-फ़ोटोग्राफ़ देखकर, पता चला था!

अलका के उत्साह में इससे रत्ती-बराबर फ़र्क़ नहीं आया था।

तब तक उसे भ्रम था कि फ़िल्मी परिवार से सम्बन्ध के कारण अलका बेहतर समझ सकती थी, कौन-सा चेहरा कैमरा-दोस्त या कैमरा-दुश्मन हो सकता है।

यह भ्रम ही था!

उसके उत्साह से असहमत होते हुए साबिर ने मन के अन्देशे अलका के सामने रखना चाहे थे।

बेहद सपाट थी अलका।

उसकी बात सुनते ऐसे घनी चुप्पी में डूब गई थी जैसे कुछ गहरा सोच रही हो।

बोली थी—ज़माना बदल रहा है, मिस्टर देवराजकुमार! चॉकलेट फ़ैसेज़ आर ऑन दियर वे आउट! तुम्हें पता-वता तो कुछ है नहीं, जबरन उलझते हो! तुम्हारा मेस्कुलिन चेहरा उस फ़ेमिनिन का जवाब है, डियर देवराजकुमार, दैट लांच्ड अ थाउजेंड शिप्स!

बाक़ी जो औपचारिकताएँ थीं, वह सब भी पूरी की गई थीं।

नए बँगले की प्रवेश-समारोह पार्टी में अलका को उसे डैडी से मिलवाना था।

उस तरह की फ़ॉर्मल पार्टी में कभी उसका जाने का अनुभव नहीं था, न वहाँ पहनकर जानेवाले कपड़े पास थे।

पेंटिंग का काम चल रहा था, पैसों की समस्या नहीं थी।

अलका की ख़ुशी के लिए उसने क़ीमती सूट सिलवाया था, एक पहचानवाले से मोटरसाइकिल उधार ली थी, और उसी बँगले में जिसके दरो-दीवार हफ़्तों रँगे और रँगवाए थे, मेहमानों की-सी बेनियाज़ी के साथ पहुँच गया था।

शानदार पार्टी थी, जिसमें फ़िल्म-इंडस्ट्री के सारे जाने-माने नाम और चेहरे मौजूद थे।

बँगले के बाहर बहुत सारी क़ीमती कारें पार्क की हुई थीं।

वहाँ उसे खटारा जावा मोटरसाइकिल पर, जिन्होंने देखा होगा, उन्होंने क्या सोचा होगा, इसकी रत्ती बराबर परवाह नहीं हुई थी—आत्मविश्वास का यह आलम था।

अलका ने गर्मजोशी से स्वागत किया था, लोगों से देवराज कुमार का सरसरी परिचय कराया था और डैडी के पास, जो वरिष्ठ फ़िल्मी हस्तियों में घिरे-बैठे थे, लेकर गई थी।

चौतरफ़ से नज़रें उठ रही थीं, और देखनेवालों के ऐंगिल से, उन स्टिल्स को याद करके, वह कल्पना करने की कोशिश कर रहा था कि किसको कैसा दिखाई दे रहा होगा!

—यह मेरे मित्र साबिर हैं, डैडी! अलका ने कम-से-कम पिता को उसका सही नाम बताया था।—इनका सम्बन्ध रॉयल्टी से है! स्टेट का नाम मुझे याद नहीं रहता, इन्हीं से पूछ लीजिए।

यह तय नहीं था!

क़तई नहीं, वरना शायद वह पार्टी में जाने से ही इनकार कर देता!

उस क्षण वह अलका के पिता के सामने, जो उसे कल्चर्ड और अच्छे व्यक्ति लगते थे (क्या हुआ जो उन्होंने पहले उसे नहीं देखा था, वह तो बँगले की पुताई के दौरान उन्हें छिप-छिपकर देखता रहा था!), इस हालत में खड़ा था कि अपनी रियासत का नाम तक नहीं मालूम था!

—उससे फ़र्क़ नहीं पड़ता, उसने बेनियाज़ी से कहा था।—मैं उस हैसियत से नहीं आया हूँ।

—हम कॉलेज में साथ हैं, अलका ने दूसरा झूठ बोला था, और उसे यह भी अच्छा नहीं लगा था।

डैडी ने गर्मजोशी से हाथ मिलाया था।—'इन्जॉय युवरसेल्फ़,' कहकर 'मुझे याद है,' से अलका को आश्वस्त किया था, और अपने ग्रुप में लौट गए थे।

जाने, अलका के झूठ के कारण, या किसी और वजह से, उसका दिल पार्टी में नहीं लगा था।

वह पहली और अन्तिम बार था, जब उसने कोई वैसी हाई-फ़ाई पार्टी अटैंड की, और उसमें ग्लैमर की जगह उसे वर्ल्गेरिटी ज़्यादा नज़र आई। चेहरे, जिस्म, लिबास, ख़ुशबू, संगीत, शराब, खाना—सब था वहाँ। साथ ही जाने क्या, कुछ ऐसा भी, जिसने सबका मज़ा किरकिरा कर दिया था।

अलका के रोकने पर भी उसका मन नहीं लग पाया था और कुछ देर बाद, उसके पिता से बहाना करते हुए, माफ़ी माँगकर वह वापस लौट आया था।

अलका याद आती थी, उस भोलेपन से, जो अब मूर्खता लगता है, मुश्किलों का सामना करने के मशवरे देती, तरीक़े सुझाती।

उसके फूले गालों और गोल-गोल आँखोवाला चेहरा देखते लगता था, उम्र के साथ-साथ वह ख़ूब मोटी हो जाएगी!

रही हिरोइन बनने की बात, तो उसे यक़ीन था, अलका इतनी मूर्ख नहीं थी कि अपना क़द-बुत और सूरत-शक्ल देखते-जानते, सचमुच हिरोइन बनने का सोचती हो!

या क्या पता!

बहरहाल यह जान पाने का अवसर नहीं आया।

साबिर नईम उर्फ़ देवराजकुमार (नामों का यह क्रम उल्टा भी जा सकता था!) का स्क्रीन-टेस्ट?

वह आनेवाले दिनों में ज़रूर हुआ था!

अलका की कोई भविष्यवाणी उसकी मदद नहीं कर सकी थी, और वह रिजेक्ट हो गया था।

रोशनियों की चकाचौंध के बीच कैमरे का सामना करने और संवाद बोलने का वह मूर्खतापूर्ण, भयावह और अविस्मरणीय अनुभव, जिसके बाद ठंडा होना था देवराजकुमार का ताज़िया, और वापस होनी थी साबिर नईम की सवारी!

रिज़ल्ट उसने भी देखा था और क़ायल हो गया था उसके और मूवी कैमरे के बीच दुश्मनी का जिसमें संधि-समझौते की गुंजाइश ही नहीं थी।

इसके कुछ बाद, जब अलका ने अपनी सगाई और जल्द होनेवाली शादी की सूचना दी थी, इस आश्वासन के साथ कि शादी किसी से हो प्यार वह उसी से करती रहेगी, साबिर पर एक मानसिक थकन के साथ शेरो-शायरी, तुकबन्दी! का भूत सवार था।

मैं उसे कैसे भूल सकता हूँ
राह के हर शजर से कहता हूँ।

यह मतला था, उस दर्दे-दिल की ग़ज़ल का, जो बेक़ैफ़ी और तुकबन्दी के मिलाप का अंजाम थी; जिसे वह सिर धुन-धुनकर दोस्तों-परिचितों को सुनाता था : कभी तरन्नुम से, कभी वैसे ही।

अट्ठारह साल भी कोई उम्र होती है, हार्ट-ब्रेक की!

मगर उस उम्र में और हो भी क्या सकता था?

तब दिमाग़ न तो इतना पुख़्ता होता कि सारे व्यावहारिक पहलुओं को जाँचने-परखने के बाद निर्णय ले, और न इतना भावुक, कि ज़रा-सी बात को बहाना बनाकर आत्महत्या कर ले। (कुछ सलाहियतमन्द यह करने में भी नहीं हिचकते!)

उस समय करना उसे सिर्फ़ यह था, कि जैसा अलका का आग्रह था, वह उसके साथ अड़ जाता!

वह तो खुलकर बग़ावत पर तुली थी और ख़ुद उसे आदर्श और भावुक चिन्ताएँ, जैसे–ज़िन्दगी में कुछ बनना, अपने पैरों पर खड़ा होना, और बड़ों का कहा मानना इत्यादि सता रही थीं!

व्यक्ति के भीतर एक अनजान वीराना होता है, जो समय के साथ या तो सजता और आबाद होता है, या फिर हर बीतते पल के साथ और भी सुनसान और अनजाना होता जाता है।

आप अपने जीवन से अलका को जाने देते हैं, अपने मनपसन्द फ़िल्मी नायकों (प्यासा या काग़ज़ के फूल के गुरुदत्त से लेकर, शिकस्त या देवदास के दिलीप कुमार तक, सब आपस में गुत्थमगुत्था!) के संवाद बोलते।

अलका आपसे छिन जाती है।

नतीजा : हार्ट-ब्रेक, डिप्रेशन, शराब की दूकानों को ललचाई नज़रों से देखना, ग़ालिब और ग़ज़ल की महानता का आत्मा पर साया।

अन्दर सोए तुकबन्दिए को जागना ही होता है, सो वह अध-टूटी ख़ुमारी में बुदबुदाता है–

मैं उसे कैसे भूल सकता हूँ

....

शायरी के उस मूड, और जुदाई के उस तरह के मौसम में, यह थोड़ी मालूम था, कि कोई और भी था, जो सबकुछ होता देखकर बेचैन और बेक़रार था; जो उसकी छोटी-से-छोटी हरकत पर नज़र रखे हुआ था; कि बहुत जल्द साबिर नईम के जीवन में असलीवाला तूफ़ान आने को था!

वह तो एक दोस्त के घर जाता था, जो फ़रमाइश करके शायरी सुनता, खुलकर दाद देता और शराबो-क़बाब से ख़ातिर-तवाज़ो करता था।

पिंकी, एक लड़की थी, उस घर में, जिसे सही मायने में उसने कभी नज़र भरकर देखा तक नहीं था।

पिंकी तूफ़ान लानेवाली हवाओं से षड्यन्त्र रचने में व्यस्त थी, और जब वह आ गया था, नूह के तूफ़ान की तरह, तो साबिर के साथ कश्ती में सवार होकर निकल गई थी!

8. जुदाई का मौसम और पिंकी

जीवन के उस संक्रमण-काल में दरअसल दर्शन सिंह बेदी और उनका परिवार, साबिर के लिए बड़ा आश्रय बन गया था।

उस ज़माने के उनके तीन कमरों के छोटे-से फ्लैट में उसका समय, विशेषकर शामें, शायरी-संगीत, सुनाने-सुनने और खाने-पीने में बीतने लगा था।

दर्शन और पत्नी सुषमा, दोनों की अच्छी आवाज़ें थीं, और तबला तथा हारमोनियम बजाना जानते थे। दर्शन उससे उम्र में चार-पाँच वर्ष बड़ा, दिल का हीरा और पेशे से इंजीनियर था। उसकी अच्छी नौकरी थी, दो छोटे बच्चे और उर्दू शेरो-शायरी से ख़ास लगाव था।

यह, कि उसके घर में एक और लड़की भी थी जिस पर उसकी नज़र पड़ते ही धूप-छाँव फैलने लगती थी, और जिसकी आवाज़ में दर्शन और सुषमा, आग्रह करके पंजाबी टप्पे, हीर वारिस शाह, मलिका पुखराज, फ़रीदा ख़ानम, बेग़म अख़्तर, हद यह कि मेंहदी हसन और गुलाम अली की गायकी तथा चिल्लर फ़िल्मी गाने तक सुनते रहते थे, यह एहसास समय बीतने के साथ धीरे-धीरे होना शुरू हो गया था, और कुछ देर बाद जाकर पूरी तरह हो पाया था।

इसके साथ-ही-साथ यह अनुभव भी हुआ था कि लड़की की आँखों में कुछ था जो उसे बाँधता था : कुछ वैसा ही, जो माहिम दरगाह के कलीम बाबा की आँखों में था।

इसकी शुरुआत भी अजीब ढंग से हुई थी।

बेदी परिवार के यहाँ, कुछ दारू गुटकने और चिकिन-फ्राइ से न्याय कर चुकने के बाद, उन क्षणों में वह वास्तव में अलका की याद की ख़ुराक बना हुआ था।

यह याद शायद ही कभी उसे अपने हाल पे छोड़ती थी, और वह जो भी सोचता अथवा करता था, वह असल में अलका की याद को ही समर्पित होता था।

उस पल वह जो डूबकर गा रहा था, साहिर का एक फिल्मी नग़मा—'मैंने शायद तुम्हें/पहले भी कहीं देखा है...,' वह उन सुहाने पलों की याद में था, जो अलका के साथ बीते थे।

अलका उससे फ़रमाइश करके यह नग़मा सुना करती थी।

गाते हुए वह यादों में ऐसा खोया कि नग़मा अधूरा छूटते-छूटते महज़ इस कारण बचा, कि उसकी चुप्पी के आगे उस लड़की (पिंकी! दिमाग़ में पहली बार नाम रजिस्टर हुआ था!) ने 'कहीं पहले की तरह/फिर तो न खो जाओगी/जो हमेशा के लिए हो/वह ख़ुशी हो कि नहीं?' गाकर पूरा कर दिया था।

हर जन्म का कोई क्षण होता होगा, सो वह क्षण उसके पिंकी से सम्बन्धों के जन्म का था!

उसे बताया गया पिंकी दर्शन की छोटी बहन थी जो कॉलेज में पढ़ रही थी।

उसका अम्मा के पास भी आना-जाना था और बहनों से भी दोस्ती।

सारे परिवारवाले उसकी तारीफ़ में एकमत थे। बम्बई के उस ईसाई रहन-सहन के इलाक़े में, उस सम्पन्न सिख परिवार की लड़की में, उस प्रकार की शर्मो-हया थी, जो पर्दादार-मुसलमान लड़कियों में देखने को नहीं मिलती!

फिर इत्तिफ़ाक़ होना शुरू हो गए थे।

और इत्तिफ़ाक़-जैसे-इत्तिफ़ाक़!

वह एक बोतल बीयर गुटकने के बाद जूहू-तट पर, अकेला टहल रहा था : पिंकी से मुठभेड़ हो गई थी।

(यह वह ज़माना था जब शराब चक्खी-चक्खी थी; थोड़ी में बहुत नशा हो जाता था! मज़ा भी अच्छा नहीं लगता था।)

वह हैंगिंग गार्डेंस में, शाम अकेला, ठंडी साँसें लेता, अपने ख़याल में कोई शेर दुरुस्त करने की कोशिश कर रहा था : पिंकी से मुलाक़ात हो गई थी!

वह एकान्त, बिलकुल एकान्त खोजता, ख़ुद से बात करता, पवई की ओर पैदल टहल रहा था : एक दरख़्त की छाँव में खड़ी, पिंकी मिल गई थी।

वह नई बिल्डिंग पेंट करा रहा था : पास की बिल्डिंग, सहेली के घर से, पिंकी निकल आई थी।

वह सिनेमा, दोपहर का शो, 'साहब, बीबी और गुलाम' देखने गया था : पिंकी थिएटर में मौजूद थी।

हर रास्ता, जो वह लेता, किसी चुस्त और चालाक बिल्ली की तरह, पिंकी काट जाती।

रास्ता काटने के बाद, वह हर बार, कुछ सुस्ताने के पल, उसके साथ बिताती, जो समय और शनासाई के साथ, लम्बे-से-लम्बे होते गए थे। उन पलों में ऐसी आत्मीय बातें होंती, जिन्हें शायरी के मुहावरे में 'इज़हारे हाल' कहा जाता है!

उन सुस्ताने के पलों में ही पिंकी ने यह राज़ खोला था कि जिसे वह सारे समय इत्तिफ़ाक़ समझता रहा, वह उससे निकटता पैदा करने का योजनाबद्ध घेराव था!

वह साए की तरह महीनों से उसके पीछे लगी थी।

उसने ध्यान नहीं दिया, जो गाने उसने दर्शन-सुषमा के सामने सुनाए थे, उनमें सबसे ज़्यादा बार 'तू जहाँ-जहाँ चलेगा/मेरा साया साथ होगा' था!

वह यह भी जानती थी कि वह 'मैंने शायद तुम्हें/पहले भी कहीं देखा है', पिंकी के लिए ही डूबकर गाता रहा था।

शुरू में सीधे कहना अच्छा नहीं लगता, दिल की बात इसी तरह ढालकर कही जाती है!

यक़ीन करे, वह उसे छोड़कर नहीं जाएगी; वह उसकी 'जो हमेशा के लिए हो,' वही ख़ुशी थी!

जो हो रहा था, उसे होते देना सबसे मुनासिब लगा था! साथ ही बड़ा इत्मीनान हुआ था कि उसमें एक ओर लड़की को आकर्षित कर सकने की क्षमता थी! अलका से बिछुड़कर वास्तव में सबकुछ ख़त्म नहीं हुआ था।

वैसे उसके दिल में पिंकी के लिए इश्क के सिम्पटम्स की सम्भावना भी दूर-दूर तक नहीं थी; अलका से जुदाई का ग़म कहाँ छटा था, कि नए पुल बनाने का सोचा जाता! उसके भीतर बेचैन तुकबन्दिया, अपना फ़र्ज़ निभाने, और फ़िराक़ के सायों को अधिक-से-अधिक लम्बा करने के प्रयास में लगा हुआ था!

नमूना :

जब से बिछड़ा हूँ तुझसे ऐ अलका!
कुछ ठिकाना नहीं रहा पल का।

अब शर्मिन्दगी होती थी, अपने उन ताऊस के पैरों को देखकर!

यह सच था, कि वह उस उम्र में बहुत पढ़ता था, मौक़ा निकालकर, छिप-छिपकर। धर्म से सम्बन्धित साहित्य, फ़ल्सफ़ा, हिस्ट्री या फ़िक्शन हो, या शेरो-शायरी, जो भी हाथ लग जाए, या जिसका कोई सुझाव दे दे, ख़ासकर अलीगढ़ मामू।

अन्य सारे विषय, उर्दू और अंग्रेज़ी में, और शायरी सिर्फ़ उर्दू में। मराठी बोलने और पढ़ने में तब उसकी रुचि बनना ही शुरू हुइ थी, जिसके पीछे मूलतः संत तुकाराम के व्यक्तित्व और कृतित्व के प्रति आकर्षण, और हमीद दलवाई के मुस्लिम समाज सुधार अभियान से सम्मोहन था।

सारी पढ़ाई के बावज़ूद, जब वह ख़ुद शेर कहने की कोशिश करता था तो इतने ही बेजान और निकम्मे!

इसमें कोई उस्ताद उसकी सहायता नहीं कर पाया, लेकिन हौसला न कभी पस्त हुआ, न आज था!

रौ में बहकर पिंकी को भी उसने अपने अलका के ग़म में शामिल कर लिया था, और अपने 'पराई स्त्रियों के अनुभव' गिनाकर, साफ़-साफ़ बताना चाहा था कि वह कितना गया-बीता आदमी था! इसलिए कि जो कुछ किया,

उसका उसे उस तरह पछतावा भी नहीं होता था, जैसा कहानियों में अच्छे लोगों को होता बताया जाता था।

सबकुछ जानकर भी पिंकी की हमदर्दी से वह चकित हुआ था।

वह देर-देर तक, विस्तार से, अलका से बिछुड़ने का ग़म सुनाता था, और पिंकी तवज्जोह की मूरत बनी तकती, उसकी दिलजोई करती रहती।

शायद वही क्षण थे, जब पिंकी अलका से ज़्यादा उसके क़रीब हो गई!

लेकिन यह एहसास भी, बाद के घटनाक्रम के बीच हुआ था।

उसकी बातें हमदर्दी और अपनाइयत से सुनने, और दोस्ताना मशवरे देने के साथ ही पिंकी ने अपने बारे में भी बताया था कि वह दर्शन की सगी बहन नहीं थी। उसके माँ-बाप पिंकी के छुटपन में ही दुर्घटनाग्रस्त होकर ख़त्म हो गए थे, और दर्शन के माता-पिता ने उसे सगी औलाद की तरह पाला-पोसा था।

(हालाँकि तब तक, ख़ुद साबिर के सामने, अपनी यतीमी का नक़्शा बहुत साफ़ नहीं था, मगर कुछ ऐसा रहा होगा, जिसने उसे पिंकी के साथ अधिक मज़बूत बन्धन में बाँध दिया था।)

वे मिलते, और साथ समय बिताते रहे थे, दर्शन के घर भी और अन्य जगहों पर भी, जिसकी जानकारी न बेदी परिवार को हुई थी, न उसके अपने घरवालों को।

फिर चीज़ें एकदम गतिशील हो गई थीं।

सपाटे के साथ, घटनाओं और दुर्घटनाओं का सिलसिला शुरू हो गया था।

9. एक बदलाव, एक गम्भीर विमर्श

पिंकी ने एक दिन यह हैरान करनेवाली सूचना सुनाई थी कि उसकी शादी तो कहीं पहले से तय थी, और वह घड़ी आ पहुँची थी, जिसका डर था : होनेवाला दूल्हा अमरीका में रहता था, और जल्द ही शादी के लिए वहाँ से आनेवाला था।

वह ख़ुद जो हाथ-पैरों पर था, और उन हालात में गृहस्थी की कल्पना भी नहीं कर सकता था, इस सन्दर्भ में पिंकी की क्या मदद कर सकता था, उसने निराशा, कड़वाहट और व्यंग्य से सवाल किया था।

कुछ भी हो जाए, पिंकी ने दृढ़ निश्चय से कहा था, जीते-जी वह किसी मर्द की होगी, तो साबिर की! दुनिया की कोई ताक़त उसके फ़ैसले को बदल नहीं सकती, और आसमानी भी, चाहे तो कोशिश करके देख ले!

वह साबिर की हमेशा की ख़ुशी थी!

वह डर गया था।

इस कल्पना से कि इस बार साम्प्रदायिक दंगों का कारण वे दोनों बनेंगे!

यह उसे गवारा नहीं था।

किसी क़ीमत पर नहीं।

अगर उसे पिंकी के रिश्ते की ख़बर होती तो आपसी अपनापे को बढ़ने ही न देता! न इस उलझावे में आगे वह उससे सहयोग की उम्मीद रखे।

क़तई नहीं!

—पहले से रिश्ता न होता, तो क्या कम्यूनल राइट्स का ख़तरा न पैदा होता!

पिंकी के इस असुविधाजनक प्रश्न के लिए उसके पास कोई उत्तर नहीं था।

वह सोचता रहा था, क्योंकि अकेले रहकर भी, ऐसा सुविधापूर्वक, किया जा सकता था; न दंगे का ख़तरा, न फ़साद का डर!

उसे यह सोच मूर्खतापूर्ण लगती थी कि शादी करने या एक-साथ रह सकने के लिए, औरत और मर्द का धर्म एक ही होना चाहिए।

क्या कोई सितारवादक, किसी वॉयलिन बजानेवाले, या ऐसे व्यक्ति के साथ नहीं रह सकता, जिसकी संगीत में रुचि न हो?

यह कल्पनाशीलता की कमी, अर्थात् मूर्खता थी।

एक असलियत का, विभिन्न भूगौलिक क्षेत्रों, और अलग-अलग काल-खंडों से जुड़कर, एक से अधिक नाम हो गया, जो धर्म या मज़हब के नाम से जाना जाता है। आवरण के अलावा कुछ भी तो भिन्न नहीं, सबकी जड़ो-बुनियाद में।

यह फ़र्क़ बनाया है, अलग-अलग क्षेत्रों के राजनीतिक इतिहास की आपसी टकराहट ने, जो वास्तव में सतही है।

उसी की एक छद्म-उत्पत्ति, संस्कृति है!

पुरानी यादों का गौरव-गान!

यह धर्म नहीं, सीधा राजनीति से जुड़ता है!

इनसानों को जोड़ता नहीं, बाँटता है।

दो अलग-अलग मज़हबों को माननेवाले, अपने-अपने धर्म के साथ, पति-पत्नी क्यों नहीं हो सकते?

क्योंकि बड़ी टुकड़ियों में बँटा इनसान, शासन करनेवालों का काम आसान कर देता है!

कहा जाएगा, लड़कों के लिए ऐसी बहादुरी का सोच आसान है, लेकिन इस सन्दर्भ में बहादुरी और कायरता जैसे विशेषण का प्रयोग ही बेईमानी है।

अगर अभी तक इस खुले सोच का रवैया नहीं अपनाया जा सका, तो अब अपनाया जाना चाहिए था।

इनसान की अनेक समस्याओं का समाधान शायद इसी में हो।

एक तरफ़ उसकी ख़्वाहिश थी, दूसरी ओर, उसके विरुद्ध, ख़ुद उसका आज तक का इतिहास-पाठ।

अलीगढ़ मामू टॉयनबी का नाम बहुत मुहब्बत से लेते हैं, और टॉयनबी का काम उसे उस मुहब्बत का पात्र भी बनाता है; ख़ुद टॉयनबी की दृष्टि में धर्मों के टकराव का इतिहास लगभग इतिहास जितना ही पुराना था।

अपनी ख़्वाहिश की ख़ातिर, वह उस प्रकार के किसी टकराव का कारण नहीं बनना चाहता था।

(ख़ासकर, सन् 1947 को याद करते हुए, जिसके नतीजे उसे यतीमी का ताज मिला था, या अभी मुक्त हुए बँगलादेश को देखते, जिसके कारण अनेक अप्रिय तमाशे देखने को मिले थे!)

उसकी ख़ुद की, मज़हब की अवधारणा में, वह लाख कच्ची सही, और दुनिया उसे जिस अर्थ में लेती थी, बड़ा भेद था।

अफ़सोस, उस भेद की व्याख्या कर सकने जितना ज्ञान और योग्यता भी उसमें नहीं थे।

आगे ख़तरे पेश आए थे, और काश! उसने उनका सामना उसी ईमानदारी से किया होता, जिससे अकेले में, अमूर्त तथ्यों का विश्लेषण करता रहा था।

व्यवहार की ईमानदारी के लिए नेक-दिली और अच्छा सोच काफ़ी नहीं होता, यह कड़वा सच, उसे किस्तों में, अपने ही जीवन के सन्दर्भ में जानना और समझना था।

पिंकी ने दर्शन और सुषमा से कुछ कहा होगा, जिसके नतीजे उनके साबिर के प्रति व्यवहार में साफ़-साफ़ महसूस किया जा सकनेवाला अन्तर आया था।

कुछ समय बाद पिंकी के घर से निकलने पर पाबन्दी लगा दी गई थी और दर्शन उसे 'पिंकी के हमदर्द-दवाखाने साहब', 'आस्तीन के साँप' और 'भेड़ की खाल में भेड़िए' जैसी उपमाओं से खुलकर नवाज़ने लगा था।

'वीर जी!' 'वीर जी!' कहते इसकी ज़बान सूख गई, पर दर्शन पर कोई असर नहीं हुआ था।

इनसानियत (और यतीमी!) जहाँ उसे पिंकी से जोड़ते थे, वहीं मज़हब उन्हें एक-दूसरे से काटता था।

और इनसानियत (शायरी की तरह!) एक कोरा भावुक कल्पनावाद था, जिसका न तो कोई अपना घर था, न मुल्क, झंडा और फ़ौज-फ़ाटा, जबकि मज़हब घर-घर में मोर्चाबन्द था। न तो घोषणा करके आप इनसानियत के पैरो ठहराए जा सकते थे, न अपने मज़हब के प्रति उदासीनता, अन्य धर्मों के 'ईमानदारों' की नज़र में आपको उन जैसा कर सकती थी।

यह बाद की समस्या थी।

उस पल की ज़मीनी असलियत यह थी कि वह चाहता तो भी किसी जोखिम में पड़ने की हैसियत में नहीं था।

न वह दर्शन-सुषमा को परेशानी में डालना चाहता था।

पिंकी के शादी करने और साथ रहने के प्रस्ताव का, वह सख़्ती से खंडन और विरोध कर चुका था।

दर्शन सिंह बेदी एक भोले और ईमानदार व्यक्ति थे, जिनके स्वभाव में एक आश्चर्यजनक इकहरापन था; न वह ख़ुद किसी से दोग़ला व्यवहार कर सकते थे, न किसी और के द्वारा उन्हें ऐसा स्वीकार्य था।

इसी कारण, साबिर उन्हें किसी प्रकार विश्वास नहीं दिला पाया था कि उसे पिंकी से इश्क़ नहीं, उस प्रकार का लगाव था जिसे हमदर्दी कहा जाना ज़्यादा उचित था।

उन्होंने अम्मा से शिकायत की थी जिसे बुज़ुर्गाना सहानुभूति से सुनने के बाद बात साफ़ करने की मंशा से, अम्मा ने साबिर को तलब किया था। उस पल, शायद ज़िन्दगी में पहली बार उसने ऐसे स्वर में बात की थी, जिससे वयस्कता और मानसिक परिपक्वता की बू-बास आती थी।

—अगर मुझे इस लड़की से शादी करनी होगी, उसने कहा था—तो न तो मुझे दर्शन सिंह बेदी, जिन्हें बड़ा भाई समझकर मैं वीर जी कहता रहा हूँ, रोक पाएँगे और न कोई और! इनसे कहिए, या तो उस पर यक़ीन कर लें जो मैं कह चुका हूँ, या फिर जो इनके बस में हो, वह कर लें!

बाद में दर्शन सिंह याद करते हुए कहते थे—क्या डायलॉग मारा था, मियाँ तूने! यह फ़िल्मवाले लगते कहाँ हैं! क्या ज़ंजीर, क्या दीवार, क्या बच्चन, और सलीम-जावेद! वह था ओरिजिनल ऐंग्री यंगमेन! ठीक है, मियाँ, बड़े बच्चों की

देखभाल का फ़र्ज़ निभाने की कोशिश करते हैं, कोई दुश्मनी तो नहीं। हमने भी वही करना चाहा। पिंकी हमारी तो है, तुम्हारी भी बनी रहे; रब से दुआ करते हैं। मगर मियाँ, ख़याल रहे! बहुत नाज़ों से पली है पिंकी, उसकी नाज़बर्दारी में कोताही न हो। कोई चीज़, हद की हमारी मुहब्बत तक, बिना मर्ज़ी के बाँध नहीं पाई उसे! अपनी शर्तों पर जीने की हिम्मत है उसमें।

यह बाद की बात है, मामला जब शान्त हो चुका था, और दर्शन सिंह बेदी दोबारा साबिर के लिए वीर जी बन चुके थे; जो कुछ साल पहले सपरिवार अमरीका में सेटल हो चुके थे, और जिनसे फ़ोन पर जब-तब बात होती रहती थी।

जिन्हें नहीं मालूम था, साबिर और मरियम, अलग-अलग रह रहे थे।

उसे अन्दाज़ा था, उस दिन अम्मा को उसकी बात और कहने का अन्दाज़ दोनों पसन्द आए थे।

दर्शन को रुख़्सत करने के बाद, उसे शाबाशी देती नज़रों से देखते, उन्होंने कहा था—माशाअल्लाह, तुम बड़े हो गए! बहरहाल, एहतियात ज़रूरी है। अजनबियों में क्यों इतना घुलो-मिलो, कि ग़लतफ़हमी की नौबत आए। अच्छी लड़की है पिंकी, हमें ख़ुद पसन्द है। दर्शन, सुषमा या उनके दिल्लीवाले भाई भी बुरे नहीं। तुम्हारे अब्बा दिल्लीवाले भाई को ख़ुशख़बरी दे चुके हैं, कि अल्लाह मियाँ ने जन्नत में नेक ग़ैर-मुस्लिमों का कोटा भी रखा है। ऐसे लोग जो नाम नहीं किरदार के मुसलमान हों! यानी वह फ़िक्र न करें। उनकी मुहब्बत का अन्दाज़ तुम जानते हो, लेकिन लोग अलग-अलग बनाए गए हैं। इसमें ख़ुद उनका कोई हाथ नहीं। दुनियादारी हो या दीनदारी, अपने-अपने क़ानून के बिना मुमकिन नहीं। इश्क़ भी ऐसा हो जो परवान चढ़ सके, यह लैला-मजनू, शीरीं-फ़रहाद के ज़माने नहीं।

अम्मा एक दुनिया देखी औरत का सच कह रही थीं, एक उम्र में जो ख़ुद उन्होंने किया, उसे भुलाकर, उस अनुभव से जो जीवन में सीख ली थी, उसे परिभाषित करते हुए।

आपबीती को पीछे ठेल, वह आनेवाली दुनिया और ज़िन्दगी में अधिक दिलचस्पी रखती थीं।

(ऐसा क्यों था? क्या मरनेवाले के साथ, उसके संग बँटी ज़िन्दगी भी समाप्त हो जाती है? यह उसी से मिलता-जुलता था, जो अभी, कुछ समय पूर्व, अलीगढ़ मामू ने कहा था : 'हर चीज़ की परछाईं होती है जो उसी के साथ दफ़न हो जाती है!' अलीगढ़ मामू ने किसी सच्चाई पर पर्दा डालने की मंशा से कुछ नहीं कहा था, वह उसे एक दोस्ताना मशवरा दे रहे थे। वह चाहते थे, साबिर अपना अस्तित्व किसी परछाईं से जोड़ने के बजाय, ज़िन्दगी का महत्त्व समझे। वह एक ज़िन्दा वजूद है, नहीं तो कभी का दफ़न किया जा चुका होता! अम्मा असलियत और परछाईं को इस प्रकार गड़बड़ा देती थीं, कि न तो वह असलियत समझ पाता था, न कोई सवाल कर पाता था। ऐसा बहुत बाद तक रहा था!)

फिर उड़ती-सी ख़बर कानों में पड़ी थी, कि पिंकी बम्बई छोड़कर चली गई।

ख़ुद गई अथवा ले जाई गई, और कहाँ, साफ़ नहीं हुआ था।

यह पता चला था कि दर्शन के घर दिल्ली और अन्य जगहों से आए रिश्तेदारों—बड़े भाई, बहन-बहनोई का पड़ाव रहा था, और उन्हीं के साथ पिंकी भी घर से ग़ायब हो गई थी।

कुछ क्षण कड़वी निराशा का अनुभव हुआ था, जिसमें उसने सोचा था कि बड़ी-बड़ी बातें करने के बजाय, वह चाहती तो कोई सम्पर्क का सूत्र खोज सकती थी! कुछ नहीं तो कुछ अलविदाई वाक्य बोलने, या उस जगह का नाम बताने, जहाँ वह जा/ले जाई जा रही थी।

या और कुछ कहने को!

फिर यह सोचकर हँसी आई थी कि उस स्थिति में पिंकी को भी वह, अलका की ही तरह, बुज़ुर्गों की बात मानने के मशवरे और अपना घर बसाने की ताक़ीद के सिवा क्या कर पाता!

अन्ततः इसने समाज की जहालत, मज़हबों के बीच बढ़ती दूरी-दुश्मनी और बड़ों का छोटों को अपने फ़ैसले करने देने के बजाय, हर मामले में टाँग अड़ाने, और अपनी नाक कटने के भय की प्रवृत्ति को, अकेले में, और फिर संजय के सामने कोसा-पीटा था, और दिल में 'औरत और बेवफ़ाई—एक

सिक्के के दो रुख़!' तय करने के बाद, 'वह सुबह कभी तो आएगी!' (साहिर लुधियानवी!) गुनगुनाता, उन क़ीमती कपड़ों को पहनता, ख़ुशबुओं को लगाता, जो पिंकी उस बीच न्योछावर करती रही थी, जीवन के उस अध्याय को समाप्त मानकर, दोबारा रैनबो आर्ट्स की व्यस्तताओं में पूरे जोश से लग गया था : दिन-ब-दिन फैलकर बड़े होते, दानवाकार महानगर की अधिकतर नई और कुछ पुरानी बिल्डिंगों को ठेके पर पुतवाता, उनका नया रंग-रोगन करवाता।

फिर जब उसे सचमुच होश आया था, तो वह भोपाल पहुँच चुका था! मरियम के साथ!

10. पिंकी से मरियम/बम्बई से भोपाल : दो यात्राएँ

पिंकी, उस बीच, मरियम में बदलकर, उसके साथ थी और दोनों शहर की आबादी से दूर, इरफ़ान दादा के गाँव पर ठहरे हुए थे।

वह उनकी ज़िन्दगी का वही सुहाना वक़्त था, जिसे तकनीक़ी शब्दावली में हनीमून कहा जा सकता है।

हालाँकि हनीमून की सामान्य या फ़िल्मी परिकल्पना जैसा उनके पड़ाव में कुछ भी नहीं था।

न बर्फ़-ढके पहाड़, न क़ीमती होटल, मोटे-दबीज़ क़ालीन, आतिशदान और वर्दी पहने, हुक्म-बजा लाने को तत्पर, होटल के वेटर्स, न ही दूर-दूर तक फैली पहाड़ी घाटियों के बीच, उड़न-खटोलों सी सरसराती ट्रॉलियाँ।

उनकी जगह थी, मावठे की मूसलाधार बारिश! (लिखित रिकॉर्ड में उस साल मावठे की सबसे अधिक बारिश दर्ज थी।)

दिन बीतते गए थे, पानी बरसने का सिलसिला बना रहा था, और उसके नतीजे कड़ी ठंड, कीचड़, हरियाली, उफनकर बहते नदी-नाले और कवेलू की छतों के टपकते परनाले।

न उनकी खाट थी, न बोरिया-बिस्तर।

धरती के उस अनजाने टुकड़े में उनका प्यार, उस मौसम की सबसे क़ीमती और ख़ूबसूरत-फ़सल था।

अजनबी लोग, उनके स्वागत को, क़ीमती गुलदस्ते लेकर निकल आए थे।

बिना ख़तरों की परवाह किए, किसी ने उन्हें अपनी छत के नीचे पनाह दी थी, और अनेक अनजाने लोग, सुरक्षा के लिए जान की बाज़ी लगाने को तैयार हो गए थे।

वह दोनों मामूली लड़का-लड़की नहीं, नौजवानों की भावना के प्रतीक और कल्पना के हीरो-हिरोइन थे।

उस बे-सरो सामानी में, जब कच्चे मकान की छतें, दीवारें, और फ़र्श समान-रूप से चू रहे थे, पहनने को सूखे या गरम कपड़े, और खाने को ठीक-सा खाना मयस्सर नहीं था, पिंकी—जो मरियम बन चुकी थी, उन शक्तियों को सम्बोधित करके, जो वजूद से ला-वजूद तक पहरा करती हैं, गुनगुनाती थी—'रहें न रहें हम/महका करेंगे/बन के कली/बन के सबा/बाग़े वफ़ा में...' तो चौतरफ़ फैली हरियाली, कोंपल-कोंपल झूमकर, दाद दे उठती थी।

लेकिन, वह दोनों वहाँ उस गाँव में कैसे?

अभी-अभी तो वह जीवन के, पिंकी नाम के अध्याय को, समाप्त मानकर, उस महानगर में, जहाँ सूर्य एक छोर पर अस्त होने से पहले ही दूसरे छोर पर उदय होने लगता है, बिल्डिंगों की रँगाई-पुताई में लगा था?

यह चमत्कार कैसे!

इसका श्रेय किसी को जाता था, तो सिर्फ़ और सिर्फ़ पिंकी को, जो प्रतिध्वनि की तरह खोई थी, तो पूरी आवाज़ बनकर लौट भी आई थी।

किस प्रकार वह वापस बम्बई लौट पाई, यह एक रोंगटे खड़े कर देनेवाली दास्तान थी, जो उसे गाँव पर, हनीमून के दौरान ही, सुनने को मिल पाई थी।

पिंकी पर क्या बीती से बेख़बर, और उसकी ओर से पूरी तरह उदासीन एक शाम, दिन-भर की मेहनत के बाद, कुछ ज़्यादा ही थका, और शराब-बीयर की एक बोतल पिया (जिसकी बू मारने को उसने ढेर सारा कागज़ चबाकर थूका था!) जब वह घर पहुँचा था, तो कुछ ज़्यादा ही गम्भीर सन्नाटे ने उसका स्वागत किया था, और बहनों ने दबी आवाज़ में बताया था, कि पिंकी लौट आई थी!

एक तनावपूर्ण वातावरण, और उसमें ख़ामोशी के साथ घरवालों की योजनाबन्दी।

अम्मा के सामने पेशी हुई थी, और तय किया गया था कि पिंकी को उस पहचान के टैक्सी-ड्राइवर के घर से, जहाँ उसने शरण ले रखी थी, किसी ऐसे स्थान पर पहुँचाया जाना था जहाँ उसके परिवारवाले, या उनकी रिपोर्ट पर पुलिस ढूँढ़ न पाए। इसके लिए एक पठान परिवार की सेवाएँ अर्जित की गई थी जो ऊपरी तौर पर बिल्डर लेकिन दरअसल भू-माफिया का सरगना था। इसलिए उसका असर-रसूख़ अब्बा-अम्मा या किन्हीं भी शरीफ़ लोगों से हटकर था।

उस परिवार के साथ रहते ही, पिंकी का मरियमीकरण, अर्थात् इस्लाम की तालीम-तरबियत शुरू की गई थी, जिसका उन नाज़ुक हालात में भी उसने कड़ा विरोध किया था।

ऐसा ख़ुद पिंकी के कहने पर हो रहा था, जानकर उसे विश्वास नहीं हुआ था।

ख़तरा सिर पे खड़ा था; पुलिस छानबीन कर रही थी, और बेदी परिवारवाले, जान लेने की धमकियाँ दे रहे थे।

उन हालात में, अम्मा ने दोटूक कहा था, एक ही रास्ता था कि उनका निकाह कर दिया जाए।

कोई ज़ोर-ज़बर्दस्ती नहीं, यह ख़ुद पिंकी की ख़्वाहिश थी।

वह तैयार थी तो साबिर एतराज़ करनेवाला कौन था!

वह समझ रहा था।

उस फ़ैसले में आनेवाली तमाम ज़िन्दगी का भेद छिपा था!

वह सब, जिसे जीत-हार या कामयाबी-नाकामी जैसे शब्दों में व्यक्त किया जाता है।

उस क्षण, उसे आदर्श और पिंकी में से, किसी एक को चुनने का अप्रिय फ़ैसला करना था।

वह चाहता था, पिंकी पिंकी रहे, और साबिर साबिर, और दोनों पति-पत्नी भी बन जाएँ।

व्यावहारिकता का तक़ाजा था कि वैसा किया जाए, जो उस कठिन घड़ी में साथ के लोग कह रहे थे।

सबसे आश्चर्यजनक व्यवहार पिंकी का था, जो बहुत सहजता से कलमा पढ़ने के बाद, मरियम बन चुकी थी और नमाज़ पढ़ने के लिए अरबी की सूरतें और दुआएँ याद करने में सुधबुध खोकर लगी हुई थी।

वहाँ आसपास जमा मुसलमानों में उसकी क़दर ऐसी बढ़ी थी कि वह ख़ुद लगभग अनदेखा हो गया था! या देखा जाता था तो यह तलाशती नज़रों से कि उसमें ऐसे कौन-से गुण थे, जिन्होंने एक दूसरे मज़हब की लड़की की यूँ कायापलट कर दी थी।

वह काम कर दिखाया था जो सूरमा जेहाद का नारा लगाकर नहीं कर पाते थे!

क्या दुर्भाग्य है कि आदर्श ज़िन्दा लोगों से प्रतिस्पर्द्धा में हार जाते हैं!

शायद इसलिए कि ज़िन्दा लोगों की तरह वह मियादी बुख़ार बनकर नहीं चढ़ते।

न ज़िन्दा लोगों की तरह, लड़ियाकर, हमारे गले में बाँहें डाल सकते, न सिर्फ़ उनके आसरे कोई नस्ल आगे चल सकती।

न वह छूटें माफ़ करते, न किसी को यह भ्रम पालने की अनुमति देते कि उनसे समझौता करने के बाद, व्यक्तित्व में कोई 'डेंट'-दोंचा नहीं पड़ेगा।

कोसने-बददुआ देने के बजाय, वह प्रतीक्षा करते हैं कि राह से भटका मुसाफ़िर, ऐसा सबकुछ ख़ुद ही अपने साथ करे।

न हँसते, न बोलते—इन्तिहाई थका डालनेवाले हमसफ़र होते हैं आदर्श जिनकी किसी से एक बार अजनबियत की गाँठ पड़ जाए, तो फिर खोले नहीं खुलती।

पिंकी से जो धर्म-परिवर्तन के बाद मरियम हो चुकी थी, देखते-देखते उसका बुनियादी रिश्ता अजीब ढंग से पेचीदा हो गया था। उस पेचीदगी को पूरी तरह उस पल वह समझ भी नहीं पाया था।

वास्तव में, अब वह दो व्यक्तियों के बजाय दो समुदायों का मामला हो गया था! इस विरोधाभास की मूर्खतापूर्ण अनुभूति ज़रूर उसे उन उलझन की घड़ियों में भी थी।

यह फ़ैसला करने की भी (असफल!) कोशिश उसने तब ही करनी चाही थी, कि सारे बदलाव के बाद भी, अ'ख़िरकार इसे रहना दो व्यक्तियों के बीच का मामला ही चाहिए।

धर्म-परिवर्तन से पिंकी को एक 'मुसलमान' शौहर के अलावा क्या मिल रहा था, यह सोच पाने में वह असमर्थ था, साथ ही इस पाप के बोध से ग्रस्त भी कि बहरहाल, वह ख़ुद पिंकी के धर्म-स्वातंत्र्य की रक्षा करने में सफल नहीं हुआ था।

उन हंगामी हालात में यह बस, एक आती-जाती सोच थी, जिसका साझा करने को भी कोई भरोसेमन्द व्यक्ति आसपास नहीं था।

निकाह हुआ था, सवा रुपए मेहर के एवज़, जैसा कि निकाह पढ़ानेवाले ने, 'क़बूल?' पूछने से पहले ऊँची आवाज़ में, आसपास जमा लोगों के बीच कहा था, उस पठान गुंडे के घर में।

निकाह के बाद, ख़तरों के बीच, वे इस एहतियात से अम्मा के घर में साथ रहने लगे थे, कि बात खुले ना, और कल तक के आत्मीय, बेदी परिवार से सम्बन्धों में और कटुता न पैदा हो।

उस परिवार ने शुरू के कड़े विरोध के बाद, जिसका सामना मूलतः पिंकी को ही करना पड़ा था, आगे उन्हें उस तरह परेशान नहीं किया था जैसा वह ब-आसानी कर सकते थे।

थोड़े समय बाद तो उनसे न केवल सम्बन्ध बहाल हुए थे, बल्कि आत्मीयता भी अधिक हो गई थी।

घर-घरवाले, छोटे-बड़े, मरियम सबकी आँख का तारा थी। हद यह कि संजय भी, उसकी हिम्मत और बलिदान से अविभूत, अपने शब्दों में कहने पर मजबूर हो गया था कि 'दिल की सरकार में रिश्ते के लिए' पिंकी मरियम बने या मरियम पिंकी, नुकसान नहीं, सब फ़ायदा-ही-फ़ायदा है!

एक प्रकार से देखा जाए तो वह ख़ुद बाक़ी सब भूलकर, उन दिनों, मरियम के मद्दाहों की भीड़ का हिस्सा बन गया था!

मरियम को नमाज़ पढ़ता देखने लोग यूँ जमा होते थे, जैसे वह कोई तिलिस्मी कारनामा हो! उसका 'वालैकुम अस्सलाम' सुनने को, बार-बार सलाम करते, और पानी दम कराके, अपने साथ ले जाते थे।

मरियम से सवाल करके वह नहीं पूछ पाया था कि उसने धर्म-परिवर्तन क्यों चुना, न अपने सोच से आगाह कर पाया था जो अकेले में उसके विरुद्ध चलता रहा था।

उसके व्यवहार से लोगों को यही लगा होगा, कि वह पिंकी (अब मरियम) के फ़ैसले का समर्थन कर रहा था, और अन्य मज़हबों की तुलना में—अपने बुज़ुर्गों के मज़हब को बेहतर मानता था।

क्या हुआ, जो एक सही मुसलमान की तरह, वह दिए गए आदेशों का पालन नहीं करता।

हो सकता है, तब तक कुछ महत्त्वपूर्ण उसकी पकड़ में न आ सका हो, जो आगे आ जाए।

किसी और नहीं, तो मरियम के कारण ही ऐसा हो जाए!

मरियम की मज़हब की सख़्ती से पाबन्दी, फ़र्ज़ और सुन्नत की अदायगी, दुपट्टे से कसकर सिर ढाँपने के बाद, मुसल्ले पर बैठना, दुआ को हाथ उठाना, अम्मा से क़ुरान और उर्दू पढ़ने का जोश, वह ख़ुद शायद इस तरह देखता होगा, जैसे जो ख़ुद ज़िन्दगी में न कर पाया, मरियम को करते देखना उस कमी की पूर्ति हो!

आदर्शवादी सोच धरी रह गई थी, और पिंकी का कलमा पढ़ लेना, एक चमत्कार सिद्ध हुआ था!

ऐसा, जो बीते ज़मानों से गुमराह लोगों को सही रास्ते पर लाने के लिए आसमानी ताक़तों द्वारा किया जाता रहा था!

और इसमें क्या शक, कि आसमानी ताक़तें इस्लामी ताक़तें ही थीं!

पिंकी से मरियम बनी, उसकी पत्नी, वास्तव में वह दूरबीन थी, जिससे अपने 'जीवन' का लक्ष्य, वह आसानी से देख-समझ सकता था!

ऐसा नहीं कि हो रहे का उसने ऊँची आवाज़ में समर्थन किया हो, लेकिन उसकी चुप्पी विरोध नहीं, ख़ुद की सुविधानुसार ऐसी थी, जैसे उदार होकर वह मरियम को, उसके किए की वाहवाही लूटने देना चाहता हो।

क्योंकि यह तो जग-ज़ाहिर था कि उस लड़की ने ऐसा साबिर की ख़ातिर किया था।

यह पाकिस्तान टूटकर बँगलादेश बनने के कुछ समय बाद, एक ऐसे वातावरण में हो रहा था जब हिन्दुस्तान के मुसलमान एक प्रकार की हीनता से ग्रस्त थे, और उनका अपने धर्म की सुरक्षा का एहसास, एक नए संकट का सामना कर रहा था।

व्यक्तिगत स्तर पर शायद उसके साथ भी कुछ ऐसा रहा हो, और पिंकी के मरियम बनने ने, उस क्षण, किसी दिलासे का काम किया हो! (व्यक्तिगत भी इतना इकहरा और आसानी से समझ में आ सकनेवाला कहाँ होता है!)

निकाह के बाद, आनेवाली ज़िन्दगी के बारे में उसने दो अन्दाज़े लगाए थे, और दोनों में उसका सुविधापसन्द सोच, असलियत को समझ सकने में असमर्थ रहा था—यह अन्दाज़ा समय बीतने के साथ हुआ था।

एक तो वह मानकर चला था कि पिंकी का धर्म-परिवर्तन, उसके साथ जीवन व्यतीत कर सकने का, महज़ तकनीकी बहाना था : केन्द्र में धर्म नहीं, ख़ुद वह था।

ऐसा सोचना, उसके सारे मज़हबों को एक-सा (वह ख़ूबियाँ हों या ख़ामियाँ) मानने के अन्तर्गत था। एक बदली हुई दुनिया में वह लोगों के बीच रिश्ते की बुनियाद मज़हब के बजाय अन्य बहुत सारी चीज़ों को मानना चाहता था।

धर्म-परिवर्तन दुनिया के फ़ायदों और लालच से जुड़ा था, जिसका औचित्य-अनौचित्य तय करने के बजाय, वह अपने सोच से ख़ारिज करना चाहता था।

दूसरे, उसे विश्वास था, दिखावे के बदलाव के बावज़ूद, पिंकी मूलतः पिंकी ही रहेगी, और उसके आचार-व्यवहार में परिवर्तन नहीं आएगा। वह ख़ुद को अन्य मुसलमानों की नज़र से नहीं देखेगी, और न उन जैसा होने में बाज़ी मार ले जाने की कोशिश करेगी!

उसके अन्दाज़े सही नहीं थे, यह बाद की ज़िन्दगी, और विशेषकर पिछले वर्षों में सामने आया था, और उसके लिए अब वह मरियम से अधिक, ख़ुद को और शायद ख़ुद की सुविधापसन्द प्रवृत्ति को ही दोष देने के नतीजे पर पहुँचा था।

फ़िलहाल वह साअत दूर थी, और वे दोनों, छोटे-बड़े मुसलमानों ही नहीं, विद्रोही विचारधारा के किसी भी धर्म के नौजवानों की आँख का तारा, पति-पत्नी बने, अम्मा के घर रह रहे थे, जब अम्मा ने आनेवाली बक़रीद को लेकर शंका व्यक्त की थी।

त्योहार पर लोगों का घर आना होता था, उनका भी जिनसे मामला राज़ रखा जा रहा था।

ख़तरा था, तब मामला सार्वजनिक न हो जाए, और ख़तरे से उन्होंने, अभी तक बचने की कोशिश की थी।

समय बीतने के साथ चीज़ें सामान्य हो जाएँगी, लेकिन उस पल जोखिम उठाना, नासमझी था।

बेहतर होगा, उन्होंने सलाह दी थी, वह लोग बम्बई से बाहर, किसी सुरक्षित स्थान पर चले जाएँ!

अम्मा आख़िरी पल मजबूरी में, यह इसलिए कह रही थीं, क्योंकि सूचना मिली थी, ईद के दिन पुलिस की घर पर छापा मारने की योजना थी।

समय कम था, सुरक्षित जगहें गिनती की, और वहाँ पहुँचानेवाली ट्रेनें, सब अपने टाइम-टेबल से चलती थीं।

अन्ततः भोपाल जाने का तय हुआ था, जहाँ क़रीबी रिश्तेदार रहते थे, और बचपन से उसका आना-जाना रहा था।

ईद की सुबह छः बजे, मरियम के साथ, उसने बनारस एक्सप्रेस पकड़ी थी, जो शाम सूरज ढले इटारसी पहुँची थी। इटारसी से पठानकोट एक्सप्रेस ने आख़िरकार रात ग्यारह बजे, उन्हें भोपाल ठिकाने लगाया था।

बम्बई से भोपाल के बीच, वास्तविक दूरी का एहसास उसे रात गए, एक होटल में ठहरते, यह सोचकर हुआ था कि वह उसके जीवन की पहली ऐसी बक़रीद थी, जब गोश्त खाने को नहीं मिला था!

11. मरियम गाथा : रहें न रहें हम...

अगला दिन, नई शुरुआत था।

अलस्सबाह, मरियम को, होटल में अकेला छोड़कर, वह हमीदा ख़ाला के घर गया था, जो अम्मा की बहन थीं। उनका बेटा आमिर और साबिर हमउम्र थे।

स्पोर्ट्स से लेकर स्टूडेंट पॉलिटिक्स तक आमिर सबमें सक्रिय और प्रमुख था। उसकी लोकप्रियता का अन्दाज़ा साबिर को था।

आमिर ने ही उनका मामला ज़िम्मे लिया था और साबिर और मरियम के लिए एक प्रकार से कवच और ढाल बन गया था।

वह आमिर के साथ होटल जाकर मरियम को घर ले आया था, जहाँ से सावधानी की मंशा से, उन्हें एक दोस्त की जीप में, इरफ़ान दादा के गाँव पहुँचा दिया गया था।

यह सब आमिर और मित्रों ने तेज़ बरसात, कीचड़-पानी और कच्चे रास्तों की परवाह किए बग़ैर, उन दोनों के बॉडी-गार्ड्स की तरह किया था।

गाँव पर, हालात सुधर जाने के इन्तज़ार में दिनों और हफ़्तों पर फैला, उनका तथाकथित हनीमून सम्पन्न हुआ था।

उसी बीच, उसे मरियम की ज़बानी वह सब विस्तार से सुनने को मिला था, जो उस पर अकेले में बीत चुका था।

मरियम की दिल्ली से बम्बई वापस पहुँचने की रोमांचक, लम्बी दास्तान थी, जिसे वह उसे अकेले में, या आमिर और अन्य दोस्तों की उपस्थिति में, 'रहें न रहें हम/महका करेंगे...' (सोलो) के अलावा 'छिपा लो यूँ दिल में प्यार

मेरा/कि जैसे मन्दिर में लौ दीये की...' (डुवेट), गायन के साथ, टुकड़ा-टुकड़ा सुनाकर, सुननेवालों को अपने हिम्मत-हौसले की सागा (आख्यान) से अभिभूत करती रहती थी।

सब जानते जाते थे कि वह एक असाधारण लड़की से, उसकी आपबीती के ऐसे अंश सुन रहे थे, सारी तिलिस्मी दास्तानें जिसके आगे हेच थीं।

पिंकी को नशे का इंजेक्शन देकर, बेहोशी की हालत में, बम्बई से दिल्ली ट्रेन से ले जाया गया था।

दर्शन के बड़े भाई, मनमोहन, अपनी बहू पाशी के साथ, इस कर्तव्य को पूरा करने ख़ासतौर पर बम्बई आए थे।

दिल्ली पहुँचकर, पिंकी को सुनाते हुए, उन्होंने ऐलान किया था कि चाहे उसका मरा-मुँह देखना पड़ जाए, मगर उस 'मुसट्टे' के साथ पिंकी को नहीं जीने देंगे!

मनमोहन सिंह बेदी आर्मी में कर्नल के पद से रिटायर हुए थे, और दिल्ली में, अपने बेटे के साथ, एक हैसियतदार उद्योगपति थे : एक मस्त, खिलंदर, प्यार करनेवाले स्वभाव के बुज़ुर्ग, जिनसे बम्बई में मिलकर साबिर अपनी शायरी पर वाहवाही वसूल कर चुका था।

उनके मुँह से भी, ख़ुद को 'मुसट्टा' कहा जाना सुनकर, उसे धक्का नहीं लगा था। पड़ोसियों के नाते दोस्ती और प्यार अपनी जगह, वह जानता था कि सही या ग़लत, सिक्खों और मुसलमानों के बीच, इतिहास ने एक न पाटी जा सकनेवाली खाई खोदी हुई थी।

अब इन दो के बीच, अगर दोस्ती होती भी थी, (और ख़ूब होती थी!) तो यह मानकर कि इतिहासवाली दुश्मनी अपनी जगह, उसे न तुम छेड़ो, न हम! उसके अलावा, हम भाई जैसे!

सो मनमोहन बेदी की धमकी सुनकर अजीब नहीं लगा था, बात समझ में आई, और हमदर्दी हुई थी। हर व्यक्ति का अपनी बिरादरी और

समुदाय के लिए एक दायित्व माना जाता है। उसी का बोझ था कि मनमोहन 'भाई साहब' जैसा कोमल-हृदय व्यक्ति, सख़्त बनने पर मजबूर हो गया था।

मनमोहन सिंह बेदी के घर, जो उनकी हैसियत के अनुरूप, दिल्ली की डिफेंस कॉलोनी में, एक शानदार कोठी थी, पिंकी को बैंक के 'स्ट्रांग-रूम' जैसे सुरक्षित कमरे में, क़ैद करके, उसका किसी से मिलना-जुलना बन्द कर दिया गया था।

उसी कमरे में खाना, उसी में सोना, और वहीं जागा समय व्यतीत करना।

बाथरूम ले जाने को भी पहरेदार नियुक्त थे।

इसके साथ धमकी थी कि आसपास जासूस हैं, जिनके पास उसकी तस्वीरें हैं, भागने की कोशिश भी की, तो फ़ौरन पकड़ी जाएगी।

दूसरी ओर, जल्द-से-जल्द शादी की प्लानिंग, ज़ोर-शोर से चल रही थी और विदेश से आनेवाले दूल्हे का इन्तज़ार था।

बस, एक बड़ी अड़चन यह कि उन दिनों दिल्ली में, 'एक्सपो' का मेला चल रहा था, जिसमें बेदी परिवार के उद्योग का भी बड़ा स्टाल था, जिसमें घर के सारे पुरुष, कुछ समय के लिए बहुत व्यस्त थे।

पिंकी ने अपनी पुरानी दोस्त और सहपाठी, पाशी की, जो अब बेदी परिवार की बहू थी, बार-बार रो-रोकर मिन्नत की, और उस पर तरस खाने को कहा, लेकिन वह, जिसके पास उसके क़ैदख़ाने की चाबी रहती थी, नहीं पसीजी। पहरा कड़ा करने को एक रिश्ते की ताई को भी कोठी पर बुला रखा गया, जो पूरे समय पिंकी को अपने किए के अंजाम से डराती रहती।

तभी पाशी का छोटा भाई, बिल्लू, 'एक्सपो' नुमाइश देखने दिल्ली आया, और मौक़ा देखकर, हमदर्दी से, पिंकी से अपने लायक़ कोई सहायता पूछी। पिंकी को यह सुनहरा अवसर लगा, और उसने दो ख़त पोस्ट करने को दिए—एक साबिर के नाम बम्बई, और दूसरा, आमिर के नाम भोपाल, जिसके बारे में उसने साबिर की ज़बानी सुन रखा था।

दोनों ख़तों में अपना पता लिखकर, उसने तत्काल सहायता की अपील की थी।

दिन बीतने के साथ लगता रहा, ख़त बम्बई-भोपाल पहुँचते होंगे, कोई उसकी सहायता को आता होगा, जब एक दिन पाशी ने व्यंग्यात्मक ढंग से कहा कि जिसे अपना समझकर उसने चिट्ठियाँ पोस्ट करने को दी थीं, उसने उन्हें बिलकुल सही पते पर पहुँचा दिया!

पिंकी पर रहम खाकर उसने बताया कि बिल्लू ने वह चिट्ठियाँ सीधे मनमोहन बेदी को थमा दी थीं और उन्होंने क़सम खाई थी कि पिंकी का ब्याह होने से पहले वह उसकी सूरत भी नहीं देखेंगे!

पिंकी के लिए पाशी के मन में हमदर्दी जन्म चुकी थी, और उसने उसे हर एक पर भरोसा करने से मना किया था।

उस बीच जो ढाढ़स बँधी थी, वह टूट गई थी!

किया क्या जा सकता था?!

किसी मुक्ति की सम्भावना दूर तक नहीं थी!

फिर एक कड़ाके की सर्दीवाली रात आई थी, जब घर के सारे पुरुष एवरापो गए हुए थे, ताई पास-पड़ोस किसी घर में, और कोठी में उसके अलावा सिर्फ़ पाशी थी और कुछ नौकर!

वह रोकर पाशी के क़दमों में गिर गई थी, और विनती की थी, पाशी उसे वहाँ से जाने दे!

पाशी का मन पसीजा था, मगर पिंकी के उस समय जाने पर, इल्ज़ाम के डर से वह आतंकित थी।

क्या इस आतंक के कारण पाशी पिंकी को मौत के मुँह में ढकेल देगी? पिंकी ने उससे पूछा था।

ख़ामोशी! सन्नाटा।

पाशी पिंकी की आँखों में तक रही थी।

—जा! उसकी चुप्पी का बाँध टूटा था।

उसने पिंकी को अपना गरम शॉल ओढ़ाया था, और जो, बीस-पच्चीस रुपए, उसके पल्ले थे, हथेली पर रखकर, उससे पिछले दरवाज़े से निकल जाने को कहा था।

बाहर निकलते, पिंकी ने पाशी की, घर के नौकरों को ख़बरदार करती, ऊँची आवाज़—पिंकी भाग गई! सुनी थी।

कोठी का कम्पाउंड पार करने के बाद, वह बाहर सड़क पर आई थी, और उस पार जो पहली कोठी थी, उसके भीतर प्रवेश कर गई थी।

अन्दर, पोर्च में, उसका सामना एक और पुरानी स्कूल की सहपाठी, बीना से हुआ था!

घटनाक्रम से अनजान, बीना उसे अपने साथ अन्दर ले गई थी, और बताया था उसका परिवार दो महीने बाद, उसी दिन दिल्ली लौटा था। अगर एक दिन पहले भी वह आती, तो घर में ताला पड़ा मिलता।

कुछ देर में बीना की माँ और छोटा भाई, जिन्हें पड़ोस से लड़की के भाग निकलने की ख़बर मिल चुकी थी, आ गए थे।

भाई ने ज़ोर देकर कहा था कि पिंकी को घर में छिपाना पड़ोसियों से दुश्मनी मोल लेना होगा। माँ ने तफ़सील जाननी चाही थी, और पिंकी ने सिर्फ़ इतना कहा था कि घरवाले उसकी मर्ज़ी के ख़िलाफ़ शादी करना चाहते थे, और वह अपनी नानी के पास, जालंधर जाना चाहती थी।

उसकी बात सुनकर वह लोग दुविधा में पड़ गए थे, और अन्ततः उन्होंने पिंकी की सहायता करने का तय किया था।

उससे, बीना के साथ, आराम करने का कहकर, वह दोनों चले गए थे...।

बातों का यह सिलसिला, टूटते-बनते क्रम के साथ, इस प्रकार दोहराया जाता, जैसे—किसी प्रकार की आल्हा-ऊदल हो; मरियम द्वारा, साबिर और अन्य अचम्भित, सुननेवालों के समूह के बीच! लोगों के दिल की धड़कन, मरियम की आवाज़ की ज़रा-सी ऊँच-नीच के साथ बँधकर, उसके सुख-दुख में शामिल, उन्हें उसके पास वहाँ पहुँचा देती, जहाँ मरियम होती : इरफ़ान दादा के गाँव के, उस कच्ची खपरैलों और फ़र्शवाले मकान में, मावठे की उन ठंडी बौछारों, हाथ गरमाती कंडों की सुलगती आग, बेपनाह उत्साह और असीमित डर से घिरी, उसकी रहस्य, रोमांच, अपनी शर्तों पर जीने के निर्णय और ऐसा लगभग न हो सकने के, ताने-बाने से बुनी गाथा सुनते।

उन घड़ियों में, मरियम को बोलते देखकर, ख़ुद उसकी नज़रों में क्या नहीं होता था—विस्मय, सहानुभूति, चाहत, प्यार, और वह सब, जिसे सिर्फ़ नज़रें ही व्यक्त कर सकती थीं।

...रेलवे-स्टेशन और बस-अड्डे पर, पुलिस के डर से बीना की माँ का अपने बेटे को पन्द्रह किलोमीटर दूर भेजकर परिचित की कार मँगवाना और ठिठुरती ठंड में सुबह चार बजे दिल्ली से बीस किलोमीटर बाहर हाइवे पर अम्बाला जाती बस में अपने बेटे को इस ताक़ीद के साथ, पिंकी के साथ सवार कराना, कि वह उसे जालंधर नानी के घर पहुँचाकर वापस लौटे।

अम्बाला तक वह साथ गया था, और पिंकी रास्ते भर यह सोचकर परेशान होती रही थी कि वह जालंधर में उसे अपनी किस काल्पनिक नानी से मिलवाएगी!

पिंकी को जालंधर की बस में बिठाकर लड़का अम्बाला में ही रुक गया था। उसे अकेले जालंधर की बेमतलब यात्रा करनी पड़ी थी।

जालंधर से उसने चंडीगढ़ की बस पकड़ी थी, जहाँ पहले वह हॉस्टल में रहकर पढ़ चुकी थी। अन्तहीन यात्रा के बाद चंडीगढ़ पहुँचकर, दोस्तों के बीच उसे अन्दाज़ा हुआ था कि उस बीच वह थककर कितनी कमज़ोर हो गई थी।

दो दिन चंडीगढ़ में आराम, सहेलियों से सौ रुपए उधार, बस से वापस अम्बाला, बम्बई का टिकट, और पठानकोट एक्सप्रेस।

ट्रेन की ऊपरी बर्थ पर, पाशी का दिया शॉल, सिर से पैर तक तानकर, वह इस प्रकार लेट गई थी, जैसे गहरी नींद सो रही हो।

ट्रेन के दिल्ली की दिशा में बढ़ने के साथ ख़तरे का एहसास कि कोई पहचानवाला या पुलिस का आदमी देख न ले।

शॉल ओढ़े वह इतनी देर तक बेसुध लेटी रही थी, कि एक सहयात्री को ख़तरा महसूस हुआ था! उसने, शायद यह जानने के लिए, कि वह मर तो नहीं गई उसे छुआ था, और वह इस प्रकार उछल पड़ी थी, जैसे हाई-वोल्टेज का करंट लग गया हो!

दिल्ली-भोपाल-बम्बई : बीच के सारे स्टेशन!

न उसने कुछ खाया था, न पिया था।

बम्बई पहुँचते-पहुँचते, पुलिस के ख़याल से, उसका कल्याण पर उतरना, वहाँ से लोकल ट्रेन पकड़कर कुरला पहुँचना और टैक्सी लेकर, अम्मा के पहचानवाले, उस ड्राइवर के घर!

आगे जो कुछ हुआ, और हो रहा था, उसमें ख़ुद साबिर भी शरीक था।

12. आठवीं दहाई का भोपाल

भोपाल में रहते समय बीता था।

अभी तक घटित हुआ, एक कहानी बनता गया था, जिसे बार-बार सुनाया तो जा सकता था, दोबारा जिया नहीं जा सकता था।

न उन्हें ऐसा करने की ज़रूरत थी।

इर्दगिर्द, एक बेतरतीब, अधूरा संसार बिखरा था, जिसे इच्छानुसार रूप और आकार दिया जाना था।

चुनौतियों अनेक थीं, और उनका सामना करने की इच्छा और चाह, अदम्य!

गाँव के बाद उनका समय शहर में व्यतीत होने लगा था।

ख़ाला के घर में इतनी मकानियत थी कि उन्हें अपनी प्राइवेसी के साथ रह सकने की जगह, एक कमरे के रूप में मिल गई थी, जिसमें आने-जाने का रास्ता भी अलग था। लोगों की भीड़ जिसे तब वह हँसकर 'मरियम फेन्स क्लब' कहता था, जिसमें उसके कुछ पुराने परिचित और रिश्तेदार और कुछ आमिर के तरह-तरह के दोस्त शामिल थे, जैसे वकील, शकील, रमेश उर्फ बदबान साहब, ग़नी मियाँ और बहुत सारे अन्य, ज़्यादा समय कमरे में उन्हें घेरे रहती।

हँसने-बोलने, खाने-पकाने का-सा पिकनिक का वातावरण बना रहता।

वास्तव में मरियम के व्यक्तित्व और स्वभाव से पूरी तरह परिचित हो सकने का सही अवसर, ख़ुद उसे भी उसी बीच मिल पाया।

वह एक सम्पन्न और शिक्षित परिवार की लड़की थी, जिसकी शिक्षा क़ीमती स्कूलों में हुई थी, वह इतना जानता था, जो उसकी व्यक्तिगत ख़ूबियों, प्रतिभा और योग्यता को समझने के लिए काफ़ी नहीं था।

कुछ असाधारण योग्यता के जिन लोगों को उसने देखा-जाना था, या अनुमान लगाया था, किसी के असाधारण हो सकने की सीमा का, मरियम उससे भिन्न और अधिक नॉर्मल, समझदार और योग्य थी, जिसका अलग से दिखावा नहीं था।

हिन्दी, इंग्लिश और पंजाबी वह पहले से जानती थी, और कुछ ही समय में क़ुरान और उर्दू भी रवानी से पढ़ने लगी थी।

नमाज़, क़ुरान की तिलावत और अलग-अलग समय पर वज़ीफ़े, वह इस पाबन्दी से पढ़ती थी, जैसा घर में उसने अब्बा को छोड़कर, अन्य किसी को करते नहीं देखा था।

बड़ी विशेषता यह कि आपसी सम्बन्धों में दोनों को किए-धरे की सफ़ाई नहीं देनी पड़ती थी, और दोनों एक-दूसरे के दिल की बात समझ लेते थे।

किसी तिलिस्मी अन्दाज़ में!

मज़हब और मज़हबी लोगों के बारे में कम-से-कम शब्दों में उसने अपना सोच और ख़याल मरियम से कहा था, मज़ाक में पंजाब के सरहिन्द-क्षेत्र का उल्लेख करते जहाँ से बीते समय में बेदी परिवार का सम्बन्ध रहा था, और (विश्वसनीय तौर पर पता न होने के बावज़ूद!) उसे एहसास था, उसके पैतृक परिवार का भी; अगर पिंकी ने मुसलमान होना चुना था, तो मान ले, साबिर सिख हो गया था!

अधर्मी या विधर्मी हुए बिना, उसका इतिहास का सीमित-पाठ, उसे मज़हब के माननेवालों, विशेषकर उसके अपने मज़हब के माननेवालों से अनेक शिकायतें करने पर मजबूर करता था।

मरियम उसके कभी-कभार नमाज पढ़ लेने या अल्लाह-अल्लाह को किसी प्रकार के कड़े धार्मिक अनुशासन से न गड़बड़ाए।

जवाब तो नहीं मालूम, मगर ज़ेहन में ऐसे सवाल बेशुमार थे जिनके जवाब, इतना वह ख़ूब समझता था, न दुनिया में और किसी के पास थे, न वह किसी को दे सकता था।

धर्म का पाखंड करनेवालों के प्रति अपने गुस्से और नफ़रत से अवगत कराते हुए, उसने मरियम से कहा था, कि ऐसे लोगों के लिए उसके मन में बख़्शिश का कोई ख़ाना नहीं हो सकता था।

डेढ़ दशक पहले का, वह ज़माना, ख़रामाँ-ख़रामाँ, एक भिन्न गति से बीत रहा था।

साइकिल और सिटी-बस, तब तक, उस प्रकार लोगों के स्टेटस से जोड़कर नहीं देखे जाते थे, जैसे समय बीतने के साथ देखे जाने लगे थे।

बचपन की यादों के उस भोपाल की तुलना में जब वह अम्मा के साथ ख़ाला के घर ठहरा था, शहर फैला और बड़ा हुआ था, जनसंख्या बढ़ी थी, लेकिन बम्बई के फ़ासलों और आपाधापी के आगे यहाँ चैन बिराजता था।

यहाँ भी लोग तरह-तरह के व्यवसाय में व्यस्त होते जा रहे थे; हैवी इलेक्ट्रिकल्स के अलावा भी, बड़े उद्योग खुल रहे थे, जहाँ काम के अवसर निकल रहे थे, और यहाँ रहनेवालों को फ़ायदा मिल रहा था। गंटी दीग का फैलाव, जो कभी सिर्फ़ सीताफलों के लिए जाना जाता था, एक बड़ी उप-उद्योगनगरी में परिवर्तित होता जा रहा था, जहाँ अनेक फैक्टरियाँ और उनके कार्यालय खुलते जा रहे थे, और उनमें काम करनेवालों के लिए घर बन रहे थे।

इस सबके बावज़ूद, अभी शहर के लोगों के लिए रोज़गार ही ज़िन्दगी का ओढ़ना-बिछौना नहीं बना था। साथ मिलकर बैठने, गप्पें लड़ाने, तफ़रीह करने, फ़िल्में देखने, और उन पर बात करने, शतरंज-कैरम खेलने की फ़ुर्सत थी अभी लोगों को। और एक-दूसरे की ख़ुशी और ग़म में भागीदारी की भी।

अभी पुरानी इमारतें छोटी, पुरानी सड़कें सँकरी और पुराने बाज़ार, सारी भीड़भाड़ के बावज़ूद, बेरौनक़ नहीं हुए थे—उस प्रकार, जैसे आनेवाले समय में उन्हें तेज़ी से होते जाना था।

पुराने शहर के ही उस हिस्से में जहाँ ख़ाला रहती थीं, ख़ासी तादाद में नमाज़-रोज़े और शरअ की पाबन्दी करनेवालों मुसलमानों की आबादी थी।

रियासत के ज़माने के पुराने महलों और मस्जिदों का सिलसिला था जिनमें कुछ ख़ूबसूरत भी थे।

मस्जिदों में लाउड-स्पीकर्स तब लगना ही शुरू हुए थे, अर्थात् उलेमा ने मान लिया था कि ऐसा करना इस्लाम के आदेश की ख़िलाफ़वर्ज़ी नहीं था। तो भी, अभी अज़ान सुनने का अनुभव माइक पर चिल्लाचोट के मुक़ाबले में परिवर्तित नहीं हुआ था।

बुज़ुर्ग शरअी कमीज़-पाजामा, पाँयचा टखने से ऊपर और साधारणतः रामपुरी या मलमल की टोपी पहनते थे, और ख़ासी संख्या दाढ़ी रखनेवालों की थी। मुसलमानों में बड़ी संख्या सुन्नियों की थी, लेकिन शिया और बोहरों की भी आबादी और उनकी इबादतगाहें थीं। सुन्नियों में भी, एक-दूसरे से भिन्न सोच रखनेवाले, या अलग-अलग इमामों को माननेवाले थे, और पढ़ी-लिखी, नई पीढ़ी में वहाबी या अहले-हदीस सोच को प्रश्रय मिलना आरम्भ हो गया था, जो ख़ुद उसके परिवार का भी मसलक (पंथ) था, और उनकी एक अलग मस्जिद भी थी। मोटेतौर पर इनकी हैसियत, हिन्दू समाज में आर्यसमाजियों से मिलती-जुलती थी, जो कट्टरता का विरोध करने में, अक्सर कट्टरपंथियों से भी अधिक कट्टर हो जाते हैं।

शहर की बड़ी ताजुलमसाजिद में हर वर्ष जाड़ों में तीन दिन का तब्लीगी इज्तिमा–अधिवेशन होता था, जिसमें बड़ी संख्या में देश-विदेश से तब्लीग़ी ज़मातें आती थीं, और स्थानीय लोग भी हिस्सेदारी करते थे। उन तीन दिनों में वातावरण उत्सव का हो जाता था। मस्जिद, जो तब तक अधूरी थी–शाहजहाँ बेग़म इसे एशिया की सबसे बड़ी मस्जिद–के रूप में बनवाना शुरू करके विभिन्न कारणों से पूरा नहीं कर पाई थीं, एक बड़े मदरसे का घर थी, जिसमें शिक्षा पानेवालों के खाने और रहने की व्यवस्था थी।

इज्तिमा के दिनों में खाने, किताबों, सेकंड-हैंड गरम कपड़ों की दूकानें लगतीं जो शहरों के लोगों के लिए विशेष आकर्षण होतीं। लोग धर्म की बात सुनने से अधिक अपने शौक या ज़रूरत में बँधकर, मस्जिद के बाहर मेले में जाते थे–वह भी, जिन्हें तब्लीग़ी जमात से वैचारिक मतभेद थे।

यह आयोजन, अन्य कई चीज़ों के प्रकार, आज भी होता है, मगर बढ़ते ट्रैफ़िक के कारण, अब इसमें उलझनों का सामना करना पड़ता है, और मस्जिद के बाहर खुले मैदान में भी अब पक्का मार्केट बन गया है : लम्बे अटकाव के बाद शासन ने इसका अधिकार अब मस्जिद को सौंप दिया है।

प्रमुख रूप से दो सोच के मुसलमान थे—तब्लीग़ी जमात समर्थक और उसके विरोधी, जिनका सम्बन्ध, आमतौर पर जमाते-इस्लामी से मिलता था। वैसे कॉलेज और शिक्षा के क्षेत्र में असल योगदान बोहरा समुदाय का था, जिनके कारण शहर का सेफिया कॉलेज स्थापित होकर प्रगति कर रहा था। इसमें आर्ट्स और साइंस, दोनों फ़ेकल्टीज़ थीं, और शहर में व्यापक शिक्षा के प्रसार में कॉलेज की महत्त्वपूर्ण भूमिका थी।

मुसलमान औरतें और लड़कियाँ, जिनमें ख़ासी तादाद स्कूल और कॉलेज जानेवाली लड़कियों की थी, पूरा काले रंग का बुर्क़ा पहनती थीं।

इसमें भी, आज तक अधिक नहीं बदला है, लेकिन यह अम्मा और बम्बई वाले घर से इस अर्थ में भिन्न था कि अम्मा सिर्फ़ अधूरा बुर्क़ा पहनती थीं, और अब्बा के दीनी स्वभाव के बावज़ूद, बहनों को बुर्क़ा न पहनने की स्वतंत्रता थी।

भोपाल में ख़ालाजाद बहनें और अन्य रिश्तेदार लड़कियाँ, जो कॉलेजों में शिक्षा पा रही थीं, पूरा बुर्क़ा ओढ़ती थीं।

शुक्र है, मरियम ने कभी बुर्क़ा ओढ़ने में रुचि नहीं दिखाई।

भोपाल में पड़ाव के लम्बे होने के साथ, बिना घोषणा या प्लानिंग के, तय-सा होता लगा था कि यही उनका नया घर और इसी से उनकी आनेवाली ज़िन्दगी जुड़ी थी। इसके कारण थे, जिनमें ज़िन्दगी को धीमी गति, भाग-दौड़ की कम दूरियाँ और काम के आसानी से मिलनेवाले अवसर, सब़ शामिल थे।

जैसा कि नए बढ़ते शहरों में होता है, यहाँ काम ज़्यादा था और करने योग्य व्यक्ति कम।

इसके अलावा, शहर का लैंडस्केप—ताल, तलैया, और पहाड़ियाँ, और मौसम—अधिक सर्दी न गर्मी, और लहलहाती बरसात, सब मुवाफ़िक़ थे।

साम्प्रदायिक मामले में, शहर के हिन्दू-मुसलमान के बीच दूरी या वैमनस्य नहीं था। विशेषकर पुराना शहर, आपसी सद्भाव का उदाहरण था जहाँ बिना धर्म की तमीज़ के लोग एक-दूसरे को ख़ाँ और 'मियाँ' कहकर सम्बोधित करते थे। उन्हीं दिनों, दिल्ली का मशहूर बैंक डकैती कांड हुआ था, और भोपाल के युवक, 'अरे ख़ाँ!' के आपसी सम्बोधन के कारण पकड़े गए थे : उस गिरोह में हिन्दू, मुस्लिम, सिख सब शामिल थे—शरीफ़ज़ादे, जिनमें से कई को वह शक्ल से जानता भी था।

एक और विशेषता, यहाँ का शेरो-शायरी का वातावरण था।

समकालीनों की तुलना में यहाँ लोग कैसी शायरी कर रहे थे, यह तो वह नहीं परख सकता था, मगर गम्भीरतापूर्वक नशिस्तें, और मुशायरे आयोजित किए जाते थे।

अल्लामा इक़बाल और जिगर मुरादाबादी की भोपाल से आत्मीयता की एक-एक घटना, अनेक रूप में, विशेषकर बुज़ुर्ग पीढ़ी और उर्दू-प्रेमियों को रटी हुई थी, और इक़बाल तथा जिगर की बात महफ़िलों में इस तरह होती थी जैसे वह दोनों सबके आँखों देखें हों।

कुछ समय बीतने के बाद उसने एक चक्कर बम्बई का लगाया था।

दर्शन से मिलने या उनके घर जाने की हिम्मत तो वह नहीं जुटा पाया था, लेकिन अम्मा, संजय और दूसरे पहचानवालों से बात करके अन्दाज़ा हुआ था, वह लोग—बेदी परिवारवाले, पिंकी का ख़याल दिल से निकाल चुके थे, और उनका ग़म और ग़ुस्सा, किसी हद तक कम हो चुका था।

दर्शन ने किसी पल संजय से यह तक कहा था कि वह 'मियाँ' (अर्थात साबिर!) अपना समझकर, सारी बात ख़ुद खुलकर कह देता तो सारे तमाशे की नौबत ही नहीं आती, और वह ख़ुद कोई सम्मानजनक रास्ता खोजने में उसकी सहायता करता।

13. रोजी-रोटी की तलाश और बिटिया का जन्म

भोपाल में रहते, मरियम को गवारा नहीं था, कि उनके ख़र्चे के लिए अम्मा बम्बई से पैसा भेजें।

वह काम की खोज में निकली थी, और पहले ही दिन, ख़ुद के और साबिर के लिए एक ट्रेवल एजेंसी तथा इलेक्ट्रॉनिक शॉप में जॉब ढूँढ़ ली थी।

दूकान का मालिक, एक पढ़ा-लिखा, बढ़िया स्वभाव का, पुराने भोपाल का ख़ानदानी रईस बनिया था। वह उन दोनों का हर तरह से ख़याल रखता, और सवारी के लिए अपने स्कूटर-कार भी साबिर को दे देता।

अपनी पारिवारिक समस्याएँ–उसकी पत्नी उससे भी रईस, कलकत्ते के मारवाड़ी परिवार से थी!–वह उन दोनों के सामने बयान करता, और उनसे मशवरे माँगता।

–जाने दुनिया बदल गई है, या हमने उसके साथ बदलने का हुनर खो दिया। वह आए दिन 'टु बी ऑर नॉट टु बी!' की मुद्रा में सिर पकड़े ठंडी साँस लेकर, अपनी नित-नई परेशानियों का बखान करता।

दरअसल वह ख़ुद उन दिनों पर-स्त्री प्रेम में, कभी न निकलने की मंशा से डूबा था, और उसके लिए, पत्नी से दिन-रात के झगड़े को, बहुत मामूली क़ीमत समझता था।

पता चला था मरियम माँ बननेवाली थी।

फिर, निकाह के ठीक साढ़े-नौ महीने बाद, शहर के बड़े सरकारी ज़नाना हॉस्पिटल में, बिटिया का जन्म हुआ था।

कपड़ों में लिपटा, मांस का एक गिलबिला लोथड़ा, जिससे बहुत कमज़ोर बैट्री के ट्रांजिस्टर-सी आवाज़ें फूट रही थीं।

यह उसके लिए नया और विचित्र अनुभव था।

दूसरे लोगों को माँ-बाप बनते देखकर उसने कल्पना नहीं की थी, यह अनुभव व्यक्ति को किस प्रकार बदलता या बदल सकता है।

उसकी आँख को नाक से अलग करके देखने की कोशिश में, ख़ुद उसका एक हिस्सा, कहीं अलग से, बिटिया को पोतड़ों में लिपटा गोद में लिये, अपने दूसरे हिस्से को देखता रहा था।

आश्चर्य भी हुआ था, कि बाप होने के नाते, उसे अपनी औलाद के लिए वैसे प्यार और ललक बिलकुल महसूस नहीं हुए थे जिनका ज़िक्र अन्य माँ-बाप की ज़बानी सुनता या क़िस्से-कहानियों में पढ़ता आया था।

सचमुच, किसी कमज़ोर ट्रांजिस्टर जितना ही महत्त्वपूर्ण था उसके लिए वह वजूद, जिसमें आसपास जमा रिश्तेदार और यार अहबाब उसकी और मरियम की आँख, नाक, होंठ और माथा देख रहे थे।

उसे ख़ुद को बिटिया से जोड़कर देखने और महसूस करने में समय लगा था। वक़्त गुज़रने के साथ, बिटिया उसे अपनी लगना शुरू हुई थी, और शायद, यह अन्दाज़ा हुआ था कि औलाद क्या होती है।

बिटिया की देखरेख के लिए हमीदा ख़ाला ने एक मुनासिब आया की व्यवस्था करा दी थी, और फिर एक साल की हो जाने पर, अम्मा उसे अपने साथ बम्बई ले गई थीं। वहाँ घर की पुरानी बुआ जिन्हें सम्मान देने को सब बच्चे ख़ाला कहते थे, उसकी निगरानी के लिए मुक़र्रर की गई थीं।

भोपाल में मरियम के काम कर सकने के लिए यह व्यवस्था ज़रूरी थी, और काम वह इस तरह कर रही थी कि देखनेवाले आश्चर्यचकित होकर उस समय रिलीज़ हुई, मशहूर फ़िल्म के हवाले से, मज़ाक में या गम्भीरतापूर्वक उसे संतोषी माता का अवतार कहते थे!

ट्रेवल एजेंसी से स्कूल में अध्यापिका, वहाँ की प्रिंसिपल और फिर यूनियन कार्बाइड, जो उस समय तनख़्वाह और सोशल स्टेटस के हिसाब से सबसे ऊँचा दर्जा रखती थी। लोग मज़ाक में कहते थे, जो असलियत थी, कि मरियम के लिए अच्छी नौकरियाँ लाइन लगाए इन्तज़ार करती हैं!

यह सत्य आज भी उस पर लागू होता था।

ख़ुद उसे शहर में पेंटिंग के काम में स्कोप नज़र आया था, और 'रैनबो आर्ट्स' की एक ब्रांच यहाँ डल गई थी।

मीठी नींद सो रहा यह शहर जागने ही को था, लेकिन तब तक जागा नहीं था।

दस पैसे की सिंगल नमकीन चाय और चार आने के मीठे पत्ते, क़िवाम-बाबा ज़र्दे की दूकानें क़दम-क़दम पर थीं।

खाने के लिए मदीना होटल एक ऐसी जगह थी, जिसमें बड़े होटलों में ठहरनेवाले भी, लाइन में लगकर मुग़लई ख़ाना खाते थे। वह अब भी है, मगर खाने में ज़ायका नहीं रहा और चन्द दिन में शायद होटल भी न रहे।

शहर की सड़कों पर ताँगे कम ज़रूर हुए थे, मगर उस तरह नहीं कि ख़ुद देखने या किसी को दिखाने के लिए उन्हें ढूँढ़ना पड़े।

एक पुरानी साइकिल लम्बे समय ये ख़ाला के परिवार के कबाड़ख़ाने का खाद बन रही थी, जिसे शायद कभी मरहूम ख़ालू या घर का कोई अन्य बुज़ुर्ग इस्तेमाल करता होगा। उसे कुछ ख़ुद उसने ठीक किया था, कुछ घर के नुक्कड़ पर किराए की साइकिलें चलानेवाले से कराया था। मगर उसका रोग, मन-मर्ज़ी से चेन उतर जाना, अन्त तक ठीक नहीं हो पाया था!

फिर भी, नई सीट लगवाने के बाद, वह इस योग्य हो गई थी कि उस पर सवारी करता शहर की सड़कों और गलियों में वह हर मौसम में कहीं भी आ-जा सकता था।

14. 'क'– से काली परेड और कार्बाइड

उसे भी यूनियन कार्बाइड में, जहाँ मरियम के अलावा भी कई पहचानवाले जॉब कर रहे थे, पेंटिंग के बड़े कॉन्ट्रैक्ट मिलने लगे थे, और कुछ समय के लिए उसने संजय को भी भोपाल बुला लिया था।

उस समय काबाईड की फ़ैक्टरी का प्लांट और दफ़्तर, शहर के बाहर, काली परेड के वीराने में था, और गेस्ट हाउस तथा रिसर्च एंड डिवलपमेंट सेटर, शहर की शिमला हिल की शाही कोठी का हिस्सा ख़रीदकर बहुत शानो-शौकत से बनाया जा रहा था। शहर के खिलाड़ियों और आर्टिस्टों को कार्बाइड में अच्छी तनख़्वाहों पर नौकरी दी जाती थी। आए दिन मैनेजमेंट की ओर से बाहर से भी कल्चरल आयोजनों के लिए आर्टिस्टों को आमन्त्रित किया जाता था, पार्टियाँ होती थीं, जिनमें कभी-कभी मरियम को भी जाना पड़ता था—एक आर्टिस्ट, गायक की हैसियत से।

पति की हैसियत से, बुलाया उसे भी जाता था, लेकिन वह ख़ुद गया कभी नहीं। मरियम उसे बताती, कि ये पार्टियाँ नेताओं और शासकीय अधिकारियों को 'इंटरटेन' करने की मंशा से दी जाती थीं, और उसके सारे साधन—क़ीमती शराबें, खाने, मनचली लड़कियों का साथ और तोहफ़े उपलब्ध कराए जाते थे।

बहाना कुछ भी हो सकता था, किसी की वर्षगाँठ से लेकर किसी प्रॉडक्ट की लांचिंग या अमरीका से किसी पदाधिकारी का आगमन।

कुछ नया नहीं था : प्राइवेट, बिग बिजनेस के तौर-तरीक़े ही यह होते हैं।

फ़ैक्टरी के क़रीब-दूर, काली परेड के मैदान के अलावा, घना जंगल फैला था, जहाँ जाल फैलाकर, तोते पकड़नेवाले, थोक में तोते पकड़ा करते थे।

दरख़्तों के बीच, जाल फैलाकर, वह हरियाली में दुबक जाते, और तोतों के उड़ते झुंड को आता देखकर, मुँह से एक विशेष सीटी की आवाज़ निकालते, जिसे सुनकर, तोते पके फलों की तरह, आसमान से नीचे, फैले जाल में गिर जाते। पकड़े जाते!

तोतों से मज़ाक करने के लिए, उसने सीटी बजाना सीखा, लेकिन तोते समझदार निकले! उसके मुँह से निकली आवाज़ पर ध्यान दिए बग़ैर, शायद दिल-ही-दिल में हँसते, उनके झुंड उसके सिर के ऊपर से सरसराते गुज़र जाते।

जो कुछ बाद में हुआ, और जिसके कारण यूनियन कार्बाइड मौत का पर्यायवाची शब्द बन गई है, यह कहना समझदारी नहीं लगता, कि फ़ैक्टरी के नए प्लांट की तीन देवाकाया टंकियों को भी उसी ने पेंट करा और कराया था!

यह वही टंकियाँ थीं, जिनके रिसने से, उसके भोपाल के इस दूसरे पड़ाव के दौरान, हज़ारों की जान गई, और तरह-तरह शहर की बर्बादी हुई थी।

इस बीच, दृश्य बदल चुका था, और काली परेड का एक समय का जंगल अनगिनत झुग्गी-झोंपड़ियों में परिवर्तित हो चुका था, जिनमें हज़ारों परिवार रहते थे।

जो हुआ, उसके लिए दोषी कौन था, यह तय करना तो फ्रांज़ काफ़्का की 'द ट्राइल' का पाठ करने जैसा था, लेकिन बुरा हुआ, यह तय था। आजकल नुक़सान की दावेदारी एक बड़ा धन्धा बनी हुई थी, और न्याय के नाम पर अन्याय का सिलसिला जारी था!

एक इंडस्ट्री यूनियन कार्बाइड थी, दूसरी गैस प्रभावितों के लिए राहत की माँग बन गई थी।

उस समय उसके साथ, काम करनेवाले पेंटर्स और मज़दूरों में से भी कई, जो वहाँ झुग्गियाँ डालकर रहने लगे थे, दुर्घटना में मारे गए थे।

कुछ का खात्मा, कुछ दूसरों के कैरियर की शुरुआत बन गया था!

गैस रिसना उसके जीवन का वह अनुभव था, जिसका स्मरण करते, उसे फ़ारसी मुहावरा 'मर्गे अम्बोह जश्नदारद!' बेतरह याद आता था। यानी बड़ी संख्या में मृत्यु भी जश्न की सूरत बन जाती है।

और तरह-तरह की मौत की सूचक, अवश्य ही, वह दुर्घटना प्रमाणित हुई थी।

वैसे उस रात की भगदड़ को वह ख़ुद आँखों से नहीं देख पाया था, क्योंकि उनका घर, छठी-माला का वह फ़्लैट, जिसमें वह बम्बई से भोपाल आकर रह रहे थे, गैस से प्रभावित क्षेत्र के बाहर था।

वह एक इतवार की रात थी, और अगर रमेश उर्फ़ बादबान साहब, सपरिवार शरण खोजने को, देर रात उन्हें न जगाते, तो उन्हें उसकी ख़बर अगले दिन ही होती!

उसके बाद तो दिनों हॉस्पिटल, श्मशान और क़ब्रिस्तान का सिलसिला था। कार्बाइड के आसपास के क्षेत्र में, क्रेनों द्वारा मरकर फूल चुके जानवरों के शव उठाए जाने के दृश्य थे। दरख़्तों के पत्ते ही नहीं, छाल तक टपक गई थी, और दिनों आसमान में कोई भूला-भटका परिंदा ही उड़ता नज़र आता था।

पेंट कराने के लिए, जब वह रस्सी की सीढ़ी से टंकियों के ऊपर चढ़ता था, या अन्दर का मुआयना करने, उनके पेट में उतरता था, तो एक विचित्र अनुभव होता था जिसका सम्बन्ध उस बर्बादी से किसी तरह जुड़ता ही नहीं था, जो अन्ततः देखने को मिली।

यही लगता था कि भोपाल में भी कुछ महत्त्वपूर्ण हो रहा है—औद्योगिक महत्त्व का, जो लोगों की आर्थिक स्थिति सुधारने में भी सहायक होगा।

टंकी के ऊपर, उस ऊँचान पर खड़े होकर दूर तक का विहंगम दृश्य दिखता था : एक ओर ईदगाह की पहाड़ी, दूसरी ओर गोविन्दपुरा, तीसरी ओर बेरसिये की दिशा में फैला वीराना।

तब न ईदगाह पर इतने घर थे, न पुराने शहर और गोविन्दपुरे के बीच आबादी का सिलसिला : खुले में, तेज़ गति से बहती ताज़ा हवा होती थी, और ऊँचान पर खड़े रहने के लिए सावधानी बरतनी पड़ती थी।

अब फ़ैक्टरी का प्लांट बन्द है, और टंकियों के पेट में तरह-तरह के भूत पल और पनप रहे हैं।

दहशत के भूत, और राहत के भूत!

मित्रों के फ़र्स्ट-पर्सन सिन्यूलर अनुभव थे, उस रात के, और एक मान्यता थी, कि उस शाम जिन्होंने पी या पी रहे थे, उनका सब कुशल-मंगल रहा!

एक सप्ताह के 'ऑपरेशन फ़ेथ' के दौरान भी, जहाँ अन्य सारे बाज़ार बन्द और उजाड़ रहे, शराब की दूकानें आबाद और जगमगाती रहीं!

उमर खय्याम और हरिवंश राय बच्चन को इससे सच्ची श्रद्धांजलि क्या हो सकती है!

लेकिन पहले पड़ाव में, जब दिन-भर की मेहनत के बाद, वह अपनी बीमार साइकिल घसीटता या, उसके पैडल मारता घर लौटता तो इस एहसास के बावज़ूद, कि ज़िन्दगी हमेशा-हमेशा यूँ ही नहीं चलती रहेगी, वह अपने आपसे ख़ुश होता था।

बहुत साधारण, मगर वह एक पूरी ज़िन्दगी थी जीने के लिए।

15. एक अन्य बदलाव : असलियत और बहाना

एक बदलाव आने को था।

जो हुआ, उसके बारे में बाद में सोचने पर अन्दाज़ा हुआ कि वास्तविक कारण कुछ और थे और बहाना कुछ और बन गया।

जिन ताक़तों ने इनसान को बनाया है, उन्होंने ही उसके फ़ॉर्मूले में ख़ुदगर्ज़ी और एहसानफ़रामोशी शामिल करने का तय किया होगा, और बहाना बनाने की कला भी उसी की सिखाई होगी।

यह तार्किक और आध्यात्मिक का वह कॉकटेल है, जिसे परिभाषित कर सकने के लिए पूरा विषय 'ओरियंटलिज़्म' आविष्कार हुआ तो भी सबकुछ सम्प्रेषित न किया जा सका।

यह भी एक 'एरिया ऑफ डार्कनेस' है, जिसका सरल विश्लेषण, सम्भव नहीं : नायपॉल भी जिससे क्रोधित से अधिक आतंकित हुए थे!

जिस क्षण, कुछ ड्रामे के बाद; दोष किन्हीं अन्य तथ्यों के सिर मढ़ते, उसने मरियम के साथ, ख़ाला का घर छोड़कर, अलग रहने का निर्णय किया था, दिल में वह इस सत्य को भी जान रहा था।

जीवन में हुए हर अनुभव ने उसी एहसास को पुख़्ता किया था।

ज़िन्दा वही रह सकते हैं जिनमें सर्वाइव कर सकने की क्षमता हो।

बिलकुल!

ऐसे कौन-से अनोखे नतीजे पर पहुँचा था वह : कभी आप किसी के साथ ज़्यादती करते हैं, कभी कोई दूसरा आपके साथ यही सलूक करता है!

यह सिलसिला दोहराया जाता रहा है, और दोहराया जाता रहेगा—व्यक्तियों के बीच, समुदायों के बीच और सभ्यताओं के बीच।

सभ्यताओं के बनने-बिगड़ने की दास्तान अलीगढ़ मामू अपने हीरो आरनल्ड टॉयनबी की 'अ स्टडी ऑफ हिस्ट्री' के हवाले से विस्तार और रोचक ढंग से बयान करते हैं।

—दुनिया में, मामू टॉयनबी को इस विश्वसनीयता से कोट करते थे, जैसे वह उनका हमज़ाद हो,—अट्ठाईस तहज़ीबों के निशान मिलते हैं, जिनमें अट्ठारह फ़ना हो चुकी हैं, नौ ढलान पर हैं, और सिर्फ़ एक तरक्क़ी के रास्ते पर। मगर आनेवाले ज़माने में उसका हाल भी बाक़ी जैसा ही होगा। यह सच्चाई थी, जिसे टॉयनबी ने हज़ारों पन्नों, तेरह चैप्टर और दस जिल्दों में, अपनी ज़िन्दगी के तैंतीस सालों पर फैला दिया!

अलीगढ़ मामू, टॉयनबी की संस्कृतियों के विकास की कहानी, कुछ विशिष्ट नामों—'थिंकिंग जीनियस'—सेंट पॉल, सेंट ग्रेगुरी, महात्मा बुद्ध, मेकावली, दाँते का नाम लेते, मानवता का उत्थान-पतन बयान करने में, यूँ आक्रामक हो जाते, जैसे वह विचारधारा नहीं, विज्ञान हो, जिसे प्रमाणित किया जा चुका हो!

मामू को बात करते सुनकर मज़ा आता था, लेकिन निष्कर्ष उस विस्तार का वही निकलता था, जो अधिक गहराई में जाए बिना दुनिया 'सर्वाइवल ऑफ द फ़िटेस्ट' के रूप में जानती थी।

उस नाटकीय बदलाव का कारण एक छोटी-मोटी बहस थी जैसी अक्सर उसके और आमिर के बीच महफ़िल में हो जाया करती थी।

उस दिन अनचाहे बात फैल गई थी। विषय था, भारतीय मुसलमानों में काली भेड़ें, और कारक था, अब्दुल हमीद दलवई का कोई लेख या भाषण, जिसमें भारतीय मुसलमानों को पाकिस्तानपरस्त, रूढ़िवादी, पिछड़े और इनसानियत ही नहीं, ख़ुद अपना भी दुश्मन कहा गया था, और अपने अनुभव से बताया गया था कि वह कितने झूठे और दोग़ले थे।

आमिर ही नहीं, दलवई से उस क्षण उपस्थित, सभी लोग नाराज़ थे।

उसकी पृष्ठभूमि से कोई परिचित नहीं था, लेकिन वह हिन्दुओं के हाथों बिका हुआ था, सब एकमत थे।

इस प्रकार के टाइम-पास विवादों में साधारणतः वह पड़ने से बचता था, क्योंकि विपक्ष की भूमिका भी वही निभाते थे, जो इल्ज़ाम लगाते थे, और कुल

मिलाकर मामला आत्मदया से पीड़ित लोगों के मातम से आगे न बढ़ता था। लेकिन उस क्षण न बोलना उसे बेईमानी लगा था।

—ख़ुदा-लगती बात सुनना कड़वा लगता है, उसे मालूम था उपस्थितजन उसके मुँह से यह नहीं सुनना चाहते थे—और दलवई ख़ुदा-लगती ही कहता है!

विरोध के स्वर उभरे थे, जिनमें वह खुलकर यह भी नहीं बता पाया था, कि वह बम्बई और पूना में दलवई को बोलते सुन चुका था, और वह शुद्ध मराठी मानुष था, उसी भाषा में लिखता और तक़रीर करता था। उसके दुश्मन मुसलमान ही नहीं, कट्टरपंथी हिन्दू भी थे। उसका जीवन-अनुभव और उसके अनुरूप दृष्टिकोण था, और वह मुसलमानों को ज़िन्दगी की दौड़ में बहुत पिछड़ा हुआ, और ऐसा होने के लिए ग़लत बहाने तलाशता-बयान करता पाता था। दक़ियानूसी सोच और कठमुल्लाओं की परवाह किए बिना, और उन्हें बुरा-भला कहते हुए, वह यही सच कहता था कि हर ज़िन्दा चीज़ समय के साथ बदलती है और अगर वह बदलना छोड़ दे तो इसका मतलब वह ज़िन्दा नहीं रही। निस्तेज और निश्चल हो गई! चौदह सौ साल का मुसलमानों का इतिहास, जिसमें कोई सोच-समझ का पुनर्जागरण नहीं हुआ था, इसका बड़ा उदाहरण था। इस्लाम एक ऐसे क्षेत्र से आया था जहाँ किसी केन्द्र, राज्य या स्टेट की परिकल्पना नहीं थी, और विभिन्न क्षेत्रों में कुल और जातियों का शासन हुआ करता था। यही कारण था कि उस क्षेत्र में धर्म जैसे अलौकिक मामले को सांसारिक शासन से जोड़ा जाना पड़ा। इसे बाद के मुसलमानों को बदलना चाहिए था, लेकिन वह जिहाद और प्रारम्भिक दौर की जीतों से ऐसा अभिभूत हुए कि उसी को आदर्श समझ बैठे।

वह बगदाद में मामून के शासन, और उसके पश्चात्, जो मुअतज़िला के साथ हुआ, और हर उस मुसलमान का हुआ, जो मुसलमानों में सुधार चाहता था, कि उसे धर्म से बाहर करके, काफ़िर क़रार दे दिया, बयान करना चाहता था, मगर यह भी ख़ूब जानता था कि उन नौजवानों, इस्लाम के हमदर्दों, और दलवई के दुश्मनों में, कोई उनके नाम भी नहीं जानता था!

उनकी दलवई से दुश्मनी भी इस कारण थी कि बँगलादेश बनने का उसने स्वागत किया था, कि ऐसा तो होना ही था।

न उन्होंने मुस्लिम सत्यशोधक मंडल का नाम सुना था (आज भी कितनों ने सुना है!) और न उन परेशानियों का अन्दाज़ा था जिसके बावज़ूद दलवई ने अपनी राह नहीं छोड़ी थी।

यह भी सच है कि उसका सोच आनेवाले तमाम ज़मानों के लिए कोई अकाट्य सत्य, या ब्रह्मास्त्र नहीं था; सो यही वह ख़ुद कहना चाहता था।

—कुछ चुनौतियाँ ऐसी होती हैं, जिनका जवाब आपकी हिस्ट्री में नहीं मिलता। ऐसा, अपनी तरह से स्पेन में भी हुआ था, क्योंकि तब तक मुसलमानों की तारीख़ में मुल्क हारने का तजुर्बा नहीं था—मंगोलों के हाथों घर बैठे ज़लील होना उससे हटकर था! बँगलादेश उससे हटकर है। उम्मत अपनी जगह, मुल्क और क़ौमियत आज ज़िन्दगी में अव्वल हैं। पहला दीनी है, दूसरा दुनियावी। अपने मुल्क के हुए बिना आप उम्मत का क्या बना या बिगाड़ सकते हैं।

उसने दलवई की बात अपने शब्दों में कही थी।

अब सोचने पर लगता है जो सब वह इतने सहज भाव से कह गया, उस पल जमा लोगों का उसे उसी प्रकार सुन पाना सम्भव हो भी नहीं सकता था। उसने बुनियादी मज़हब की नहीं, उसके बाद के माननेवालों की आलोचना की थी, तो भी! हद यह कि सारी उदारता का दावा करने के बावज़ूद और दलवई के सच को स्वीकारते हुए भी, ख़ुद उसके लिए भी, यह पहली बार सुनना बहुत आसान अनुभव नहीं था।

अपने जीवन को लेकर लोग कोई टिप्पणी, कोई कमेंट नहीं सुनना चाहते क्योंकि अपने जीने के तरीक़े को ही वह ईमान की आत्मा समझने लगते हैं।

राजा राममोहन राय और सर सैयद अहमद का नाम भी लिया गया था, पुनर्जागरण के सन्दर्भ में, और उसका यह कहना, नागवारी को और बढ़ा गया था कि एक सोच का नतीजा गांधी और नेहरू थे, और दूसरी का मुहम्मद अली जिन्नाह।

जिन्नाह के साथ अंग्रेज़ और कांग्रेस ने मिलकर छल किया!

तो अब बँगलादेश क्यों बन गया? मुजीबुर्रहमान भी तो एक समय मुस्लिम लीग के ही समर्थक थे! लीग की स्थापना ही ढाका में हुई थी, जो आज बँगलादेश की राजधानी है।

बात गरमाती गई थी, व्यक्तिगत आरोपों—उसके शराब पीने तक को, याद किया गया था, यह बताने को कि उसका मुसलमान होना ही शक के दायरे में था।

—कुफ़्र का फ़तवा तो एक छोटी-मोटी गाली है, मौलानाओं के लिए—उससे न तो सर सैयद बचे न मौलाना आज़ाद! उसने कहासुनी का तापमान नियन्त्रित रखने के प्रयास में हँसकर कहा था—मुझे उतनी अहमियत मत दो! और क़ाफ़िर हो या दीवाना, सच कहा तो सबका मानना चाहिए।

फिर बात जाने किस क्रम में बिगड़ी थी, यहाँ तक कि आमिर गुस्से होकर अपना आपा खो बैठा था!

ज़बान और हवास, दोनों पर क़ाबू खोकर उसने साबिर से घर से निकल जाने को कहा था।

इस घटनाक्रम के गवाह, आमिर के दोस्त और ख़ाला का परिवार थे, लेकिन उसके जुनून और गुस्से को देखते किसी की उसे टोकने की हिम्मत नहीं हुई थी। हाँ, जब साबिर ने, सचमुच, वहाँ से जाने की घोषणा की थी, तो सब दुखी और हैरान हुए थे।

लोग समझ रहे थे यह उसी प्रकार की आपसी कहा-सुनी थी जो आमिर और साबिर के बीच हुआ करती थी, और भुला दी जाती थी।

शायद ख़ुद आमिर भी यही समझा था।

उसका घर से निकल जाने का आदेश, मध्यवर्गीय नाराज़गी का मुहावरा था, न कि आपसी रिश्ते के बीच कोई लकीर खींचने का फ़ैसला।

ख़ाला ने उसे रोकना चाहा था, लेकिन मामला उसके बचपन के दोस्त का था : हमउम्र होना दो व्यक्तियों को, अजीब ढंग से प्रतिद्वन्द्वी बना देता है! साथ रहते, सोचने और जीने के बारे में मामूली असहमतियाँ भी, नागवार गुज़रने लगती हैं।

सच यह था कि ख़ाला के घर रह सकने की मुद्दत पूरी हो चुकी थी, और जो आपसी मुहब्बत थी, उसे बनाए रखने, और व्यावहारिक रूप से अपनी ज़िन्दगी जी सकने के लिए अब उनसे अलहदगी ज़रूरी थी, यह साबिर मरियम से उस बीच ख़ुद कह भी चुका था।

आमिर ने उस पल वह बहाना दे दिया जिसकी ज़रूरत थी।

कुछ भाग-दौड़ और तलाश के बाद उन्हें ज़रूरत के मुवाफ़िक़ मकान मिल गया था, और एक ताँगे में गृहस्थी समेटकर, ख़ाला, उनके परिजन और विशेषकर आमिर का शुक्रिया अदा करके, वह वहाँ शिफ़्ट हो गए थे। कुछ अरसे तक साबिर और आमिर का अबोला रहा था, लेकिन मरियम के सहज व्यवहार और रोज़ ख़ाला के घर आने-जाने में कोई अन्तर नहीं आया था।

फिर, मुनासिब मुद्दत के लिए, अदावतें भुलाकर सबकुछ वैसा ही चलने लगा था जैसा ख़ाला के घर रहते चलता था।

किताबें, म्यूज़िक, दोस्त, तफरीह : फ़ुर्सत के थोड़े-से पल ख़ुशगवारी से गुज़ार सकने के काफ़ी साधन थे।

16. भोपाल में बाक़ी दिन और बम्बई वापसी

काम, और काम के अलावा हँसना-बोलना, पकाना-खाना, मरियम के साथ अतीत का साझा, और भविष्य की योजना-बन्दी। अनेक दोस्त, जिनमें वकील, शकील, रमेश—बादबान साहब तथा वकील के कई लेखक और शायर मित्र, हिन्दी, उर्दू, इंग्लिश के उस्ताद—नौजवान और बुज़ुर्ग, आए दिन उनके घर जमा रहते, और राजनीति के तेज़ी से बदलते परिदृश्य से लेकर, कला और साहित्य के संसार, और लोग, बात का विषय बनते।

सबसे सुखद, दिसम्बर के महीने में, उत्सव का अवसर होता, जो शासन की ओर से सन् 1973 से शुरू किया गया था, और जिसमें एक से बड़े एक कलाकार को परफ़ार्म करने के लिए बुलाया जाता था। नृत्य, संगीत, नाटक और साहित्य से सम्बन्धित, ऐसी विभूतियों को उत्सव में भागीदारी करते देखने का अवसर मिला था, जिसकी कल्पना मुश्किल थी।

मुशायरा, कविता पाठ जैसी चीज़ों से तो पुराने शहरियों की, शनासाई थी, लेकिन नाटक, संगीत और नृत्य से परिचित होने का, अपनी प्रकार का पहला अवसर था।

साबिर और मरियम, हर वर्ष, सीज़न टिकट ख़रीदते, और बहुत पाबन्दी से हर शाम, उत्सव में शिरकत करते, जो पूरे एक सप्ताह चलनेवाला कार्यक्रम होता था। उसे याद है, पहला उत्सव-73 लाल परेड ग्राउंड में हुआ था, और उसके बाद यह शहर के रवीन्द्र भवन के, खुले मंच पर होने लगा था।

अब तो ख़ैर यहाँ कलाओं का घर भारत-भवन के भव्य रूप में बन चुका है और आए दिन कार्यक्रम होते रहते हैं।

आमतौर पर वकील से उसका हर शाम मिलना था और बैठकर देर रात गए तक गप्पें लगती थीं। किसी-किसी शाम अन्य लोगों के साथ पीने-पिलाने की नशिस्तें भी हो जातीं : बात, बहस, तक़रार और फिर शायरी पर शाम का एक ख़ुशगवार अन्त।

ऐसी शामों को मरियम ख़ाला के घर चली जाती थी।

उसने इस प्रकार, कभी-कभार की मौज-मस्तियों पर, एतराज़ नहीं किया था।

उसी बीच बम्बई से संकेत मिलना शुरू हो गए थे कि वहाँ उसकी अधिक ज़रूरत थी।

जब वह और मरियम बम्बई गए थे, तो अम्मा ने खुलकर जायदाद सम्बन्धी उलझनों का ज़िक्र किया था। वहाँ दफ़्तरों में उलझे मामलों को सुलझाने की कार्यवाही और ज़मीन के सौदे की अन्य औपचारिकताओं की सही देख-रेख के लिए न केवल कोई योग्य व्यक्ति नहीं था बल्कि अब्बा की दूसरी संतानें, हर तरह की अड़चनें खड़ी करने पर तुली थीं।

साथ ही उन्होंने ज़ोर देकर याददिहानी की थी, वह बिटिया को इस तरह कब तक ख़ुद से दूर रखेंगे?

वह लोग किसी मजबूरी से, कुछ दिन के लिए बाहर गए थे।

अब उन्हें लौट आना चाहिए।

रही-सही कसर अब्बा ने यह कहकर पूरी कर दी थी, कि उन्हें तत्काल बम्बई वापस आ जाना चाहिए।

वह उसके नाम पॉवर ऑफ अटॉर्नी बनवा रहे हैं, और सारी क़ानूनी कार्यवाही उसे ही करनी होगी।

ख़ुद उनकी उम्र वकीलों, अदालतों और सचिवालय-मंत्रालय के चक्कर काटने की नहीं थी।

इस प्रकार, भोपाल में बसते-बसते, एकदम योजना बदल गई थी, और न चाहते हुए भी, बम्बई लौट जाना तय पाया था।

वापसी में मरियम को परेशानी नहीं हुई थी, और वहाँ उसे फ़ौरन अच्छी नौकरी मिल गई थी।

ख़ुद उसके करने के लिए वैसा ही कुछ था जैसा जासूसी फ़िल्मों में अक्सर सिक्रेट एजेंट के लिए होता है—ख़ून-ख़राबे के अलावा।

वह वो सब बख़ूबी कर सकता था, यह धीरे-धीरे अन्दाज़ा हुआ था।

आपातकाल के अलावा, उस समय, प्रदेश के इतिहास में, पहला मुसलमान मुख्यमंत्री और मुसलमान प्रशासनिक अधिकारी था, जो अम्मा के बुज़ुर्गों के नाम जानता, और सम्मान करता था।

ऐसा होना, धर्मनिरपेक्ष शासन-तंत्र में भी, कितना सहायक हो सकता था, एक मुसलमान की हैसियत से पहली बार ख़ुद उसे अनुभव हुआ था! और ऐसे मामले जो अन्यथा देर तक लटकाए जा सकते थे, आपातकाल उठाए जाने से पहले ही क्लियर कर दिए गए थे।

ऐसा नहीं कि पैसा न खिलाना पड़ा हो, या अधिकारियों को उनका हिस्सा न दिया हो, मगर बड़ी बात यह कि काम होने की ठोस शुरुआत हो गई थी, जो प्रदेश में सरकार बदलने के बाद भी, अपनी गति से चलती रही थी। उस बीच, सम्बद्ध अधिकारियों से, ऐसा ताल-मेल बन गया था, जो आगे काम आता रहा था।

इसमें आरम्भ में दर्शन वीर जी ने उसका साथ दिया था, और कई खिलाने-पिलाने की पार्टियों की व्यवस्था, उनके जुहू-स्थित नए बँगले पर ही की गई था। उनके 'टिप्स' व्यावहारिक लेन-देन के स्तर पर, बहुत काम आए थे, और यह प्रभाव कि मुसलमान होने के नाते सब जल्दी किया गया था, प्रबल नहीं हो पाया था।

उस बीच उसने सवाल पूछनेवाले हमज़ाद की एक नहीं सुनी थी : आदर्श सर्वोपरि, शायद वह ख़ुद को बताता रहा था, लेकिन काम तो निकालना पड़ता है! नाजायज़ तो कुछ हुआ नहीं था; जल्दी होने के लिए मुस्लिम-कार्ड ख़ुद उसने थोड़ी चला था। वह सारे ख़र्चे हुए थे, जो ऐसे काम में किसी को भी करने पड़ते।

यह वह समय था, जब उसे रह-रहकर अपनी योग्यताओं का अन्दाज़ा हुआ था, और कई बार लगा था, वह मेन नहीं, सुपरमेन है!

मंत्रालय-सचिवालय की भाषा सुनते, वह ख़ुद अधिकारियों से बेहतर ड्राफ्टिंग करने लगा था, और ऐसा प्रतीत हुआ था, वह उन्हीं भनभनाती, बड़ी

बिल्डिंगों में कुछ करने को जन्मा था; लगा था, अन्दर से दुनिया कैसे चलती है, यह रहस्य उसकी समझ में आ रहा था।

फिर शासन से मुक्त हुई ज़मीन के सौदे का सिलसिला शुरू हो गया था : लोगों को मालूम था, कुछ ही समय में वह जगह कितनी क़ीमती हो जाएगी, सो बड़े-बड़े गुजराती उद्योगपति, समय लेकर, उससे मिलने आते थे।

इसलिए कि अम्मा और अब्बा ने यह ज़िम्मा पूरा उसे सौंपा हुआ था।

मुहावरे में वही स्याह और सफ़ेद का मालिक था।

कोई शक नहीं!

उसी ज़िम्मेदारी के साथ उसने अपना दायित्व निभाने की कोशिश भी की थी।

समय लगा था, मगर उसके दोबारा बम्बई छोड़ने की घड़ी आने तक, सारे ही बड़े मामलों का सम्माननीय निबटारा हो गया था।

छोटे-छोटे, अनेक मामले रहे थे, तो वह सिलसिला तो ज़िन्दगी के साथ चलेगा, मगर ज़्यादातर जायदाद की वह बिलकुल सही क़ीमत दिलवा पाया था।

रोटी, कपड़े और ऊपर के ख़र्चे के एवज़ एक समझदार और ईमानदार मुंशी की तरह!

अपनी सवारी तक के लिए उसने गिरह से मोटरसाइकिल ख़रीदी थी, जिसके पेट्रोल का ख़र्चा ज़रूर अम्मा के खाते में जाता था।

देखते-देखते गाँव की सूरत-शक्ल बदल गई थी और फ़ैक्टरियों के अलावा वहाँ क़ीमती, बहुमालायी आवासीय कॉम्प्लेक्स बन गए थे।

कुछ नहीं बदला था तो वह थी मुसलमानों की पुरानी बस्ती, जहाँ कच्ची दीवारें और कवेलू के खपरैल, जस-के-जस थे। और खुली नालियाँ, और छोटे चाय के होटल और पान की गुमटियाँ भी।

बड़े-बड़े लोगों में घिरा, लाखों की सम्पत्ति का विवेकपूर्ण निबटारा करता, वह यह मानकर चल रहा था कि ख़ुद उसका भविष्य भी उसी के साथ नत्थी था।

ख़ुद से कोई कहाँ तक क्यों झूठ बोलेगा! यह अन्दाज़ा उसे था कि अब्बा की सम्पति में क़ानूनी हिस्सेदार वह नहीं था। साथ ही, यह विश्वास भी था

कि उसकी लगन, मेहनत और ईमानदारी का फल, उसे मिलेगा और अम्मा-अब्बा उसे नवाजेंगे।

यह कोई नाजायज़ उम्मीद भी नहीं थी।

जब ऐसा हो सकने के संकेत नज़र नहीं आए थे, तो उसने पहले इशारों में, और फिर स्पष्ट रूप से, कुछ ज़मीन का तक़ाज़ा किया था, और दिनों टालने के बाद, अम्मा के इनकार ने प्रमाणित किया था कि ऐसा नहीं हो सकता था!

वह थी आपस में दूरी पैदा होने की शुरुआत।

दूरी कोई पैदा नहीं करता, किसी रासायनिक बदलाव की तरह हो जाती है।

तथ्यों, परिस्थितियों, व्यक्तियों के लिए एक अनिच्छा जनम कर बढ़ती गई थी।

शायद, उसे नहीं क़बूल करने चाहिए थे, पार्टियों से वह एक-तरफ़ा नज़राने। बेईमानी के अनेक नाम हो सकते हैं, और नाम बदलने से असलियत नहीं बदल जाती।

या क्या पड़ी थी उसे, जो अब्बा की अन्य सन्तानों को जायदाद में हिस्सा दिए जाने की पैरवी करता : यह ख़ूब जानते कि यह अम्मा की मंशा के ख़िलाफ़ था!

और बरेली के ख़ानदान, उसके तथाकथित ददियाल को खोजना, उनसे सम्बन्ध स्थापित करना, और वहाँ के लगातार चक्कर लगाना!

सबकुछ उसी रासायनिक परिवर्तन की प्रक्रिया का एक हिस्सा था!

वह लोग, जिन्होंने चालीस साल में अम्मा की ख़बर नहीं ली, उनके पास किसलिए गया था वह!

महज़ अपनाइयत की खोज में, या अपने मरहूम पिता (परछाईं!) का वारिस बनकर, जायदाद में हिस्से की उम्मीद में?

इतने विश्वास के साथ ही अगर वह ख़ुद को समझ पाता तो जीना आसान होता। तब अपनी ग़लती मान लेने के बाद, एक चुनौती के रूप में, जीवन दोबारा शुरू करने का सोचा जा सकता था।

वह ख़ुद को कैसे बेईमान मान लेता, जब दिल पूरी गवाही नहीं देता था!

तब तक, बहुत कुछ ऐसा था, जो वह नहीं जानता था, और जानना चाहता था।

आज, जान चुकने के बाद, वह उससे भी ख़राब स्थिति अनुभव करता था।

आख़िर चाहा क्या था, उसने दुनिया में, अपने लिए?

एक घर का ही सपना देखा था :

वह

मरियम

और बिटिया!

और बिटिया के आगे और भी संतानें!

अनेक!

यह उसका सपना था।

उससे टकरा गई थी वह नाजायज़ चाल बनाने की कोशिश, जिसके पीछे किसी आदर्श या उसूल के बजाय ललसा थी, उस सपने को—फेयर या फ़ाउल मीन्स की परवाह किए बिना पूरा करने की।

घर की कल्पना करते, वह सब भूल गया था, केवल घर याद रह गया था!

या यह भी सब इतना सादा और इकहरा था?

उस अपमानित होने की अनुभूति को वह किस ख़ाने में रखेगा, जब अम्मा ने, ख़ुद नहीं, अन्य किसी से कहलाकर, वह पावर ऑफ अटॉर्नी, जो उसके नाम की गई थी, वापस लेने को कहा था।

यह इसके सिवा किस भावना का ऐलान था कि उन्हें साबिर पर भरोसा नहीं रहा था।

उनको, उसकी ईमानदारी में शुबहा नहीं, बल्कि उसके न होने का विश्वास हो गया था।

दस वर्षों के कड़े परिश्रम का उनके निकट यही एक नतीजा था!

मरियम ने, उस पल, उसके सोच की कड़वाहट को कम करने में बड़ी भूमिका निभाई थी।

समझाया था कि सोचना यह चाहिए दस साल तक, अपने स्याह-सफेद का मालिक बनाने योग्य, उन्होंने समझा : पावर ऑफ अटॉर्नी तो एक-न-एक दिन ख़त्म होनी ही थी।

अंतिम दिनों में चाल के कारण जो हड़बड़ी रही, और जिस प्रकार उन्होंने बम्बई छोड़ी, उसमें यह भी सम्भव नहीं था, कि वह अम्मा को उनकी नाशुक्री का ही एहसास दिला पाता।

लगभग मुजरिमों की तरह ख़ामोशी से उन्हें वहाँ से फ़रार होना पड़ा था!

अजीब दुविधा में।

तीन

17. मौज़ूदा हालात और अलीगढ़ मामू

हो सकता है मौज़ूदा हालात में वह अपनी हालत उससे बदतर बनाकर सोचने लगा हो जितनी वह थी।

अगर ऐसा था तो सोच को किस तरह सुधारा जा सकता था, यह बतानेवाला भी तो कोई नहीं था।

कौन था जिसके सामने आज वह उन बातों को कहे, जो टूट-फूट और मास्काट की दुनिया में मामूली थीं, लेकिन जिन्होंने वह जन्नत, जिसकी उसने घर के रूप में कल्पना की थी, छीन ली थी।

हमदर्द थे सबके।

अम्मा के, मरियम के, और ख़ुद उसके भी!

जिनकी हमदर्दी का आधार प्यार नहीं, अदावतें थीं।

मरियम के समर्थक इसलिए नहीं थे कि वह उसे दुनिया में किसी बेहतर हैसियत में देखने के इच्छुक हों, बल्कि उन्हें मरियम के पति से कोई पुराना हिसाब चुकता करना था!

इसी तरह अम्मा के शुभचिन्तक थे, जो ज़िन्दगी-भर उनकी मेहरबानी और ख़ैरात पर पले थे, और जिनके लिए अम्मा एक तरह की ज़मीनी आक़ा रही थीं।

इससे लोगों में अम्मा की हैसियत और उनके दिलों में उनके महत्त्व का अन्दाज़ा लगाया जा सकता था।

और इसका भी कि ज़िन्दगी में कितने लोगों पर उन्होंने एहसान किए थे, या ज़रूरत के वक़्त उनकी मदद की थी।

यह तो वह ख़ुद अपनी आँखों से देखता ही बड़ा हुआ था।

ख़ुद वह?

लोग उसके भी साथ भी थे और आसपास भी!

सब अपनी-अपनी औक़ात से फ़ायदा उठानेवाले!

एक मरियम ही थी, जब तक भी साथ रहा, कि उसके सामने सबकुछ बिला तक़ल्लुफ़ कह-सुनकर वह दिल का गुबार निकाल लेता था। लेकिन ऐसा काफ़ी पहले से कम होना शुरू हो गया था और भोपाल वापसी के बाद से ही दूरी पैदा होती गई थी।

ले-देकर बचते थे एक अलीगढ़ मामू!

तो न तो बार-बार अलीगढ़ जाया जा सकता था, न मामू को इस प्रकार के पारिवारिक 'पानीपत' या 'प्लासी-बक्सर' में दिलचस्पी थी! जितना हो सकता था, पिछले वर्षों में वह उससे कह चुके थे। वरना सुन वह सबकी लेते थे और दोहराते किसी के सामने नहीं थे।

सुनकर मामूली ज़िन्दगी को महत्त्व देते हुए बू-अली सीना से लेकर हाफ़िज़, रुमी, सादी इत्यादि की दिलचस्प शायरी या हिकायतें बयान कर देते थे।

रुपए-पैसे की मदद की न कोई उनसे उम्मीद करता था, न उस तरह के उनके हालात थे।

यह सही है कि बम्बई में आख़िरी दिनों में अम्मा के लिए उसके दिल में कड़वाहट पल और पनप चुकी थी लेकिन उसका बरेली जाना महज़ एक संयोग था : उस समय कोई योजना या गणित ऐसा करने के पीछे नहीं थी। कभी-कभी किसी मामले को सुलझाने की मंशा उसे और भी किस तरह उलझा सकती है, यह बरेली जाने-आने ने उसे समझाया था।

उसी से बच सकने की कोशिश में उसने बम्बई छोड़ा था : वही नहीं चाहता था अम्मा और उसके बीच उस तरह का ऐतिहासिक सामना हो जैसा अन्ततः हुआ!

फिर भोपाल आने के बाद तो, जिसे होश सँभालने की मुहलत कहते हैं, वह तक न मिली और आँख झपकते, सबकुछ हो गया!

किसी को फ़रिश्ता समझने की मूर्खता—वह अम्मा हो या अलीगढ़ मामू, उसने नहीं की। हाँ, यह ग़लती ज़रूर की कि लोगों को वैसा मान लिया जैसे वह ऊपरी तौर पर लगे।

यह छोटी-मोटी ग़लती नहीं, अब लगता है, बहुत बड़ी नादानी थी!

क्योंकि वह ख़ुद भी तो बिलकुल वैसा नहीं था जैसा औरों—अलग-अलग लोगों को लग सकता था।

अगर इतनी ही समझ उसमें थी तो फिर बीते वक़्तों और गुज़रे लोगों की भूल-भुलैया सुलझाने की ज़िद कैसी!

वह इसलिए था—जब तक भी रहा!, कि पता चल सके अगर एक जगह उसका हक़ नहीं था तो किसी दूसरी जगह किसी सूरत में बनता होगा।

वह उसे हासिल न कर पाए मगर अपनी असलियत तो पता कर सके।

यह औरों को जानना दरअसल अपनी असलियत खोजने की मजबूरी थी!

कुछ भी चाहने-न-चाहने के बस में नहीं था; वह जानता था कि उसका अगर कहीं कुछ बनता भी था, तो वह छीना जा चुका था : दूसरे उस पर कब्ज़ा कर चुके थे।

क़ानूनी हिसाब से भी मियाद गुज़र चुकने के बाद, किसी चीज के अपने होने का दावा थोड़ी किया जा सकता था।

या किया जाए, तो वह चीज़ मिल थोड़ी जाती है।

दो शहरों, दो मदरसों, दो मसलकों (पंथों) और दो आलिमों के बीच, सचमुच की ज़िन्दगी में जिस तरह की निकटता और दूरी बीते समय में रह चुकी थी, उसकी वह कल्पना भी नहीं कर सकता था। उन दो शहरों—बरेली और सूरत के दरमियान, बम्बई और भोपाल तो महज़ इत्तिफ़ाक़ थे।

शायद बात को इस तरह सहल बनाना भी ग़लत था, वरना तो फिर बरेली और सूरत भी इत्तिफ़ाक़ ही ठहरेंगे! और इसी सोच को, कुछ और विस्तार दें, तो अलीगढ़ मामू के कहे अनुसार, औरत और मर्द के मिलाप पर जो माद्दा 'मनी', ख़ारिज होता है, उसमें करोड़ों स्पर्म्स, अर्थात् ज़िन्दगी के बीज, और

जो बच्चा पैदा होता है, महज़ एक स्पर्म, जिसे इत्तिफ़ाक़ के सिवा क्या कहा जा सकता है!

उस एक की जगह इत्तिफ़ाक़ साथ देता तो, उन करोड़ों ज़िन्दगी के कीटाणुओं में से कोई दूसरा साँस ले रहा होता, और जीवन-मंच पर अपनी भूमिका निबाह रहा होता!

अस्तित्व की इतनी पेचीदा और दिल खट्टा करनेवाली असलियतें जानते और होने को महज़ एक एक्सीडेंट मानते हुए भी, अलीगढ़ मामू मुसलमानी दाढ़ी रखते हैं, टोपी, कुर्ता-पाजामा, शेरवानी पहनते हैं, और नमाज़ पढ़ने से इनकार के बावज़ूद, उन्हीं मोटी-मोटी अरबी, फ़ारसी, उर्दू और अंग्रेज़ी किताबों में घिरे रहते हैं जिनका ताल्लुक़ स्वीकार या इनकार की सतह पर, कहीं इस्लाम और मुसलमानों से मिलता है।

मामू की ज़िन्दगी उसके लिए बड़ा आर्कषण रही थी, हालाँकि दुनियादारी के हिसाब से उसे किसी तरह बड़ी सफलता नहीं कहा जा सकता। न उसे यह मालूम, ख़ुद मामू अपनी ज़िन्दगी से कितने सन्तुष्ट थे। लगता था, उनकी व्यक्तिगत ज़िन्दगी कभी ख़ुदा की राह में और कभी उसी के ख़िलाफ़, एक निरन्तर जिहाद रही थी।

एक ज़माने में वह कट्टर वहाबी, अहले हदीसिए और जमात इस्लामिए रहने के बाद, फिर तब्लीग़िए हो गए थे। बीच-बीच में, उन पर रेशनलिज़्म के दौरे पड़ते रहे थे, और अन्ततः वह दहरिए हो गए थे।

अब सबकुछ, एक साथ थे!

जैसे किसी ज़माने में मुसलमानों के जगत-मामू, सर सैयद रह चुके थे।

अजीब बात थी कि लखनऊ, जौनपुर, सहारनपुर, देवबन्द, सूरत और बरेली के बीच, अलीगढ़ मामू वहाँ से, जहाँ सर सैयद उनसे सौ साल पहले पहुँच चुके थे, एक सूत इधर-उधर नहीं हुए थे।

इनसान किसी क़ैदख़ाने से रिहाई सम्भव नहीं समझता तो क़ैदख़ाने को ही अपने लिए ज़्यादा-से-ज़्यादा आरामदेह बनाने की कोशिश कर सकता है।

अलीगढ़ मामू ने यही किया था!

पूरी ज़िन्दगी में एक ज़माने में उनकी माँ (नानीजान), और फिर उनके बीवी-बच्चों के अलावा, किसी को मामू से शिकवा नहीं हुआ था।

सारे रिश्तेदार और जान-पहचानवाले उनसे मुहब्बत और उनकी इज़्ज़त करते थे, जिसकी उम्मीद तो नहीं मगर क़दर वह दिल से करते थे।

अपने अस्तित्व के विवाद में मामू ऐसे उलझे थे कि दूसरे किसी उलझावे में पड़ने की फ़ुर्सत ही नहीं बची थी, लेकिन औरों की परेशानियाँ सुनने को वह तत्पर रहते थे।

मामू के एथीस्ट (नास्तिक) होने के दावे के बावज़ूद उनकी अपने सोच की आज़ादी की लड़ाई एक मुसलमान की हैसियत से ही थी। शायद न होने को भी वह अलग-अलग मज़हबों का जुदा-ख़ुदा मामला मानते थे।

नानीजान के बाद (जो फिलहाल पाकिस्तान में थीं; बँटवारे के कुछ बाद ही चली गई थीं; लौट-लौटकर हिन्दुस्तान, जिसे वह भारत कहती थीं, आती रहती थीं; वीज़े की मुद्दत बढ़वा-बढ़वाकर, जितना सम्भव हो, यहाँ रहना चाहती थीं; और पिछली बार वीज़ा ख़त्म हो जाने के बाद भी, लम्बी मुद्दत तक यहाँ, छिप-छिपकर, तब तक रही थीं, जब तक कि उन्हें गिरफ़्तार करके, राजस्थान के रास्ते, ऊँट पर बिठाकर, पाकिस्तान डिपोर्ट नहीं कर दिया गया था; उम्र नब्बे वर्ष से ऊपर और जो अब, पता नहीं, वहाँ किस हालत में थीं; या थीं भी कि नहीं, काफ़ी दिनों से ख़बर नहीं थी।) मामू अम्मा के ख़ानदान में सबसे बड़े थे।

सब भाई-बहनों की उन्होंने बड़े होने में मदद की थी लेकिन ख़ुद न कभी किसी से कुछ माँगा था, न अपनी बुज़ुर्गी औरों पर लादने की कोशिश की थी।

उनकी इज़्ज़त करना आसान था क्योंकि वह किसी को इस परीक्षा में नहीं डालते थे कि उसका सच या झूठ पकड़ा जा सके।

वह ख़ुद तो चाहता तो भी मामू की तरह नहीं जी सकता था।

एक तो उसकी ज़िन्दगी की शुरुआत उनकी शुरुआत से बहुत अलग थी, दूसरे स्वभाव की उस क़लन्दरी को भी वह अफोर्ड नहीं कर सकता था, जिससे वह जीते थे।

डिग्रीयाफ़्ता थे। सारा जीवन पढ़ाने की नौकरी के बाद रिटायर हुए, तो फंड भी मिला, और पेंशन भी मिलती थी।

चाहे-अनचाहे ख़ुद एक अच्छे-ख़ासे मकान के मालिक भी थे।

औलादें, पढ़-लिखकर, मिडिल ईस्ट और हिन्दुस्तान में, नौकरियाँ कर रही थीं : उनके घर बस चुके थे, और ज़्यादातर साहिबे-औलाद थे।

यानी मामू अपना आग का दरिया पार कर चुके थे, और कुछ ख़ूबियाँ थीं उनमें कि सही-सलामत बचे थे।

वह ख़ुद मामू से प्यार और उनकी जीवन-शैली पर रश्क ही कर सकता था, क्योंकि इससे अधिक कुछ कर पाने की हैसियत में नहीं था।

वैसे उसने परिवार में ऐसे लोगों को, जो ख़ुशहाल थे, मामू के बारे में टिप्पणी करते सुना था कि उन्होंने अपने घर को लेबोरेटरी और घरवालों को गिनी-पिग्ज़ समझकर उम्र-भर तजुर्बे करने के सिवा किया क्या है!

ऐसे लोगों को, जिनकी सारी तालीम-तरबियत लिहाज़ा बाद की ख़ुशहाली में बड़ा रोल मामू का था!

ख़ुद उसका अलीगढ़ मामू से लगाव पूरी उम्र पर फैला था; यही कारण था कि मुश्किल क्षणों में वही सबसे ज़्यादा याद आते थे।

और वर्तमान से अधिक, उसे याद नहीं, वह कब इतना परेशान और अकेला रहा था।

बात सिर्फ़ टेकरी और दो लाख रुपए की नहीं, हालाँकि वह पहली ज़रूरत थी।

अब जबकि ख़ुद के बारे में वह इतना कुछ जान गया था, कारण बरेली यात्रा हो या अलीगढ़ मामू से हुआ लम्बा संवाद, कौन था जिसे वह दोष देने की हैसियत में था?

मामू तो जैसे थे, वैसे-के-वैसे, आज भी हैं।

इसी प्रकार अम्मा हैं : कोई किसी अन्य की उम्मीदों पर खरा उतर सकने के लिए जन्म नहीं लेता।

यही मरियम और बिटिया पर लागू होता है।

और अन्य हर किसी पर भी।

अलीगढ़ मामू के शब्दों को थोड़ा बदल दिया जाए तो ज़िन्दगी, जीवन-मूल्यों के प्रति, एक समूचे रवैए का नाम है, जिसमें जीत-हार के नाम पर हुई उठा-पटक से, उसे कुछ लेना-देना नहीं।

मामू यह बात शतरंज के खेल को लेकर कहते थे।

दरअसल फ़िज़िकल और मेंटल फिटनेस पर मामू ख़ास ध्यान देते थे, और कहीं भी बड़ी शान से अपनी साइकिल पर सवार होकर आते-जाते थे। रोज़ शाम स्टाफ़ क्लब में कुछ घंटे बिताना, वहाँ शतरंज, टेबिल-टेनिस, बिलियर्ड्स खेलना, उनके लिए ज़रूरी था।

शतरंज से मामू का ख़ास लगाव देखता वह बड़ा हुआ था।

घर पर उनके कमरे में भी एक बिसात चौबीस घंटे बिछी रहती थी, और वह कहीं भी आते-जाते अकेले ही उसके मोहरे चलते रहते थे।

काफ़ी बाद में जब पहली बार, उसने मामू को मात दी थी, तो वह किसी छोटे बच्चे की तरह झुँझलाकर इस क़दर नाराज़ हो गए थे, कि बिसात उलट दी थी। होंठों-ही-होंठों में कुछ ऊल-फूल बका था, जो वह समझ नहीं पाया था और एक नई बाज़ी शुरू करने को कहा था।

पाँच मातें वह उससे लगातार हारे थे, और अपनी चिढ़ और हैरत पर पर्दा डालने को 'महज़ इत्तिफ़ाक़' का जाप करते रहे थे।

आगे, वह उसके शतरंज खेलने के निमंत्रण को टालते हुए शतरंज से जुड़े लोगों के क़िस्से और 'द थ्योरी ऑफ चेस' पर दिलचस्प लेक्चर देते रहे थे; यह सुझाने के लिए उपयुक्त भूमिका बाँधते कि शतरंज महज़ जीत-हार नहीं, ज़िन्दगी के प्रति एक रवैए का नाम है जिसमें कुछ बाज़ी जीतकर भी मात को नहीं टाल सकते, और कुछ मात करें या खाएँ, विनर ठहरते हैं।

यह उसी बीच हुआ था जब बम्बई से बरेली जाते-आते, उसके अलीगढ़ के नियमित चक्कर लग रहे थे।

फिर एक बार उसने आग्रह करके, अलीगढ़ मामू को शतरंज पर बिठाया था, और टालने की सारी कोशिशें नाकाम होती देखकर, वह बैठ तो गए थे, लेकिन इम्तिहान में फेल होने के डर से, इम्तिहान न देना चाहनेवाले बच्चे की तरह।

उसने जान-बूझकर मगर इस होशियारी से, कि मामू सच न जान पाएँ, उन्हें मात करने दी थी।

जीतकर, मामू इतने ख़ुश हुए थे कि अपने हाथ से अपनी ख़ास चाय दम करके पिलाई थी जो उनका किसी को महत्त्व देने का अपना ख़ास अन्दाज़ था। उनकी ख़ुशी और चाय दम करते, चहकना देखने योग्य था। लेकिन चाय का पहला सिप लेते ही मामू फिर से बहुत गम्भीर हो गए थे, और उसकी सारी बातों के जवाब उन्होंने 'हूँ-हाँ' में दिए थे।

इससे पहले कि चाय का दूसरा दौर शुरू होता, उन्होंने साफ़-साफ़ कहा था कि अपने भानजे से उन्हें पहली बार संजीदा तरह की मायूसी हुई थी, और असल मात यह थी।

फिर उन्होंने कहा था कि शतरंज में मात तो वह सह सकते हैं, लेकिन अपने छोटे से ख़ुद की बुज़ुर्गी का नवाजा जाना उन्हें गवारा नहीं था।

उसके मात, सरेंडर करने से उन्हें तक़लीफ़ हुई थी, क्योंकि–

क्योंकि, शतरंज महज़ जीत-हार नहीं, ज़िन्दगी के प्रति एक मुकम्मल रवैए का नाम था!

18. ऑब्जेक्ट ड्राइंग : मकतब और मदरसा

अलीगढ़ मामू में कितना कुछ बिलकुल अम्मा जैसा होगा!

जो उन दोनों, और उनके दूसरे भाई-बहनों को, उनके माँ-बाप, यानी ख़ुद उसके नाना-नानी से मिला होगा।

नाना को देखने या उनसे मिल सकने का अवसर तो नहीं मिला, लेकिन उनके वह क़िस्से-कहानी, जो परिवार में लोग सुनाते थे, सुनता वह भी बड़ा हुआ था।

सिर्फ़ नानीजान थीं, जिनके मुँह से उसने कभी नाना के बारे में कुछ नहीं सुना था।

ज़िन्दगी में भी शायद उनके और शौहर के बीच, कहा-सुनी का कम रिश्ता था; जो रहा होगा उसके परिणामस्वरूप उनकी एक दर्जन से ऊपर औलादें थीं, जिनमें ज़्यादातर अभी भी हिन्दुस्तान और पाकिस्तान में ज़िन्दा थीं।

अलीगढ़ मामू के अलावा, उसके चार अन्य ज़िन्दा मामू, और दो ख़ालाएँ अभी मौज़ूद थे। बाक़ी, अलग-अलग उम्रों में दुनिया से विदा हो चुके थे।

हर संतान (फिर से अलीगढ़ मामू के ही शब्दों में) अपने माँ-बाप की एक 'ऑब्जेक्ट-ड्राइंग'!

एक बुनियादी असलियत के विभिन्न ऊपरी रूप।

ऐसा ही वह ख़ुद होगा : अम्मा और एक 'परछाईं' के मिलाप की इकलौती 'ऑब्जेक्ट ड्राइंग'; एक पर्सपेक्टिव, एक व्यू!

ऐसा न होता तो वह उसे क्या नाम देता, जिसे छुटपन से अपने भीतर बिना अधिक समझे या बाहर की दुनिया से रिश्ता जोड़े, किसी तिलिस्म-सा महसूस करता बड़ा हुआ था?

एक बेतरतीब ख़्वाब और जागते हुए भी सारी वास्तविकता से कटकर ऐसे संसार में जा पहुँचना जो दिल को भाता तो था, मगर जिससे वह कोई रिश्ता जोड़ या समझ नहीं पाता था।

लगता उसके सीने में एक सेहन था, जिसके आसमान में गवाही की तरह गुमसुम मीनार खड़े थे।

और सैकड़ों आवाज़ें गुनगुना रही थीं, किसी बात को मुसलसल दोहराते।

जैसे मकतब, या मदरसे में बच्चे याद करने को सबक़ दोहरा रहे हों, बार-बार पढ़ रहे हों!

बच्चे, जिन बातों को सुनते बड़े होते हैं, वह परियों की कहानियाँ हों, नबियों के क़िस्से या जिन-आसेब के अमल-दख़ल, अपनी समझ से काम लेने के लायक़ होते ही, उन सबसे छुटकारा पाना चाहते हैं। अपनी-अपनी योग्यता भर, ऐसा करने में सफ़ल भी होते हैं।

आगे क्या होता है?

हर एक अपनी अक़्ल की क़ीमत के अनुसार, ऐसा झूठ आविष्कार कर लेता है, जो सौ फ़ीसदी उसका अपना हो, और जिसे वह सच कह, समझ और मान सके!

असल बात सच-झूठ की नहीं, मान सकने की होती है।

लोग मान सकने की अवस्था में मरना चाहते हैं, क्योंकि अपने मानने को वह सच समझना चाहते हैं।

फ़रेब?

जब कोई माने नहीं, तो ऐसे शब्दों का क्या औचित्य!

इस ढेर सारे धुँधलके को वह गड्डमड्ड शब्द भी नहीं दे पाता, अगर पिछले वर्षों बरेली न जाना होता।

मकतब और मदरसों का काम, इनसान को सोच, फ़िक्र और ज्ञान से रूशनास कराना है : वह तीन समुद्र, जिन्हें समय के बदलाव ने, तीन हक़ीर-क़तरों-सा निरर्थक कर दिया है।

इसके बावज़ूद, मदरसे आज भी, अनेक लोगों के जीवन में, वही केन्द्रीय महत्त्व की भूमिका निभा रहे हैं जो उन्होंने अम्मा और उनके 'परछाईं' में बदल चुके पहले शौहर की ज़िन्दगी में निभाया था।

'परछाईं' में बदल चुके कह लिया जाए, या कल्पना कर ली जाए, जो कुछ भी हुआ हो उसका, अनजाने में, अनजान लोगों के हाथों, अनजानी मौत करने के बाद!

कुछ लोगों के साथ यह भी होता है कि पैग़म्बरी के चक्कर में आग से भी हाथ धोना पड़ता है।

और हाथ लगता है धुआँ, जो लगता है परछाईं का रॉ-मैटीरियल होता होगा!

उस परछाईं ने, जो तब एक जवान लड़का या नौजवान मर्द रहा होगा, अपने घर और घर के बाहर, बही दोहराया जाता सुना होगा, जो मुसलमान आपस में बड़े शौक से कहते हैं; कि इल्म हासिल करो, चाहे वह तुम्हें चीन में मिले!

इस तरह, जैसे बद्दुआ दे रहे हों कि तेरा मुल्क, शहर, अपने—सब छूटें, और तू चीन जा मरे।

इल्म की चाह ही थी, जो उसे अपने अब्बा से, अम्मा के अब्बा तक ले गई।

यह दोनों अब्बा, इल्म की सल्तनतों में एक-दूसरे के प्रतिद्वन्द्वी ही नहीं, कट्टर दुश्मन भी थे : शेक्सपियर के रोम्यो-ज्योलेट के बुज़ुर्गों की तर्ज़ पर!

एक वहाबी (जिसे अहले हदीस भी कहा जा सकता है और वलीउल्लाही भी) और दूसरा रज़ा ख़ानी या बरेलवी।

एक, इस्लाम के दो अलग-अलग ऑब्जेक्ट-ड्राइंग्स, जो अपने सिवा किसी को, असलियत तो छोड़ें, उसका धुँधला-सा अक्स भी, मानने को तैयार नहीं थे।

जाने, तालीम हासिल करने आए उस नौजवान को उस आलिम का इल्म ज़्यादा भाया था, या उसकी वह अल्हड़ बेटी, उस ज़माने में यक़ीनन, जो अम्मा रही होंगी; जो हज़ार पर्दों को, जैसा इश्को-आशिकी का दस्तूर है, नाकाफ़ी और बेकार करती, उसे नज़र आ गई थी।

जो बात आँखों-देखी न हो, न जिसके बारे में पूरी तरह एतबार किए जा सकनेवाले ढंग से किसी ने बताया हो, बस टुकड़े-टुकड़े पता चली हो, उसे उन टुकड़ों को जोड़कर ही हल निकालने की कोशिश की जा सकती है। कुछ इबारतें, जिनमें ब्लैंक छूटे रह गए हों, इसी तरह समझी जा सकती हैं, कि ब्लैंक्स में ऐसे जुमले भरने की कोशिश की जाए जो पुल की तरह बहाव को बाँधें, और उसकी रवानी में अड़चन न बनें।

उस जवान लड़के और अल्हड़ लड़की की दास्तान ऐसी ही इबारत थी जिसमें अनेक ब्लैंक छूटे हुए थे, जिनके लिए सही जुमलों की तलाश उसका ऐसा पार्ट-टाइम मुक़द्दर बनी थी जिसने उसकी फुल-टाइम ज़िन्दगी की शक्लो-सूरत भी बदलकर रख दी थी।

दास्तानों का ही मुहावरा इस्तेमाल करते हुए आगे की बात की जाए तो नौजवान ने लड़की पर हज़ार जान से आशिक होते हुए यह भी महसूस कर लिया कि आग दूसरी तरफ़ भी बराबरी से लगी थी। अब बारी ज़ालिम ज़माने की थी जो ऐसे मौक़ों पर दो प्यार करनेवालों के बीच आता रहा है।

यह रोल अदा किया था नौजवान के अब्बाजान ने, जिनकी नज़र में लड़कीवाले जिस मज़हब को इस्लाम कहकर मानते थे, वह ऐसा फ़ितना था जिसे खुलकर कुफ़्र भी नहीं कहा जा सकता। बेटे की मंशा जानकर उन्होंने ख़बरदार किया था कि उसने उस तरह का बाग़ियाना काम किया तो उससे सम्बन्धों की समाप्ति ही नहीं, वह मज़हब के अनुसार उसे आक़ करके माल-जायदाद में हक़ से भी महरूम कर देंगे।

इसके बावज़ूद नौजवान ने बग़ावत की।

ऐसे ज़माने में, जब दुनिया चर्चिल, हिटलर, जापान, सुभाष चंद्र बोस, गांधी, नेहरू, पटेल, जिन्नाह, माउंटबेटन, बँटवारा जैसे मुद्दों से जूझ रही थी,

यह दोनों आलिम ख़ानदान, शहर सूरत और बरेली के बीच नज़दीकी को रोकने और दूरी को बढ़ावा देने की कोशिश और साज़िशों में लगे थे।

नौजवान की बग़ावत पराये पंथ में शादी तक ही सीमित नहीं रही थी और उसने भी अपनी ससुराल का मसलक अपना लिया था।

अपनी पत्नी को साथ लेकर नौजवान बरेली गया था, जहाँ पिता के घर और मदरसे के दरवाज़े उसके लिए बन्द थे।

बरेली से लाहौर, जहाँ उन्होंने कुछ समय साथ बिताया था, और जब पत्नी के माँ बनने की घड़ी क़रीब आने लगी थी तो उसे, उन सियासी हलचल भरे दिनों में वह उसके मायके छोड़ आया था।

यह उसके 'परछाईं' होने से पहले का सबसे अहम काम था, क्योंकि...!

आगे की लम्बी इबारत में जुमले कम और ब्लैंक्स ज़्यादा थे।

यानी यह कि रिक्त स्थानों की लम्बाई लिखे हुए से कहीं अधिक थी।

उस ज़माने और उन बातों को समझ पाने के लिए मजबूरी थी कि वह औरों के कहे को माने।

यह कहा एक-दूसरे से इतना अलग था कि उसमें संगत बिठा पाना आसान नहीं था।

और इतनी देर गए उसमें चीज़ों को जानने की इच्छा जाग्रत् हुई थी कि ज़्यादातर गवाह अपनी मौत, अल्लाह को प्यारे हो चुके थे।

यह कहना तो सचमुच झूठ ही था कि उसे बरेली या वहाँ के परिवार के बारे में, अकस्मात उस क्षण, पता चला था जब मौज़ूदा अब्बा की जायदाद में हिस्सा न होने का असुविधाजनक समाचार सुनने को मिला था।

छोटी-छोटी बातें, जब-तब निकलती और अनदेखी होती रही थीं।

ख़ासतौर पर नानीजान और कुछ अन्य रिश्तेदारों के ज़रिए।

इस तरह कि कुछ तो सीधे-सीधे उसी से कही गई थीं, (नानीजान की बातें!)

कुछ ऐसे, जैसे किसी पुरानी फ़िल्म की याद (अन्य बुज़ुर्ग दोस्त-दुश्मनों की बातें!)

वह अनसुना, अनजाना करता रहा था कि यह सब उसके आड़े नहीं आएगा।

लेकिन जब वह आया तो वह बिलकुल उसी तरह तिलमिलाया, जैसे एक औसत दुनियादार को तिलमिलाना चाहिए।

बम्बई छोड़ने से पहले छीना-झपटी के महीनों में, बात यहाँ तक पहुँची कि उसने अम्मा को उस जायदाद की याददिहानी कराई जो उनके नाम थी, और जो उसकी मालूमात के अनुसार अब्बा ने शादी के मेहर में उनको दी थी। सौतेले बाप की नहीं, वह अपनी सगी माँ की जायदाद में तो हिस्सा माँगने का हक़ रखता था।

अम्मा, बहरहाल अम्मा हैं!

उनकी ज़िद क्या वह जानता नहीं!

उन्होंने यह कहते हुए मामले का खुलासा कर दिया था कि उनका मेहर महज़ सवा रुपए तय हुआ था (बिलकुल उतना ही जितना उसकी मरियम से शादी पर तय किया गया था!) जो जायदाद उनके नाम थी, वह किसी वक़्त क़ानून से बचाने की ख़ातिर की गई थी। उसका सही या ग़लत 'फ़ायदा' वह हरगिज़ नहीं उठानेवाली थीं।

जितना उन पर उसका हक़ बनता था, उससे ज़्यादा वह उस पर ख़र्च कर चुकी थीं।

कहाँ कर चुकी थीं?! वह चीख़कर पूछना चाहता था मगर नहीं पूछा था।

शायद वह ठीक ही कह रही हों, तब नहीं मगर अब लगता था।

19. बरेली में

बरेली की पहली यात्रा का अनुभव....?

बम्बई से दिल्ली गया वह अम्मा के ही काम से था।

जायदाद सम्बन्धी सारे काम, एक-एक करके निबटते जा रहे थे, और अम्मा के प्रति उसका मोहभंग बढ़ता जा रहा था।

कुछ दिन की और उसकी पूछ थी, उसके बाद नए सिर से शुरुआत!

देखते-देखते सात-आठ वर्ष कैसे बीत गए, बहुत हिसाब लगाने पर भी समझ नहीं आता था।

कहने को नई शुरुआत, लेकिन जिस काम में यह समय बीता था, वैसा तो आगे करने को मिलने से रहा। यह उसे बताया जा चुका था कि अब्बा की जायदाद में उसका कोई हिस्सा नहीं था, और लोगों से एकतरफ़ा नज़राने भी उसने क़बूल करने शुरू कर दिए थे। चाल की योजना भी दिमाग़ में बनने लगी थी मगर शुरुआत नहीं हुई थी। वह सचमुच यह जान लेना चाहता था कि कहीं ख़ुद उसका भी कुछ बनता था या नहीं। मरियम के सामने कह भी चुका था।

मरियम की उसमें रुचि नहीं थी : सैकड़ों चीज़ें थीं उसके ख़याल में जो साबिर भविष्य में कर सकता था। करे तो ठीक नहीं तो उसकी जॉब थी, और फिर शेयर बाज़ार : घर बैठे लाखों कमाया जा सकता था। वह कहता है शेयर का मामला उसे समझ नहीं आता, लेकिन जब समय देगा, तो सब आसान हो जाएगा।

या पेंटिंग इंडस्ट्री ही देख लो, लोग कहाँ-से-कहाँ जा पहुँचे हैं! वह संजय के साथ...।

शायद अपने घुटन के एहसास को वह सही-सही बता नहीं पाता था इसलिए मरियम मामले की गम्भीरता महसूस करते हुए भी पूरी तरह समझ नहीं पाती थी।

सो वह दिल्ली गया था, और काम निबटाकर, बिना कुछ सोचे, बरेली का टिकट इस तरह ख़रीद लिया था जैसे वही उसका मुक़द्दर हो।

वहाँ उसकी भेंट उस 'बहन' से हुई थी जिसका दावा था कि 'भाई' की बग़ावत में उसने उसका साथ दिया था।

फिर उन बेवा फफू के साथ उनसे बड़ी बेवा बहन से मिलना हुआ था, जो ऐसे पुराने तर्ज़ के मकान में रहती थीं जो ख़ुद को नया होने से बचा नहीं पा रहा था; जिसका बड़ा हिस्सा बिलकुल नई तर्ज़ पर बनाया जा चुका था। उसमें औलाद-दर-औलाद, उनकी नई पीढ़ी बसती थी। वह ख़ुद, सैंतकर रखे गए, थोड़े से उजाड़ पुरानेपन में, लकड़ी के तख़त पर लकड़ी की ही एक चौकी रखे काग़ज़ के पुर्ज़ों पर ठप्पे मारकर नोट छापती थीं और हर आते-जाते को थमाती जाती थीं।

उनको बैंक में परिवर्तित हुए भी, बाद में पता चला था, एक ज़माना बीत चुका था।

वह कभी एक भाई, पाँच बहनों में सबसे बड़ी और उसी हिसाब से पहुँची उम्र की थीं। वह जो भी वाक्य बोलतीं उसमें आगे-पीछे बेमतलब ऐसे शब्द होते, जिनका सम्बन्ध बैंक और करेंसी से होता।

इन दो के अलावा एक तीसरी बहन भी थीं, तो भरा-पूरा परिवार पीछे छोड़ कुछ साल पहले असली मालिक से जा मिली थीं।

बाक़ी दो?

बँटवारे के समय पाकिस्तान हिजरत कर गई थीं, जहाँ उनकी आल-औलाद इकाइयों से दहाइयों में गुणा होती, ख़ुशो-खुर्रम, शाद-आबाद थी।

बाग़ी फफू ने साथ ले जाकर जब उसका परिचय अपने-आपमें व्यस्त, नोट छापती, लोगों को बाँटती, फूफी से, अपने कभी रहे भाई का हवाला देते हुए कराया था, तो उन्होंने एक सादा काग़ज़ पर काल्पनिक मुहर का ठप्पा मारकर उसे थमाते हुए कहा था—सौ!

फिर उसे अपनी वहशत-भरी आँखों में सोखते हुए ठट्ठा मारकर कहा था—डाकू था तेरा बाप, जेल गया था!

इस तरह परछाईं हो चुके वजूद को पागल फफू ने उस ख़िताब से नवाज़ा था जो कुछ ही समय बाद बहुत गुस्से में अम्मा ने ख़ुद उसके लिए इस्तेमाल किया था!

बाद में पता चला जिस जेल जाने का उन्होंने कहा था, उसका डाकू होने से क़तई सम्बन्ध नहीं था और उनका भाई स्वतंत्रता संग्राम में हिस्सा लेते हुए गिरफ़्तार होकर अनेक बार जेल गया था।

यह कल्पना ही बड़ी रोमांचकारी और दिल गुदगुदानेवाली थी, क्योंकि उसने ख़ुद को कभी दुनिया में हो चुके या हो रहे, क्रान्तिकारी बदलावों के साथ जोड़कर देखने की हिम्मत नहीं की थी।

फिर पता चला, उस ख़ानदान के तो लगभग सब ही ऐसे लोग जिनका सम्बन्ध आज़ादी से पहले की खेप से था, न केवल अपने नाम के साथ स्वतंत्रता-सेनानी जोड़ते थे, बल्कि जो निकम्मे थे, वह शासन से वज़ीफ़े वसूल कर रहे थे, और जो रामझदार थे, वह राजनीति कर रहे थे। अलग-अलग राजनीतिक दलों और जमातों में वह मुसलमानों का प्रतिनिधित्व कर रहे थे। कांग्रेस से लेकर लोकदल, और जमीयतुल उलेमा से लेकर उन तमाम आउट-फ़िट्स में जो मुसलमानों के साथ मौजूद थीं या आए दिन बन और बिगड़ रही थीं, उनकी उपस्थिति ज़रूरी थी।

ख़ानदान के सरताज वह रँडवे फूफा थे जो उसके दादा के मदरसे के संरक्षक, जमीयतुल उलेमा के सचिव और वहाँ के विधायक थे, और जिनसे बाग़ी फफू की जन्मज़ात की दुश्मनी थी। इसीलिए, ख़ुद उसका उनसे मिलना भी देर तक टलता रहा था।

अपनी दुश्मनी का खुला प्रदर्शन फफू इस तरह करती थीं कि हर चुनाव में उनके ख़िलाफ़ खड़ी हो जाती थीं, चाहे कितने कम वोट मिलें, चाहे कितनी ज़मानतें ज़ब्त हों।

फफू को शिकायत थी कि उनकी मरहूम छोटी बहन का पति बाक़ी सारे ख़ानदान का हक़ (मूलतः मदरसा!) दबाकर बैठ गया था, और उससे लड़ना

उनका फ़र्ज़ था। मदरसे के कारण ही उसकी राजनीति और धार्मिक उलेमा में धरपकड़ थी।

बाग़ी फफू का सोचना ग़लत तो न था, मगर रँडवे फूफा का यह दावा भी ख़ारिज नहीं किया जा सकता था कि उन्होंने मदरसे की ज़िम्मेदारी तब सँभाली थी जब दूसरा कोई आगे नहीं आया था, और नौबत मदरसा बन्द करने की आ पहुँची थी। जब उन्होंने यह ज़िम्मा लिया था, तो मदरसे में था क्या? आज जो कुछ भी नज़र आता था, वह उनकी मेहनत का नतीजा था।

यह उन्होंने तब कहा था, जब बरेली के तीसरे राउंड में, उसकी उनसे भेंट हुई थी।

बाग़ी फफू के बहुत कहने पर भी, वह उस मदरसे में नहीं गया था, जिसके दरवाज़े, बीते समय में, उसके सगे पिता के लिए बन्द किए जा चुके थे।

न क़ब्रिस्तान जाकर अपने दादा की क़ब्र पर फ़ातिहा पढ़ने की, उनकी ताक़ीद को महत्त्व दिया था।

इतनी सहजता से किसी अजनबी की स्मृति से सम्बन्ध जोड़ना या उसकी मग़फ़िरत की सिफ़ारिश में रुचि पैदा कर पाना, उसके लिए सम्भव नहीं था।

वैसे एक मस्जिद से जुड़ा रुचि मदरसा जिसका अपना बोर्डिंग-हॉल था, जिसमें वह दो-ढाई सौ बच्चे दीनी तालीम पाते थे, देखने में ही ख़ुशहाली का आभास देता था।

रहा क़ब्रिस्तान, तो उस शहर से अधिक संख्या और फैलाव में क़ब्रिस्तान उसने कहीं नहीं देखे।

20. बाग़ी फफू, आत्मनिर्भरता और खोए की तलाश

उसकी ददियाल, उसने अन्दाज़ा लगाया, एक औसत ख़ानदान थी जिसमें कुछ ग़रीब थे, ज़्यादातर खाते-पीते और रँडवे फूफा और उनकी आल-औलाद को बेशक, हैसियतदार कहा जा सकता था।

अधिकांश लोग, अतीत से मुक्त होकर वर्तमान में शिरकत की कोशिश कर रहे थे।

बाग़ी फफू को छोड़कर!

फफू की बग़ावत चौमुखी थी, और यह रवैया बेटा-बेटियों के लिए भी था, जिनके घर बस चुके थे, और सब अपने काम-धन्धों में व्यस्त थे।

फफू की दुनिया मकान का पिछला, पुराना हिस्सा और सहन था। ख़ुद उनके अपने शब्दों में, वह 'पूरी तरह आत्म-निर्भर' थीं!

ख़ुद पकाती-खाती थीं।

आमदनी के लिए घर में उन्होंने एक मदरसा क़ायम किया हुआ था जिसमें बच्चे क़ुरान और दूसरे विषय पढ़ने आते थे।

वह हिन्दी सहजता से पढ़ और लिख सकती थीं।

उन्होंने साबिर को उसका मनसब और फ़र्ज़ याद दिलाया था : रँडवा फूफा जहाँ बैठा था, वह ख़ुद उसकी जगह थी।

उसे पाने के लिए कुछ किया जाना चाहिए, जिसमें वह हर तरह उसके साथ थीं और रहेंगी!

रँडवे की ईंट-से-ईंट बजाकर रख देंगी!

उन्हें यक़ीन था वह यही करने पूरी तरह तैयार होकर आया था।

—दीन की ख़िदमत का नाम देकर, फूफा को लान-तान करते उन्होंने कहा था—अपना उल्लू सीधा करने में लगे हैं। कोई पूछे, अपनी औलाद को मदरसे में पढ़ाने के बजाय ऐसे स्कूलों में क्यों भेजा जहाँ वह सारे मज़मून पढ़ाए जाते हैं जिन्हें मग़फ़िरत के फ़िक्रमंद और ज़िन्दगी के दुश्मन मौलानाओं ने अक़्ल और नक़ल की मनमानी दीवारें खड़ी करके, हर उस तालीम को बेदख़ल कर दिया जो इन मदरसों में दी जाती है।

—हमें मालूम है, हम जो इन्हें पढ़ाते हैं, उन्होंने सहन में सिपारे खोले, गुनगुनाते बच्चों की ओर इशारा करके कहा—उसका रिश्ता हमारे पेट से है! जो तालीम इन्हें चाहिए, आत्म-निर्भरता के लिए, वह मर-खप के थोड़ी ख़ुद तो सीख ली, लेकिन इन्हें सिखा सकने की हैसियत में नहीं। खुलकर भी, और इशारों से भी, जो इनमें लायक़ लगता है, उसे बताने की कोशिश ज़रूर करते हैं कि तुम्हारा मज़हब इसी तालीम और हिफ़्ज़ करके मस्जिद-मस्जिद रमज़ानों में तरावीह पढ़ाने, उटक्के पाजामे और मैली टोपियाँ पहनने, झाड़-झंखाड़ दाढ़ियाँ बढ़ाने, या इतर का फाहा कान में टूमने, आँखों में सुरमा-काजल लगाने, मिसवाक चबाने पर ख़त्म नहीं है। यह तो क़ैदख़ाने हैं जिन्हें तुमने अपने लिए चुन लिया है! मज़हब तालीम की तरग़ीब (प्रेरणा) का नाम है, और दुनिया में जो कुछ है, उसे जानने-समझने की हिदायत करता है...।

—सोचो, आज़ाद हुए कितनी मुद्दत हुई, आज भी लोगों को क़ौमी ज़बान की तरह देवनागरी हज़्म नहीं! चाहो तो उसे हिन्दी कह लो, है तो वह अपनी बहन उर्दू की ही हम-मायने। ऊपर उठो, अब तो इस सौत-बहन की ज़ेहनियत से! इल्मी सरमाए को देवनागरी में रूपान्तरित करके ज़्यादा लोगों तक पहुँचाओ! वह है हमारे आज और आनेवाले ज़माने की लिपि। उर्दू पढ़ने से कौन मना करता है मगर मजबूर करोगे, तो क्या सब पढ़ लेंगे! किताबें धरी रह जाएँगी, और पढ़नेवाले नापैद! वह लिपि बरतो जो ज़्यादा-से-ज़्यादा लोगों तक पहुँचा सके...।

—तुम्हें मालूम है, तुम्हारे रँडवे फूफा की आधी संतानें ख़ुद उर्दू में अपना नाम तक नहीं लिख सकतीं! अंग्रेज़ उन्हें अपना नायब बनाकर छोड़ गए थे

और आम लोगों से मेल-जोल को हिन्दी सीख ली है! दीन से उतना ही लेन-देन है जितना छुटपन में गेंद-गप्पा खेलते, बिना समझे क़ुरान पढ़ते हो गया था, और बहुत से तो वह भी नहीं कर पाए!

फफू के तेवर देखकर अन्दाज़ा लगाना मुश्किल नहीं था कि जिस भाई का उन्होंने साथ दिया, उसकी चाल-ढाल क्या रही होगी!

परछाईं की रूपरेखा कुछ-कुछ बनना शुरू हुई थी।

वह बरेली के गली-कूचों, सड़कों-बाज़ारों में इस तरह घूमा था जैसे खोए हुए को तलाश करना चाहता हो।

और अपने बचपन को याद करता रहा था, जो वहाँ से दूर, कहाँ-कहाँ बीता था!

बम्बई का मदनपुरा वाला घर, और वह विक्टोरिया जिसमें अब्बा अम्मा के साथ कहीं जाते-आते थे। उसका घास रखने का झोला जिसमें वह छिप जाता था, और एक बार वहीं सो गया था : अम्मा का डाँटना और सज़ा की धमकी।

बहनों का पैदा होना और उनका गाँव में जा बसना, जहाँ चौतरफ़ हरियाली के बीच चर्च और ईसाइयों-मुसलमानों की आबादी थी। कुछ ऐंग्लो इंडियन परिवार भी बसते थे।

अब्बा मराठी बोलते थे। उनके अनेक ईसाई दोस्त थे।

आबादी का वह हिस्सा जहाँ पुराना घर था, किसी पिछड़े क़स्बे-सा, जहाँ अब्बा के मराठी बोलनेवाले रिश्तेदार, और पिछली शादी से उनकी आल-औलाद बसते थे। यह ऐसी जगह थी जहाँ बैलगाड़ियाँ चलती थीं।

वहाँ तालाब भी थे जिनमें से एक में वह बरसात के मौसम में डूबते-डूबते बचा था!

मेढकों और गिरगिटों की वहाँ भरमार थी और अपने हमउम्रों के साथ गिरगिट पकड़कर उन्हें बीड़ी पत्ती खिलाकर वह उनका नाच देखता था, और फ़रमाइश पर लोगों को, महारत से मेंढक की चाल चलकर दिखाता था।

साँप भी बेगिनती थे, और जुगनुओं की झमाझम से ज़मीन तारों-भरा आसमान लगती थी।

वहीं, उसके जीवन का पहला मदरसा—अम्मा!

उसके साथ पास-पड़ोस के बच्चों को भी वह क़ुरान पढ़ाती थीं।

उनकी आवाज़ आकर्षक, और कानों में घुलनेवाली थी। क़ुरान के अलावा वह फ़ारसी और उर्दू की शायरी भी गुनगुनाती थीं, ख़ासतौर पर अल्लामा इक़बाल का कलाम।

अम्मा ने घर की आबादी और शायद अपनी सुरक्षा के एहसास के लिए दो भाइयों को अपने साथ रखा था, और अन्य रिश्तेदारों का भी वहाँ आना-जाना लगा रहता था। वह मामू जो अब कामयाब वकील बन गए हैं और जिनके बच्चे विदेशों में शिक्षा पा रहे हैं, अम्मा के साथ रहकर ही शिक्षा पाए थे।

उन्होंने छुटपन में एक बकरीद पर पकड़कर, उसका काले, घने बालोंवाला सिर नाई से घुटवा दिया था : वह ख़ुद कम उम्र में गंजे हो गए थे, इस जलापे में!

नाई मुँडे सिर की सफाई आम की खोखली गुठली रगड़कर करता था!

गाँव में, ईसाइयों और मुसलमानों के एक मराठी लबो-लहज़े के बावज़ूद, पहनावे और रहन-सहन का बड़ा अन्तर था।

अब्बा की उनके ईसाई दोस्तों से धर्म को लेकर अक्सर बहसें होती थीं। मस्जिद का सारा ज़िम्मा अब्बा ने सँभाला हुआ था। उनके पास चन्दा माँगने, दाढ़ीवाले मौलानाओं का आना-जाना लगा रहता था। वह ख़ुद भी धार्मिक अनुशासन का पूरा पालन करते थे। हाँ, उन्हें रेस खेलने का जुनून था! बम्बई और पूना के अलावा भी, वह शहर-शहर, रेस खेलने जाने की कोशिश करते थे और घोड़ों की पक्की-पूरी मालूमात रखते थे। वह कम पढ़े, कोनकनी माँ-बाप की इकलौती संतान थे जिनसे उन्हें हज़ारहा बीघा ऐसी ज़मीन विरसे में मिली थी जो खेती के योग्य नहीं थी : जिसका मोल तब कौड़ियों जितना था! उसमें कुछ बड़े आम के बाग़ थे जो सीजन में अब्बा की व्यस्तता का कारण और आमदनी का ज़रिया थे।

धीरे-धीरे अब्बा ज़िम्मेदारियों की कमान अम्मा को सौंपते गए थे जो उनकी पहली औलाद को भला क्यों अच्छा लगता!

नाख़ुशी दिखाने को वह लोग बदतमीज़ी पर भी उतर आते, लेकिन अब्बा से बहुत डरते थे।

धीरे-धीरे, अब तक, जबकि साँप तो मरा नहीं, लाठी सचमुच टूट चुकी है! वह जगह, बम्बई में शामिल होकर, करोड़हा-करोड़ की हो चुकी है! दूसरों की!

गाँव में रहते दूसरा मदरसा, सेंट जॉन्स कॉन्वेंट और फ़ादर फ़ेलिक्स : एक मिशनरी स्कूल जहाँ उसका दो बहनों के साथ एडमिशन हुआ था, और उसके प्रिंसिपल।

एडमिशन इस ताक़ीद के साथ हुआ था कि स्कूल के प्रेयर्स इत्यादि में दिल से शामिल मत होना, उनका मज़हब ग़लत है! ऊपरी तौर पर जितना ज़रूरी हो उतना ही करना।

स्कूल में को-एज्यूकेशन थी, पढ़ानेवाले सब बॉदर्स, और फ़ादर फ़ेलिक्स जैसे ईसा का अवतार, प्रिंसिपल : वह भी ऐंग्लो-इंडियन थे।

कॉन्वेंट में बिताए, थोड़े-से समय ने, उस पर बहुत सकारात्मक प्रभाव छोड़ा था।

यह तो उसे नहीं पता था कि धर्मों में सही और ग़लत क्या होता—या हो सकता था, लेकिन कॉन्वेंट के लोग मदरसा चलाना अन्य लोगों से कहीं बेहतर जानते थे। वहाँ थोड़ा-सा समय बिताने का मतलब ढेरों अंग्रेज़ी नर्सरी राइम्स जानने से लेकर सही अंग्रेज़ी बोलचाल से परिचित होना, जो किसी दूसरी जगह सम्भव नहीं था।

मदरसे की अगली कड़ी अलीगढ़ और अलीगढ़ मामू थे जहाँ उसकी उम्र का बड़ा हिस्सा, पाँच या सात साल बीता था।

ज़िन्दगी के अव्वल दौर में, उसे याद करने पर लगता रहा था, गाँव से अलीगढ़, और उसमें, उन दूसरे शहरों को भी शामिल किया जा सकता था जहाँ उस बीच उसका अम्मा के साथ या अकेले आना-जाना होता रहा था, कुछ एक-सा-पन था।

उस एक-से-पन को समझने की कोशिश की जाए तो वह बहुत सारी आराम और आसाइश की चीज़ों का न होना, और समय के बदलाव के साथ आई 'ख़ुशहाली' का न होना था जिसने विचित्र ढंग से घर-से-घर को, अलग कर दिया है। डायलेक्टिक्स इत्यादि जैसे गम्भीर मुद्दों में पड़े बिना, दुनिया सीधी मैटीरियलिस्ट हो गई है! दिल से उसकी तवज्जो पूरी तरह हट गई है।

दूसरों का शिकवा नहीं, ख़ुद उसके साथ यही हुआ है! अर्थ-व्यवस्था की रूपरेखा, जी.एन.पी. या जी.डी.पी. के आँकड़े तो बाद में तय होते हैं, पहले तो एक ख़ुशहाली ही महसूस होती है जो भली लगती है। एक यूफ़ेरिया! फिर यह बदलाव जीवन और उससे सम्बन्धी सारे मुद्दों की पुनर्व्याख्या के लिए बाधित करता है : परिभाषाएँ और खाते बदलने पड़ते हैं, क्योंकि भावुकता आर्थिक-संघर्ष के आड़े आती है। यहीं, वक़्त के साथ चलने और पिछड़ने में तमीज़ ठहरती है!

21. नई खोज : परछाईं

बरेली में समय और सड़कें नापते वह उस अवस्था में गड्डमड्ड होता रहा था जो यह सोचकर बनी थी कि अम्मा-अब्बा के बजाय उसकी वह उम्र—बचपन, लड़कपन, नौजवानी—अम्मा और उसके सगे बाप के साथ, उन तमाम जगहों के बजाय बरेली को हेडक्वार्टर बनाते हुए, किन्हीं दूसरी जगहों पर बीती होती तो क्या वह उससे बिलकुल भिन्न व्यक्ति होता जो अब था?

सबसे बड़ा आश्चर्य यह कि फफू के अनुसार वह ख़ुद उस 'परछाईं' का हाड़-मांस का वर्ज़न था : सूरत-शक्ल, बोलचाल, चलत-फिरत सबकुछ में!

फफू को उसका स्वभाव भी शत-प्रतिशत उनके दिवंगत भाई जैसा लगा था जो उनके अनुसार बहुत शान्तिप्रिय, आरामतलब और ईमानदार इनसान था, जिसे लड़कपन से ही मुर्ग़े और बटेरें लड़ाने का शौक था : इतना कि अगर घर से किसी ज़रूरी काम के लिए भेजा जाए और रास्ते में कहीं मुर्ग़े लड़ते नज़र आ जाएँ तो वहीं सुबह से शाम कर देता था। उसी जैसी चौड़ी हड्डी-काठी, सुतवाँ नाक, चौड़ा माथा, चमकदार गहरी आँखें और घने सियाह, सिर के बाल।

और हाँ, शतरंज का वह भी दीवाना था!

भाई को, फफू ने बताया था, बड़ी आपत्ति उस तालीम पर थी जो दीनी मदरसों में दी जाती थी, और जिस तरह दी जाती थी।

वह एक मदरसा क़ायम करना चाहता था जिसमें दीन को उस तरह दुनिया से जुदा न किया जाए कि वह एक-दूसरे के दुश्मन, या प्रतिद्वन्द्वी नज़र आएँ।

वह न तो अपने बाप से सहमत था न ससुर से।

वह दोनों बहस में तो उससे हार चुके थे मगर क़ायल नहीं हुए थे।

वह 'अक़्ल' को अधिक महत्त्व देता था और 'नक़ल' का मतलब उससे भिन्न निकलता था जो उसके दो बुज़ुर्गों को, दो अलग-अलग अर्थ में स्वीकार्य था, और एक-दूसरे से दुश्मनी के बावजूद, उन्हें मुसलमान ही रखता था!

नहीं, वह किसी नतीजे पर नहीं पहुँचा था लेकिन पहुँचना चाहता था।

शायद ज़िन्दगी साथ देती तो पहुँच भी जाता।

—यह इल्ज़ाम है कि शादी के लिए भाई ने ससुरालवालों का पंथ अपना लिया! फफू ने ज़ोर देकर कहा था।—उनका पंथ और मसलक से लेना-देना क्या? एक सच्चाई को ढूँढ़ने, और दुनिया के शाना-ब-शाना चलने का पैग़ाम देनेवाला था वह तो, जो न बाप को भाया न ससुर को...!

—हद यह कि जिस औरत को वह दुनिया में सबसे ज़्यादा चाहता था, उसे भी यह नतीजा निकालते देर नहीं लगी, कि उससे शादी करके उसने ग़लती की थी...!

—उनको उम्मीदें रही होंगी, शौहर से, जो पूरी नहीं हुईं। मगर उसका जवाब वह रवैया तो नहीं था जो उन्होंने अपने खाविन्द और उन गिनती के ससुरालवालों से अपनाया जो रिश्ता बनाकर रखना चाहते थे...!

—हमसे तो मजबूरी में उन्हें मेल-जोल रखना पड़ा, वरना यहाँ जिस मकान में वह ठहरी थीं, उसमें ससुरालवालों का ज़रा भी दख़ल गवारा नहीं था। लोगों से साफ़ कह दिया था कि हम तुमसे मेल-मिलाप नहीं रखना चाहते...!

—उन्हीं की रज़ा के लिए भाई ने लाहौर जाने का तय किया, और यह उसे मौत के मुँह में अकेला छोड़कर अपने घर चली आईं...!

—न उसके बारे में मालूम करना चाहा, न उसकी औलाद की यहाँ किसी को ख़बर दी...!

—हमें तो जानती थीं! हम शादी में भी शरीक थे, यहाँ साथ रहे, और कुछ दिन के लिए लाहौर भी जाकर रहे! हमारे ख़तों का जवाब तक देना गवारा नहीं किया! भाई के न रहने की कच्ची-पक्की ख़बरें, जो भी मिलीं,

हमने उन तक पहुँचाई, लेकिन तुम्हारे पैदा होने की ख़बर तो यहाँ महीनों बाद लगभग उनकी दूसरी शादी की ख़बर के साथ-साथ ही पहुँची...!

—अब कोई किसी की ज़बान तो पकड़ नहीं सकता, कहनेवालों ने यहाँ तक कहा कि भाई की औलाद होती तो यहाँ ख़बर करतीं। उसी की होगी जिससे इद्दत ख़त्म होते ही ब्याह रचा लिया : उनका पहले का कोई मालदार आशिक़! जिसकी औलादें ही उनसे उम्र में बड़ी थीं...!

—हमने भी तरफ़दारी की ज़रूरत नहीं समझी, न किसी को टोका! सामनेवाला हमसे ताल्लुक़ नहीं रखना चाह रहा था तो हमें क्या पड़ी थी...!

—लेकिन अल्लाह कारसाज़ है...!

—उसने जीता-जागता करिश्मा तुम्हारे रूप में भेज दिया! चाल-ढाल, बोलचाल, आदत, मिज़ाज, सबमें हर तरह बाप के हू-ब-हू...!

—बिलकुल जैसा फ़िल्मों में होता देखा और सुना है...!

—क्या समझते हो, लोग जिन्होंने भाई को देखा था, सकते में हैं...!

—तुमसे बात करने की हिम्मत नहीं कर पा रहे!

जी नहीं सकता!

अगर किसी के पास, ख़ुद को जोक बनाकर हँस सकने का माद्‌दा न हो, तो जी नहीं सकता! उर्दू के महान शायर मीर तक़ी मीर की तरह, 'हैरती है यह आईना किसका', बुदबुदाता हुआ, 'मुँह तका ही करे है जिस-तिस का' की ऑब्जेक्ट ड्राइंग ज़रूर बन सकता है।

एक जंगल है, एक बियाबान जिसमें दीवानगी उस पथ पर दौड़ाए लिये जाती है, जिसकी असलियत, तस्वीर-को-देखती-आँख-की-निगाह-से ज़्यादा नहीं! 'जादा' यानी रास्ता, बक़ौल ग़ालिब—'ग़ैर अज़ निगहे दीदा-ए तस्वीर नहीं!'

ग़ालिब सब ही कुछ तो कह गए! यह उनकी पाँच प्रतिशत शायरी जो पल्ले पड़ते लगती है, पढ़कर लगता है। जो सब समझते हैं, उन पर क्या

बीतती होगी! और उनसे पहले कबीर कह गए! सादी, रूमी, हाफ़िज़, ख़ैयाम से लेकर शेक्सपियर, मिल्टन, होमर, दाँते—सब कह गए हैं! दिलासे बनकर उनका कहा याद आता है, और वही हैसियत रह जाती है उनकी—दम-दिलासा! और सब कहे-सुने और दम-दिलासे के बावज़ूद, व्यक्ति की तक़लीफ़ उतनी ही नई और हरी रहती है।

कुँवारी और अछूती!

लेकिन यह सब वह जिन शब्दों में सोच रहा था, वह उसके अपने नहीं थे!

इनसे सहमति थी, इसलिए अपने लगने लगे थे, वरना यह वह तेवर था जो बहुत असहाय होकर, कभी-कभी अलीगढ़ मामू इख़्तियार करते थे!

शब्द तो शब्द, व्यक्ति भावनाओं के उरिजिनल होने तक का दावा नहीं कर सकता।

लेकिन यह भी पूरा सच नहीं, ख़ुद को भ्रम में डालने जैसा था!

चीज़ें उस अर्थ में तो ओरिजिनल थीं कि वह पुराने मायने-मतलब खो चुकी थीं!

सिनेमा की भाषा में सोचा जाए, तो सबकुछ, 35 एम.एम. से, 70 एम.एम. हो गया था, जिनमें पुराना छोटा, भद्दा और बेमतलब लगने लगा था।

70 एम.एम. की तामझाम को असली बना सकने के लिए चीज़ों का लार्जर देन लाइफ़ होना ज़रूरी हो गया था, जो जीवन में आए बदलावों का ऐसा परिणाम था, जो भविष्य की रूपरेखा तो निर्धारित करेगा ही, लेकिन जिससे अतीत के बारे में कोई राय क़ायम नहीं की जा सकती थी।

और वह था कि एक पुनर्जन्म की दास्तान का हीरो बन गया था!

वह बाग़ी फफू को उनके भाई को याद करते सुनता, अन्दाज़ा लगाने की कोशिश करता रहा था कि उसमें कितना सचमुच भाई का सोचा था, और कितना एक बहन की श्रद्धा ने, जो कुछ ख़ुद उसे अच्छा लगता था, उसकी कल्पना के साथ जोड़ दिया था। देवी-देवता, पीर-मज़ार इसी तरह तो पूजनीय

बनते हैं कि लोग अपने जीवन के सारे उजले पहलू उनकी कल्पना से जोड़ देते हैं, और फिर वह ख़ुद उनकी शक्ति बन जाते हैं।

कोई चालाकी नहीं, ऐसा बहुत मासूमियत के साथ होता है, उसे माहिम दरगाह के कलीम बाबा का कहा याद था, जिनके पास वह फ़ुर्सत के क्षणों में जाकर बैठ जाता था : उनके मनपसन्द इम्पोर्टेड सिगरेट देने के बहाने।

इसलिए कि उनके पास बैठकर अच्छा लगता था।

कुछ अलीगढ़ मामू की तरह।

ज़िन्दगी में कुछ लोग होते हैं जिनकी याद पर सोच रुकती है।

कुछ मुश्किल पेश आए, लगता है उनकी सलाह से सब ठीक हो जाएगा।

न हो, तो उनसे साझा करना ही मुश्किल को आधा कर देता है।

22. बरेली टु बरेली वाया अलीगढ़!

बरेली की पैमाइश करते अलीगढ़ मामू का ख़याल बराबर साथ रहा था।

उनका और उन वर्षों का जो बिना कोई तीर मारे, हद कि हाई स्कूल तक पास किए बिना, उनके घर अलीगढ़ में बिताए थे।

पुरानी तर्ज़ का वह छोटा-सा मकान आँखों में तैरता रहा था जिसमें मामू रहते थे, जिसके पीछे रेल की पटरी बिछी थी : तब उस पटरी से चौबीस घंटे में केवल दो रेलगाड़ियाँ गुज़रती थीं।

क्या उम्र रही होगी उसकी?

दस-ग्यारह साल!

दोपहर में गुज़रनेवाली एक मालगाड़ी होती थी जिससे घरवालों का दोपहर के खाने का गहरा सम्बन्ध था।

छोटी ख़ाला जो बाद में ब्याहकर पाकिस्तान चली गईं, मामू के साथ रहती थीं, और घर के बावर्चीख़ाने की ज़िम्मेदारी उनकी थी।

अलीगढ़ मुमानी आए दिन ज़चगी के लिए या वैसे भी मायके जाती रहती थीं, और उसके अलावा मामू ने अन्य रिश्तेदारों को भी पढ़ने के लिए साथ रखा हुआ था। अक्सर ही फ़ीस भी उन्हीं की जेब से अदा होती थी और घर के ख़र्चे में तंगी हो जाती थी।

इस परिस्थिति का ख़ूबसूरती से सामना करने का ज़िम्मा ख़ाला का था।

इसमें सबसे अधिक सहायक वह दोपहर की मालगाड़ी होती थी जो आए दिन लेट हो जाती थी : लंच का समय मालगाड़ी गुज़रने के बाद तय था और कभी-कभी उनका लंच और डिनर एक ही में सैंडविच हो जाता।

उन वर्षों में अलीगढ़ में रहकर उसने क्या किया?

थोड़ी क्रिकेट खेली और वीराने में रेल की पटरी पर अकेले बैठकर ख़ुद से सवाल-जवाब किए।

अगर उसे मालूम हो जाता कि उस पटरी से रात में गुज़रनेवाली पैसेंजर गाड़ी एक शहर, बरेली की ओर जाती है, जहाँ आनेवाले समय में, एक परछाईं को खोजता, और अपना अक्स तलाशता वह भटकता फिरेगा, तो उस पल का साक्षात्कार करने को वह ख़ुद को कुछ बेहतर ढंग से तैयार कर पाता?

अलीगढ़ में यह समझते कि वह मनमाने ढंग से पैसा ख़र्च नहीं कर सकता था, उसने ऐसे सारे शौक तज दिए थे जिनमें पैसों की मुहताजी हो, सो टिकट के पैसे तो पास नहीं ही रहे होंगे।

क्या यह सम्भव था कि बिना किसी को बताए—अलीगढ़ मामू को भी नहीं!, एक रात वह घर से निकलता, पटरी पर पास आती पैसेंजर को हाथ देकर रोकता, और निकल जाता बरेली की ओर!

क्या करता वहाँ पहुँचकर?

कैसा रहा होगा बरेली तब, जब सब कुछ साधारण 35 एम.एम. और ब्लैक एंड व्हाइट में था?

70 एम.एम. और रंगीन नहीं हुआ था!

हद यह कि सिनेमास्कोप तक एफ़ोर्ड नहीं कर पाया था!

उसके जीवन में दो ब्लैक एंड व्हाइट फ़िल्में, प्यासा और काग़ज़ के फूल, दोनों गुरुदत्त की, माइलस्टोन्स की तरह थीं।

प्यासा, 35 एम.एम. में, जो चल गई थी, और काग़ज़ के फूल—सिनेमास्कोप, जो फ्लॉप हो गई थी! इसके साथ-साथ उसे साहिर लुधियानवी नाम का आसरा मिल गया था, जिसकी शायरी ने जब-तब वही काम किया था, जो आगे जीवन में कबीर, ग़ालिब, शेक्सपियर इत्यादि को करना था : दम-दिलासा देना! जबकि क़ैफ़ी आज़मी, सारी सुन्दरता के बावज़ूद, 'वक़्त ने किया/क्या हसीं सितम...' और 'बिछुड़े सभी बारी-बारी' की ओट में ही छिपे रह गए थे! उन्हें शायर की हैसियत से जान पाने का अवसर ही नहीं मिला।

बहुत बाद तक वह यही मानता रहा था कि दोनों फ़िल्मों के गीत साहिर के थे।

'जला दो इसे फूँक डालो यह दुनिया...' और 'उड़ जा, उड़ जा प्यासे भँवरे...', दोनों की आत्मा एक थी।

फ़िल्में भी बड़ी हद तक एक-दूसरे की पूरक ही थीं।

एक थोड़ी चल गई; दूसरी एकदम फ़्लाप—सिनेमास्कोप!

बड़ा आश्चर्य यह कि वह फ़िल्में उसे बहुत अच्छी लगी थीं।

क्या उसमें जन्म से ही, एक ऐसा कीड़ा था, जो ख़ुशी से इनकार और मायूसी और दुख के लिए स्वागत-द्वार बनाता था?

जो रोशनी देखकर अँधेरा याद करता, और ख़ुशी को उदास न होने की अवस्था मानता था!

शायर के ही शब्दों में, जो जीवन को मृत्यु की अमानत समझकर, सहेजता था!

क्या रहा होगा, उस क्षण बरेली का रंग-ढंग?

बाग़ी फफू के टार्गेट, रँडवे फूफा, तब क्या कर रहे होंगे?

उनका मदरसा?

और पागल फफू का बैंक?

और वह 'परछाईं' तार-तार होकर, कितनी, ज़िन्दा लोगों में यूँ जज़्ब हो गई होगी कि लोगों ने उसके बारे में अलग से सोचना भी बन्द कर दिया होगा?

उसकी याद किसी सहकारी सोच का परिणाम, किस हद तक हो चुकी होगी?!

एक ताज़िया जो बहुत श्रद्धा और प्यार से बनाया जाता है!

ऐसा प्यार जो समय के साथ, शान्तिपूर्वक ढंग और सुन्दरता से बदलता जाता है, इस अश्वस्ति के बावज़ूद कि वह कुछ ऐसे तथ्यों से जुड़ा है, जो कभी बदल नहीं सकते!

बदलाव का निरन्तर सिलसिला, जिसे जीते हुए लोग उसी से इनकार करते हैं, और दावा करना चाहते हैं, जैसे इनकी ज़िन्दगी पत्थर में ख़ुदी इबारत हो!

बम्बई में मदनपुरा हो या गाँव, अलीगढ़ हो या बरेली, जगहें जीवन में आती हैं और जीवन से चली जाती हैं।

उनसे बँधकर रहना चाहा भी जाए, तो नहीं रहा जा सकता।

आज दुनिया देखना कोई एडवेंचर तो रहा नहीं, रोज़ी-रोटी का हिस्सा हो गया है। शायद हमेशा से ही रहा हो।

एडवेंचर भी, वह एवरेस्ट चढ़ना हो, स्पेस में जाना या एशियाई खेलों जैसा आयोजन, सब एक व्यावसायिक रूप में बदल चुके हैं। खेल और व्यवसाय दुनिया पर झंडा फहराने के, अपने-अपने तरीक़े हैं।

तरीक़ों की शक्ल-सूरत अलग-अलग हो, मंशा वही, कुछ पर, कुछ की हुकूमत करने की है, जैसे उसके हवाले इनसान की सबसे पुरानी तारीख़ में दर्ज हैं। वही एक छोटे समाज, शहर और ख़ानदान में होता और देखने को मिलता है। अच्छा लगे या बुरा!

किसी का अपर हैंड है तो अच्छा और वही हाथ किसी के सामने फैला हो, तो भला क्योंकर अच्छा लग सकता है!

सब आसान भी है, और इतना आसान भी नहीं!

जो पा लिया वही दुनिया, जो न पा सका वह किसी का संसार कैसे हो सकता है!

कविता वहाँ शुरू होती है जहाँ अभिव्यक्ति का सरसरीपन समाप्त होता है, और एक कविता की पंक्ति है (अलीगढ़ मामू की ही फ़ेवरिट!)—'डू आई डेयर/डिस्टर्ब द यूनीवर्स!'

हाँ भाई! किसका दम है जो ब्रह्मांड से छेड़खानी कर सके।

फिर आदमी के हाथों दुनिया का नक़्शा, क्या-से-क्या कैसे होता जा रहा है?

बम्बई, अलीगढ़, भोपाल—देखते-ही-देखते 'हम रहे न हम/तुम रहे न तुम!'

इतने बदल गए, कि पहचाने नहीं जाते!

यही बरेली का हुआ होगा।

बीते समय में ख़ुद अपनी मर्ज़ी से न तो उसने बम्बई छोड़ा था, न भोपाल से वापस बम्बई गया था, और अलीगढ़ तो वैसे भी, अलग तरह और मुद्दत की, एक ब्रेक-जर्नी थी! हाँ, निकट भविष्य में फिर बम्बई छोड़कर भोपाल आने का फ़ैसला ज़रूर उसे और मरियम को आपस में मशवरे के बाद करना था।

इसकी शुरुआत बरेली से पहली बार लौटकर ही, जब उसने मरियम को वहाँ के बारे में सविस्तार बताया था, होनी थी। लेकिन इस निर्णय को पुख़्ता करने से पहले उसने वहाँ के दो चक्कर और लगाए थे, और दास्तान में छूटे रिक्त स्थानों को सही-सही भरने की कोशिश की थी। उधर बम्बई में रह सकने के लिए जो उसने दाँव खेला था, वह अनपेक्षित रूप से फ़्लाप हो गया था, और 'चाल का चक्कर' इस प्रकार रंग लाया था कि वह चाहता तो भी बम्बई में रह पाना सम्भव न हो पाता।

बीते वर्षों में बहनें भी बड़ी होती गई थीं और उनकी शादियाँ भी अच्छे परिवारों में लायक़ लड़कों से हो चुकी थीं।

उससे निराश होने के साथ-साथ अम्मा को कुछ ऐसे नौजवान नज़र आने लगे थे, जो उनके और अब्बा के एक-बराबर सगे थे, और मशवरे तथा भरोसे के लिए उपयुक्त थे : ख़ुशहाल, पढ़े-लिखे, समझदार, जिनके काम-काज की दुनिया में सही लोगों से मेल-मरासिम थे।

इसलिए लगता था कि उसका मुजरिम की तरह अम्मा-अब्बा को बम्बई में छोड़कर भोपाल चले जाने के बारे में सोचना ग़लत था।

उसके ऐसा करने के लिए हालात पैदा किए गए थे।

या अपने उस समय के व्यवहार से उसने उन्हें पैदा होने दिया था!

कुछ अस्वाभाविक नहीं।

अम्मा ने जैसा सोचा एक होशमन्द व्यक्ति सर्वाइवल के लिए वैसा ही सोच सकता था!

यही ख़ुद उस पर लागू होता था : उन परिस्थितियों में वह बम्बई में न रहने पर अपने ही किए-धरे के कारण मजबूर था।

तो फिर, शिकवे, रंजिश और कड़वाहट!

शायद इसलिए कि सम्बन्ध जड़ से ख़त्म नहीं हुआ था और रिश्ता अभी ज़िन्दा था। जब तक इसमें ज़िन्दगी रहेगी, शिकवा, शिकायत भी जारी रहेगा और एक-दूसरे के विरुद्ध साज़िशें भीं।

वह नहीं, तो अन्य कोई करेगा; ख़ुद नहीं तो किसी ऐसे को शह देगा जो मिसाली सुथरेपन से काम ले सके, और हर प्रकार के इल्ज़ाम से बच सके।

जिस प्रकार अम्मा मरियम को गोट की तरह चलती रही थीं!

क्योंकि वह जानती थीं उसका यही पक्ष सबसे कमज़ोर था।

यानी अम्मा शुरू से उसमें सम्भावित ख़तरे की बू सूँघकर, तोड़ की तरकीब साथ लेकर चली थीं!

सचमुच, शतरंज खेलकर शह-मात नहीं समझी जा सकती; इन मंज़िलों से व्यावहारिक स्तर पर गुज़र चुके लोगों ने ही शतरंज की बाज़ी ईजाद की होगी।

अम्मा और मरियम : शह और मात!

उसी बीच जब वह अधहोशी में बरेली और वहाँ से अलीगढ़ के चक्कर लगा रहा था, एक और रहस्योद्घाटन, नानीजान को लेकर, मामू से बातचीत के दौरान हुआ था : वह और अन्य कई ऐसी बातें, जिन्होंने पूरे मामले को समझने में मदद की थी।

कुछ ऐसी जो देखता वह बचपन से रहा था इसलिए उनके अजीब होने पर चौंकने की संवेदना मर चुकी थी।

जैसे नानीजान और अलीगढ़ मामू की 'लव-हैट रिलेशनशिप।'

23. नानीजान

नानीजान एक शानदार महिला थीं, दुनिया के हर एक मापदंड से : यह केवल उसका नहीं, उन तमाम लोगों का मानना था जिनका कभी उनसे मिलना-जुलना हुआ था।

उनकी ससुराल जो भी रही हो, और वह भी अपने युग की विभूतियों की टोली थी, मायका उनका उस पर इक्कीस ही पड़ता था। एक-से-एक बड़ा आलिम और हकीम, और फैलाव उस परिवार का अलवर से जयपुर, टोंक और दिल्ली तक था। उनमें कई महत्त्वपूर्ण शायर उर्दू की पारम्परिक कविता के महत्त्वपूर्ण हस्ताक्षर माने जाते थे और समय की राजनीति में भी उनका उल्लेखनीय योगदान था।

ख़ुद नानी फ़ारसी, अरबी और उर्दू जानती थीं, और उन भाषाओं की कविता उन्हें थोक में याद थीं जिसे तरन्नुम से वह फ़रमाइश पर या अकेले ख़ुद ही गुनगुनाया करती थीं। उनके व्यक्तित्व में उस तरह की नाज़ुकी थी जिसे देखकर मन उन्हें धूप, धूल, पानी और वक़्त से दूर कहीं सेंतकर रखने का होता था। यह शारीरिक नज़ाकत का आभास, उनके स्वभाव और जीवन सम्बन्धी निर्णयों के प्रति सख़्ती, जो ज़िद की सीमाओं को छूती थी, के बिलकुल विपरीत था।

निस्सन्देह वह एक निहायत ही आकर्षक व्यक्तित्व की धनी थीं, अपनी तरह सचमुच, अम्मा और अलीगढ़ मामू की अम्मा।

वह ख़ुद भी शायरी करती थीं, जो वास्तव में सर सैयद, मौलाना हाली और अल्लामा इक़बाल के पैग़ाम, सोच और फ़ल्सफ़े का कॉकटेल होती थी : 'तहज़ीबुल अख़लाक' से 'मद्दो-जज़्रे इस्लाम' होते, 'शिकवा' और 'जवाबे

शिकवा' के रास्ते, 'इसरारे ख़ुदीं' और 'रमूज़े बेख़ुदी' का एक सफ़र।

गेहुँआ रंग, तीखे नाक-नक़्श, मियाना क़द, एड़ी तक पहुँचते सिर के बाल जिन्हें बहुत पाबन्दी से ख़िज़ाब से रँगती थीं, और बड़ी-बड़ी बादामी आँखें, जिनकी पुतली का रंग भूरा था। सूफ़ी रंगों का लिबास—शलवार, कमीज़ और दुपट्टा पहनती थीं, और उस बुढ़ापे में भी सीने-पेट-कमर कूल्हे का अनुपात क़ाबिले रश्क था। उम्र के साथ पड़ी रेखाएँ उनके चेहरे को कुछ और अधिक आकर्षक बनाती थीं।

हुक़्क़ा और सिगरेट वह बहुत शान और शौक से पीती थीं : उस तरह नहीं जैसे कुछ खाते-पीते घरानों की औरतें छिपकर करती हैं। महफ़िल में खुल्लम-खुल्ला, धड़ल्ले से बैठकर, लोगों से बातचीत करती वह इत्मीनान से हुक़्क़ा गुड़गुड़ाती या सिगरेट के कश लेती जातीं।

ख़ुद उससे नानीजान को ख़ास प्यार और लगाव था, जो सबको नज़र आता, और कई को जलने पर भी उकसाता था।

इसके उलटे, अलीगढ़ मामू से उनका तनातनी का रिश्ता था, और उसकी याद में ऐसा कभी नहीं हुआ था कि वह पाकिस्तान से आई हों तो मामू के घर, अलीगढ़ या अम्मा के पास बम्बई में ठहरी हों।

अम्मा तो जहाँ भी वह रुकतीं, फ़ौरन जाकर उनसे मिल लेतीं और ज़्यादा-से-ज़्यादा समय उनके साथ बिताने की कोशिश करतीं लेकिन अलीगढ़ मामू को यह क़बूल नहीं था। उनका तर्क था जो ठीक भी लगता था कि बड़ी औलाद होने के नाते माँ की मेज़बानी उनका अधिकार था : नानीजान को बुनियादी तौर पर हिन्दुस्तान में उनका मेहमान होना चाहिए।

वहाँ से बेशक, उनकी जहाँ पे मर्ज़ी हो, वह आएँ, जाएँ।

ऐसा नहीं हो पाया और परिणामतः नानीजान हिन्दुस्तान आ-आकर और यहाँ लम्बे पड़ाव के बाद पाकिस्तान लौटकर, फिर यहाँ आती रहीं, मगर माँ और बेटे की मुलाक़ात के अवसर नहीं आ पाए। या आए तो अपने-अपने ठिकानों से दूर, किसी शादी या ग़मी पर : जिस तरह शत्रु देशों के डिप्लोमेट्स, संयुक्त राष्ट्र की एसेम्बली में अपना-अपना पक्ष रखने जाते हैं तो किसी सार्वजनिक फंक्शन में एक-दूसरे से हाय-हैलो भी कर लेते हैं।

इसका कारण पूछने का कभी अवसर नहीं आया, और जो कुछ मालूम हो सका वह मामले की तह तक पहुँच सकने के लिए नाकाफ़ी था।

वह यही मानकर चुप रहा कि इन माँ-बेटे के बीच शुरू से सम्बन्ध का यही रूप होगा और वह इसे ही नॉर्मल मानते होंगे।

ऐसा सोचना, ख़ुद को क़ायल करने के लिए काफ़ी तो नहीं था, लेकिन यह कोई ऐसी समस्या भी नहीं थी जो सीधे उसके जीवन से जुड़ी हो। लाख नानीजान पाकिस्तान से बार-बार भारत आती रहें, ठीहा तो उनका पाकिस्तान में ही था, और कुल ज़मा उनकी ज़िन्दगी का बड़ा हिस्सा वहीं बीतता था।

सादा शब्दों में कहा जाए तो वह नानीजान और अलीगढ़ मामू के सम्बन्धों में तनाव का आदी हो गया था : लगा, यह तनातनी तब से ही रही होगी जब नानीजान मामू को दूध पिलाती होंगी, और उम्र तथा क़द-काठी के साथ यह भी बढ़ी होगी।

इन दो महारथियों के बीच मौज़ूद डैड-लॉक को नज़र में रखते, ख़ानदान की सारी छोटी इकाइयों ने ख़ुद को अपने-अपने हिसाब से ढाल लिया था और इसको लेकर एक-दूसरे से बात न करना, आपसी समझदारी के अन्तर्गत ही था।

यह सब विस्तार से जानने का अवसर न मिलता, अगर वह हर बार, बरेली से लौटते हुए अलीगढ़ नहीं गया होता, और अपने हिसाब से जो वहाँ देखा-समझा था, मामू के सामने रखकर, बिना शब्दों में कहे, उनकी सलाह न चाही होती।

अलीगढ़ मामू उसके बात को बेजा तूल देने को नापसन्द करने के बावज़ूद, ग़ौर से उसे सुनते और इशारों में जवाब देते रहे थे।

पहली बार वह बरेली से अलीगढ़ पहुँचा था तो मामू थोड़े चौंके ज़रूर थे, लेकिन सारी रूदाद ख़ामोशी से सुन चुकने के बाद उन्होंने उसकी तफ़सील पर कमेंट करने के बजाय, सिर्फ़ अपनी निराशा 'फ़ज़ूल है!' कहकर व्यक्त की थी।

तब तक उन्हें अम्मा और उसके बीच पैदा होती दूरी का भी कोई अन्दाज़ा नहीं था, और उनके ख़याल में वह बम्बई में उतना ही ख़ुश था, जितना आदम की औलाद का ज़मीन पर ख़ुश होना सम्भव था।

बम्बई छोड़नेवाले हालात भी तब तक पूरी तरह नहीं बने थे, और जो कुछ हो रहा था, या हो चुका था, उसके दिमाग़ में खिचड़ी-सा पक रहा था : उसके बारे में मामू से कुछ कहना वक़्त से पहले की बात होती।

एक ऐसे व्यक्ति के सामने जो संसार को देखता ही भर्तृहरि, गेटे, हेगल, बेदिल, ख़ैयाम, इब्ने अरबी, स्पेंसर, रूसो, थोरो और जाने किन-किन दूरबीनों से था, कभी उन्हें दूरबीन, तो कभी ख़ुर्दबीन (माइक्रोस्कोप) की तरह इस्तेमाल करते, कुछ भी कहने में बहुत सतर्कता बरतनी पड़ती थी। एक ऐसा आदमी, जिसमें इतनी हिम्मत थी कि 'दुनिया के कारोबार' की बात करते अक्सर ख़ुद और ख़ुद के अनुभव को 'बेहैसियत' और 'क़ाबिले-फ़रामोश' घोषित करने में संकोच नहीं करता था।

इस प्रकार की सतर्कता मामू की मरज़ी के बिलकुल ख़िलाफ़ ठहरती थी क्योंकि ख़ुद उनकी मान्यता बात खुलकर करने की : जो हो, जैसा हो, साफ़ कहना; उनका मानना था वह ख़ुद बिलकुल ऐसा ही करते थे, और जिन्हें उनकी बात समझ में न आने का शिकवा था, वह कूढ़ मग़ज़ थे।

तीसरी बार जब वह बरेली से अलीगढ़ लौटा था, तो वहाँ उन रँडवे फूफा से भी मिलना हो चुका था, जिन्होंने मिलने पर उसके उस ख़त को विषय बनाकर, जो उसने बरेली आवाज़ाही शुरू होने से काफ़ी पहले कभी उन्हें लिखा था, और जिसका कोई जवाब नहीं मिला था, उसके उर्दू इमला की ढेरों ग़लतियाँ याद की थीं, और अफ़सोस व्यक्त किया था कि शायद उसकी तालीम सही इस्लामी माहौल में नहीं हुई। ख़ासतौर पर उर्दू लिपि में 'ऐन' और 'अलिफ़' का अन्तर, जो इबारत का मतलब ही बदल देता है!

उसने फूफा की याददाश्त की सराहना की कि सारी व्यस्तता के बावज़ूद, उन्हें दो साल पहले एक अजनबी द्वारा लिखे ख़त में इमला की ग़लतियाँ याद रह सकीं, अपनी कमज़ोर उर्दू और ग़लतियों के लिए माफी माँग ली थी।

इतना काफ़ी नहीं हुआ था, और फूफा के एक दूरी क़ायम रखके मिलने से साफ़ हो गया था कि उन्हें दाल में कुछ काला नज़र आ रहा था : शायद उनके लिए वह उस सल्तनत का खोया हुआ, असली राजकुमार था, जिसे भूलकर वह ख़ुद को राजपाट का मालिक समझते रहे थे! संक्षिप्त बातचीत में

भी उन्होंने यह स्पष्ट करना ज़रूरी समझा था कि जो कुछ उनके पास था, वह उनकी मेहनत का किया-धरा था, उनके ससुर से नहीं मिला था।

उनका व्यवहार अधिक चौंकानेवाला नहीं था क्योंकि बाग़ी फफू के ख़बरदार करने से वह ख़ुद को उसके लिए तैयार कर चुका था। तो भी उनका रूखा-सूखा बाज़ारू रुख़ उसे बुरा बहुत बुरा लगा था।

मिलने की ख़ुशी या बुज़ुर्गाना अपनापन ताक पे रख, वह उसे ऐसे सवालों के जवाब देते रहे थे जो उसने पूछे ही नहीं थे! न कोई तरीक़ा सूझ पाया था कि वह उनको दिलासा देता, और कह पाता कि—!

आख़िर क्या कह पाता!

24. अमर शहीद 'परछाई'

–आप रह-रहकर वहाँ के चक्कर क्यों लगा रहे हैं?

तीसरे दौरे पर अलीगढ़ मामू ने कील के मत्थे सीधा हथौड़ा मारा था।

उसने समझाना चाहा था अपनेपन की तलाश, सगा रिश्ता, ख़ानदानी शजरे में अपने नाम की शाख इत्यादि-इत्यादि, और मामू ने–फ़जूल है! फ़जूल है! कहकर उसके कहे को रद्द कर दिया था।

–वह बुरा आदमी नहीं, उन्होंने रँडवे फूफा की वकालत की थी।–अपने हिसाब से कर रहा है। नासमझ नहीं। कोई भी यही समझेगा कि आप तरके-विरसे में हक़ माँगने मेल-जोल बढ़ा रहे हैं। आपके दादा इस हक़ से महरूम कर गए, और सगे बेटे ने क़बूल कर लिया। बाप की मर्ज़ी के ख़िलाफ़ क़दम उठाया तो उसकी क़ीमत अदा करने में हिचकिचाए नहीं। तो इनकी उलझन समझी जा सकती है!

इनकी अर्थात रँडवे फूफा की!

इतना मामू ने कुछ तनाव के साथ कहा था मगर फिर फ़ौरन हल्के और रिलैक्स्ड हो गए थे।

उसकी तरफ़ देखा था और ठहाका लगाकर ऐसी हँसी हँसे थे जिसका भार ऑक्सीजन की तुलना में यक़ीनन बहुत कम रहा होगा, क्योंकि उसने उसे उठकर आसमान की ओर जाते साफ़ सुना और महसूस किया था।

–जिनको उसने छोड़ दिया जिसका ख़ूनी रिश्ता था, उनसे आप काग़ज़ी रिश्ता क़ायम करने के ख़्वाहिशमन्द हैं! कमाल हैं!

अलीगढ़ मामू वही हँसी, ठहाका लगाकर दोबारा हँसे थे, जिसमें इस बार ख़ुद उसने भी उनका साथ दिया था।

—वह ज़िन्दा हैं! उन्होंने बाग़ी फफू की बाबत पूछा था।—बहुत तेज़-तर्रार लड़की हुआ करती थी, अपने भाई पर जान छिड़कनेवाली...!

—तुम्हारी माँ से उनके अच्छे ताल्लुक़ात थे। सारा ख़ानदान ही अच्छा था, बल्कि दोनों ही ख़ानदान...।

—बस, उस रिश्ते की क़बूलियत की घड़ी नहीं आई थी...!

—क्या फ़र्क़ पड़ता है...!

—चीज़ों को जिस तरह होना होता है, होती हैं...।

—लोगों की ख़ुशी या नाराज़गी उतनी ही देर रहती है, जितनी रह सकती है...।

—इनसान भी कुछ पैदा होते हैं, कुछ गुज़र जाते हैं। बाक़ी, दो लम्बे सिलसिलों के बीच, एक नुक़्ते में सिमटते, तब्दील होते रहते हैं...।

—पैदाइश से पहले वक़्त का एक लम्बा सिलसिला, जो गुज़र जाने के बाद एक दूसरी सिम्त में फैलता जाता है...।

—जाने कहाँ तक...!

—नुक़्ता और वह भी इत्तिफ़ाक़िया...!

—अजीब हिमाकत!

मामू अपने कहे को सोचते, मायने और मतलब पर ग़ौर करते—हिमाकत! हिमाकत! बुदबुदाते हँसते रहे थे मगर उनके चेहरे पर फैलते धूप-छाँव को देखकर वह अन्दाज़ा लगा सकता था कि उनका ख़याल किसी केन्द्र पर ठहरने के बजाय, बीते समय की उन परछाइयों में भटक रहा था, जिनकी असलियत भले दफ़न हो चुकी हो और अलग से हैसियत और वजूद बाक़ी न रहा हो, लेकिन जो अपने पीछे चश्मदीद गवाह छोड़ गई थीं : जिनके लिए वह ज़िन्दा लोगों से भिन्न नहीं थीं।

कुछ 'कभी हुआ था' कभी-कभी इतना महत्त्वपूर्ण हो जाता है कि उसके आगे 'हो रहा है' क़तई निरर्थक हो जाता है।

बक़ौल उसके प्रिय शायर, साहिर लुधियानवी के, उसकी सुन्दर नज़्म में—'तसव्वुरात की परछाइयाँ उभरती हैं/कभी यक़ीन की सूरत, कभी गुमाँ की तरह!'

अलीगढ़ मामू के सामने साहिर और उसकी शायरी का ज़िक्र करो तो वह बुरा-सा मुँह बनाते थे!

उन्हें फ़ैज़ अहमद 'फ़ैज़' किसी हद तक पसन्द थे।

किसी हद तक पसन्द के बावज़ूद उन्हें फ़ैज़ की काफ़ी शायरी ज़बानी याद थी।

हैरानी यह कि उन्हें फ़ैज़ की एक ऐसी नज़्म बहुत पसन्द थी जो ख़ुद उसके ख़याल में बहुत रूमानी थी।

'शीशों का मसीहा!

तुम नाहक़ टुकड़े चुन-चुनकर/दामन में सजाए बैठे हो।

शीशों की मसीहा कोई नहीं/क्या आस लगाए बैठे हो।

अपनी राय वह बयान कर चुका था, लेकिन उससे मामू की पसन्द पर फ़र्क़ नहीं पड़ा था।

उसने मामू को बाग़ी फफू का कहा कि उसमें और उसके परछाईं में बदल चुके हड्डी-चमड़ी के सगे पिता में, शरीर और व्यवहार, दोनों स्तर पर विचित्र समानताएँ थीं, बताया था, और ख़ुद उनकी राय जानना चाही थी : कि उनके कहे में कुछ सच था या जैसा कि उन्होंने संकेत किया, यह भी उनकी तेज़ी-तर्रारी का खिलाया हुआ गुल ही था!

मामू हँस रहे थे, कानो में बजती खनकदार हँसी, जो उसके सवाल के बाद भी जारी रही थी : जैसे दो हम-शक्लों का प्रसंग उन्होंने सुना ही न हो।

ऐसा नहीं था।

उस बीच उनकी आँखें बहुत बारीक़ी से उसका मायना करते किसी निष्कर्ष तक पहुँचने को प्रयासरत थीं।

बीच में शायद उन्होंने 'नॉन-सेंस' भी कहना चाहा था, लेकिन मुँह से सिर्फ़ 'नॉन' निकला था और वह चुप हो गए थे।

वह सचमुच उसे इस ध्यान से देख रहे थे जैसे पहले उसके नाक-नक़्श, क़द-काठी, चाल-आवाज़ को अलग से देखने या उसके बारे में सोचने की कभी ज़रूरत ही न महसूस की हो।

उनकी आँखों के फैलने से यह अन्दाज़ा ज़रूर लगाया जा सकता था कि अलीगढ़ मामू एक से अधिक चीज़ से हैरतज़दा थे : ख़ुद अपनी किसी असलियत को अनदेखा करने की क्षमता, और अन्य किसी के एक नाज़ुक सच को, भौंडापन से कह सकने की सामर्थ्य से।

हँसी की लय टूटी थी और मामू ने टेबल से उठाकर अपना वह चश्मा लगा लिया था, जिसे वह पढ़ते हुए ही पहनते थे, वह भी अगर प्रिंट ज़्यादा बारीक हो तब।

उनकी पास-दूर, दोनों की नज़र ईर्ष्याजनक रूप से ठीक थी।

उसे देख चुकने के बाद वह निगाह उन्हीं के भीतर लौट गई थी और वह फ़र्श तकते, चुस्की लेते स्वर में कह रहे थे—ताज्जुब है! ताज्जुब है...!

—तुम्हें यह सोचकर कभी देखा ही नहीं! कुछ पल बाद वह अपनी विभिन्न हैरतों पर क़ाबू पाकर उससे सहानुभूतिपूर्वक कह रहे थे—किसी से तुम्हारी शक्ल-सूरत मिलाते।

—लेकिन...तुम्हारी फफू, तेज़-तर्रार, तुमने सही दोहराया! मामू ने फिर ठहाका लगाया था : गूँज से महरूम, अपने में खोया, उदास ठहाका।—वह ग़लत नहीं कहतीं...!

—तुम्हारे मरहूम वालिद अगर आज होते तो कुछ तुम्हारा डबल-रोल ही होते!

मामू की हँसी में खनक झलक दिखलाकर, इस प्रकार खो गई थी जैसे मछली पानी की सतह पर बूँद लेकर ग़ायब हो जाती है।

—मैं अपनी नज़र पर हैरान हूँ ऐसा क्योंकर हुआ...!

—मैंने भूले से भी कभी नोटिस ही नहीं किया...!

—कुछ वजहें भी समझ में आ रही हैं...।

—मरहूम को मैंने नौजवानी में देखा था, उसके बाद, यह मुमकिन नहीं था...!

—कोई फ़ोटो वग़ैरह नहीं है मेरे पास उनका, जिसे देखकर उस याद को ताज़ा करता रहता। सो, बस याद के तहख़ाने में जड़ी, एक पोर्ट्रेट कह लो उसे...!

—तो यह कैसे हो सकता है कि मैं तो बूढ़ा हो जाऊँ और याददाश्त में कोई तमाम बदलावों से अछूता नौजवान रह जाए...!

—उम्र के साथ यादें अजीब बदलाव का शिकार होती हैं, और हम दूसरे लोगों की सूरत-शक्ल भी मनमाने ढंग से बदलने देते हैं। जब तक कि कोई इस ज़्यादती का एहसास न दिलाए...।

—शायद अपनी उम्र बाक़ी लोगों की याद में जोड़कर देखना एक ऐसी मजबूरी है जिससे कम ही लोग बच पाते होंगे! बचते ज़रूर होंगे, यह मैं नहीं कह रहा कि कोई भी नहीं बच पाते...।

—फिर तुम्हें, माँ की गोद से आज तक बढ़ने के इतने स्टेजों में देखा है, कि कब तुम उस उम्र को पहुँचे जिसमें मरहूम से मेरा ताल्लुक़ रहा था, और उनकी तुम्हारी माँ से शादी हुई थी, अलग करके देखने या सोचने का मौक़ा ही नहीं मिल पाया...!

—शायद तुम्हारी माँ को कभी ऐसा लगा हो, उनसे पूछकर देखना...।

—तुम्हारी फफू का कहना सही है : उन्हें यह आसानी भी हुई, कि तुम्हें एकदम बड़ा देखा। ऐसी उम्र में जब सूरत-शक्ल पुख़्ता हो चुकी होती है—यकमुश्त बड़ा! ताज्जुब है!!

उससे बातचीत के साथ-साथ, मामू की ख़ुद से कहा-सुनी भी जारी थी, जिसमें वह ख़ुद से, किसी अन्य स्तर पर लड़ रहे थे।

—अव्वल तो तुम्हारी पैदाइश का ज़माना ऐसा था, कि किसी को ख़ुद अपनी सुदबुध भी मुश्किल से रही थी! ख़ासतौर पर मुल्क के उस बड़े हिस्से में, जहाँ से हमारा ताल्लुक़ था...!

—मैं वह सब याद करना या उसकी तफ़सील में नहीं जाना चाहता, लेकिन था वह बेशुमार लोगों की ज़िन्दगी का ऐसा तजुरबा जिसे सुना सकने को बहुतेरे तो ज़िन्दा भी नहीं बचे...!

—मुल्क आज़ाद, आप आज़ाद और यतीम, माँ आपकी बेवा, और वालिद मरहूम—यह सब मुकद्दर कह लें उसे या सियासत, उस एक ही मास्टर-स्ट्रोक के नतीजे थे...।

—बेशक, ऐसा दुनिया में कोई पहली बार नहीं हुआ : हाँ, हमारी ज़िन्दगी में ज़रूर उसे सुर्ख़ स्याही—देखो! ग़लत बोल रहा था! सुर्ख़ स्याही कैसे, रोशनाई होगी! तो ज़रूर उसे सुर्ख़ रोशनाई से लिखा जाएगा...।

—पुराने उर्दू शायरों, ख़ासतौर पर ग़ालिब ने फ़ारसी लफ़्ज़ 'ज़िन्हार', पनाह माँगने या ख़बरदार करने के मायने में इस्तेमाल किया है! जैसे 'ऐ ताज़ावारिदान-ए-बिसाते हवा-ए-दिल/ज़िन्हार, ग़र तुम्हें हवसे नावो-नोश है!' दिल की बिसात पर नए आनेवालों को ख़बरदार किया है, कि अगर ऐशो-इशरत के लालच में इस खेल में शामिल हुए हो, तो ग़लत समझे हो, क्योंकि यह बड़े घाटे का सौदा है...!

—यह एक क़तअ का शेर है। क़तअ, ग़ज़ल का हिस्सा होते हुए भी, जिसमें हर शेर अपने-आपमें पूरा होता है, एक नज़्म भी होता है, यानी अशआर जोड़कर पढ़े जाएँ तो एक ही टॉपिक पर होते हैं। इसी सिलसिले में आगे 'दीदःए-इबरतनिगाह' और 'गोश नसीहत नियोश', यानी देखकर इबरत पकड़नेवाली आँख और सुनकर नसीहत पानेवाले कान से भी ख़िताब है...।

—यह सारे मज़मून ग़ालिब ने, 1857 को लेकर, बहादुरशाह ज़फ़र को नज़र में रखते हुए बाँधे थे, जो नब्बे साल बाद 1947 में, गांधी और इस वक़्त जी रहे लोगों पर भी उतने ही सच लगते हैं...!

—ताज्जुब है!

अलीगढ़ मामू की 'टू-टियर' बातचीत का सिलसिला जारी रहा था।

बाग़ी फफू के इस सन्देह को लेकर कि अम्मा, पहले पति की ज़िन्दगी में ही उस दौलतमन्द व्यक्ति से परिचित थीं, जिससे बेवा होने के फ़ौरन बाद उन्होंने फटाफट ब्याह रचा लिया था, और यह जान-पहचान सतही नहीं, उन दोनों के बीच आत्मीयता और शानसाई उस प्रकार की थी, कि उसकी ददियालवालों की नज़र में ख़ुद उसकी वल्दियत ही शक के दायरे में आ गई थी, मामू ख़ूब ठट्ठे लगाकर हँसते रहे थे, लेकिन उनके स्वभाव में रची-बसी सहजता को उसने बड़ी हद तक, छिन्न-भिन्न होते भी महसूस किया था।

—मैं वकालत नहीं करता, हँसते-हँसते चुप होने के बाद उन्होंने खोए स्वर में कहा था।—न उसकी ज़रूरत है। रही बात औरत-मर्द की, तो बड़ा पेचीदा मामला है भाई, कौन किसके दिल में बैठा है...!

—दो लोगों—एक औरत एक मर्द के बीच कब क्या-क्या बीतता है, यह जानने का दावा, कोई तीसरा, वह कोई भी हो, कैसे कर सकता है! अदालतें तक बस, सबूत और गवाहों के सहारे चलती हैं। उनकी अपनी मजबूरी है। इसके सिवा कुछ हो भी नहीं सकता...।

—लेकिन यह नहीं भूला जा सकता कि यह इंसाफ़ करने की इनसानी कोशिश है जिसमें बहुत सारे फ़ैसले ग़लत होते भी हैं, और किए भी जाते हैं...!

इसका मतलब यह नहीं कि अदालतें ख़त्म कर दी जाएँ।

—न यह कि औरत और मर्द के बीच ताल्लुक़ को, जो वह है या हो सकता है, लोग अपने-अपने शक के दायरे में रखकर सोचना बन्द कर दें...।

—जहाँ कुछ लोगों के शक और इल्ज़ाम होते हैं, वहीं दूसरों की अक़ीदत और ईमान होता है...।

—मरियम—तुम्हारी बीवी नहीं! हज़रत ईसा की माँ, को भूल रहे हो...?।

—जहाँ कुछ लोगों ने ईसा की वल्दियत को शक की निगाह से देखकर इल्ज़ामतराशी की, वहीं दूसरे लोग उन्हें ख़ुदा का बेटा और उनकी पैदाइश को एक मुक़द्दस मोजज़ा मानते हैं...।

—इन आसमानी मज़हबों के साथ, बड़ा मसला यही है कि ईमानवालों से पहला तक़ाज़ा अक़्ल पर ताला डालने का करते हैं, जो कुछ लोगों के लिए जितना आसान हो सकता है, दूसरो के लिए उतना ही मुश्किल भी! दुनिया का कारोबार एक बड़ी मिस्ट्री है जिसकी हिफ़ाज़त का ज़िम्मा इन सेमिटिक रिलीजन्स के पुरोधाओं ने, अपने ज़िम्मे ले रखा है...!

—दास्तोव्हस्की ने 'ब्रादर्स क्रामाजौफ़' में 'ग्रांड इन्क्वेजिटर' का चैप्टर यूँ ही थोड़ी लिख दिया है! नहीं पढ़ा?! कुछ फ़र्क़ नहीं पड़ता! मिस्ट्री तो दुनिया हर जानदार के लिए है, और सब, अपने ढंग से उसकी हिफ़ाज़त ही करते हैं : और कर भी क्या सकते हैं! नीत्शे से बढ़ेंगे तो हेगल तक, एक डायलेक्टिक्स को दूसरे में गड़बड़ा देंगे...!

—सच यह कि कह-सुनकर समझाए जा सकने की एक हद होती है...।

—स्ट्रेंज! यस, वेरी स्ट्रेंज...!!

—क्या किया जा सकता है...!

—जहाँ तक तुम्हारी माँ का सवाल है, बेशक वह अपने मौज़ूदा शौहर को अपनी पहली शादी से पहले से जानती थीं, तुम्हारे मरहूम नाना के एक परस्तार की हैसियत से। बहुत छोटी उम्र से, जब उनका पर्दा भी नहीं हुआ था...!

—दोनों की उम्रों के फ़र्क़ से तुम अन्दाज़ा लगा सकते हो, कम-से-कम अट्ठारह-बीस की छोट-बड़ाई तो होगी ही...।

—एक शादीशुदा, बाल-बच्चे वाले मर्द और एक कम-उम्र बच्ची के बीच किस क़िस्म का रिश्ता रहा होगा, यह सोचा जा सकता है...।

—तुम्हारी ददियाल और तेज़-तर्रार फफू ने कभी उनकी अक़्ल से काम लिया, हम-तुम आज भी ऐसा करने को अपनी-अपनी तरह आज़ाद हैं...।

—वैसे तुम्हारी फफू को यह इल्ज़ामतराशी ज़ेब नहीं देती...।

—यह बिलकुल सच है कि इस बहन के अलावा सारे ख़ानदान से कोई भी उस आदमी की हिमायत में खड़ा नहीं हुआ था : मजबूरियाँ और फ़ायदे-नुक़सान रहे होंगे लोगों के अपने-अपने...।

—लेकिन यह साहिबा भी सियासी हालात बिगड़ते देख, उन दोनों को लाहौर में छोड़कर, घर वापस लौट गई थीं : तब जब तुम्हारी माँ पूरे दिन से थी, तुम पैदा होनेवाले थे। मजबूरन उसे मैके में ही पनाह ढूँढ़नी पड़ी...।

—अब्बा साहब, तुम्हारे नानाजान, का इन्तिक़ाल हो गया, और घर में बड़ों में अम्मीजान—तुम्हारी नानी के अलावा, मैं रह गया। मैंने अम्मीजान की मर्ज़ी के ख़िलाफ़ तुम्हारी माँ की यह दूसरी शादी कराई जिससे नाख़ुश होकर वह मुल्क ही छोड़कर पाकिस्तान चली गईं...!

—उनकी नाराज़गी आज तक बरक़रार है, और तुमने देखा है वह जब भी हिन्दुस्तान आती हैं, मुझसे नहीं मिलतीं—एक उम्र बीत गई इसको! सलाम के जवाब के अलावा बातचीत का रिश्ता भी नहीं हमारे बीच...!

—और भी रहे होंगे उनके हमख़याल, जिनकी खुलकर सामने आने की हिम्मत नहीं पड़ी...!

—ख़ुद मैंने अपनी बेवा बहन और उसकी औलाद के लिए, अपनी समझ से, सबसे बेहतर फ़ैसला किया : कौन था जिससे तुम दोनों की सरपरस्ती की उम्मीद की जाती?

—दोनों घरों के बीच बड़े तहज़ीबी-तालीमी फ़र्क़ को देखकर कोई भी एतराज़ कर सकता था। इसलिए मैंने तुम्हारी माँ की मर्ज़ी को अव्वल जाना और उनकी मर्ज़ी से ही शादी हुई : कितनी कामयाब या नाकाम, यह आज तुम मुझसे बेहतर समझ सकते हो...!

—यह हो सकता है कि एक बच्ची के दिल में ऐसे बुज़ुर्ग के लिए जो उसके बाप से मिलने आता था, कोई सॉफ्ट-कॉर्नर रहा हो—उसके लिए फाँसी पर थोड़ी चढ़ा सकते हैं आप उसे...!

—तेज़-तर्रार आपकी फूफी इन मायनों में हैं...!

—मैं वकालत—नहीं करता, न उसकी ज़रूरत।

अलीगढ़ मामू ने अन्तिम वाक्य, ज़ोर देते हुए, दोहराया था।

शादी के फ़ौरन बाद अम्मा और उनके पहले पति के सम्बन्ध तेज़ी से गड़बड़ाए थे। आपसी झगड़े, रोज़ की कहासुनी और आए दिन का मनोवैज्ञानिक स्तर पर एक-दूसरे को डराना-धमकाना?

क्या अम्मा पति से अलहदगी चाहती थीं?

उसके जन्म की सूचना उसकी ददियालवालों को क्यों नहीं दी गई, जबकि वह लोग आपसी ख़ैर-ख़बर का सिलसिला बनाए रखना चाहते थे?

क्या उन लोगों ने, जैसा कि फफू का कहना था, उसके पिता अर्थात अम्मा के पहले पति के न रहने की सूचना, अम्मा के परिवार को उसी समय पहुँचा दी थी?

और पंथों का झगड़ा : आख़िर क्या पंथ था उस मरहूम इनसान का, और अम्मा कहाँ तक उससे सहमत थीं?

सवाल! सवाल! सवाल!

अलीगढ़ मामू क़हक़हों से लालाज़ार हुए जा रहे थे : हर सवाल जैसे हवन में घी का काम कर रहा था।

—एक छोटी-सी शादीशुदा ज़िन्दगी की मुद्दत के बारे में क्या-क्या सवाल करना जायज़ होगा, यह ग़ौर करने की ज़रूरत है...!

—लम्बी उम्र पर फैली मियाँ-बीवी के साथ रहने की दास्तान उससे एक बिलकुल जुदा मामला होगा, क्योंकि उसमें कामयाब शादीशुदा ज़िन्दगी का गुर छुपा होगा।...

—वह गुर, तुम और मैं, बड़ी हद तक जान चुके हैं...!

—वैसे तो कोई भी रिश्ता क़ायम रख सकने के लिए थोड़ी बेग़ैरती खाद में पेस्टिसाइड की तरह ज़रूरी होती है, लेकिन शादी के बाद औरत-मर्द का मामला कहीं पेचीदा हो सकता है। तुम ख़ुद तजुर्बाकार हो, मैं तुम्हें क्या बतलाऊँगा। सच्ची बात यह है कि न तो मैं उनके आपसी मामलात का गवाह था, न ही उस शख़्स के न रहने को मैंने उसके बीवी से ताल्लुक़ात के साथ जोड़कर कभी सोचा...।

—उसने तुम्हारी माँ की ख़ातिर अपना ख़ानदानी मसलक बदला, मैं जानता हूँ, मुझसे तो याराना था! हम लोग संजीदा मामले जैसे यह मसलक वग़ैरह के बारे में तफ़सील से बात किया करते थे...।

—मसलक बदलकर उसे अपनी बड़ी ग़लती का एहसास भी हुआ, लेकिन सिर्फ़ उतना काफ़ी नहीं था...।

—कुछ लोग, ज़िन्दगी की असलियत, झलक और जलवों में देखकर, जब ख़ुद अपनी ज़िन्दगी की शुरुआत ही करना चाह रहे होते हैं, उन्हें एक और हक़ीक़त, मौत के रू-ब-रू हो जाना पड़ता है...।

—बहरहाल, मैं लेज़रस तो हूँ नहीं, जो दोबारा ज़िन्दा होकर उस आलम का हाल बता सकूँ जो इनसान की मौत के तसव्वुर के साथ जुड़ा है...!

—यह ज़रूर सही है कि उस मुख़्तसिर से साथ में तुम्हारी माँ को मुश्किलों का सामना करना पड़ा था : पैसे-धेले की भी, और दिलो-दिमाग़ की भी। उसमें अगर उन्हें अपने शौहर से शिकवा-शिकायत हुआ हो तो हैरानी की बात नहीं। न होता, अगर सब उम्र के लम्बे अरसे पर फैला होता...।

—सबकुछ इतनी तेज़ी से, एक ऐसे ज़माने में हो गया, जब भीड़ से अलग करके, एक आदमी को न तो देखा जा सकता था न उसके बारे में सोचा जा सकता था...।

—ना ही यह मालूम कि दो पंथों से आजिज़ आया वह इनसान अगर ज़िन्दा रहता तो क्या करता...?

—तुम तो सबके बीच घर में पैदा हुए, तारीख़-वक़्त, सब नोट किया हुआ है, लेकिन उसके न रहने की ख़बर मिलने और फिर उसकी तसदीक़ होने में वक़्त लगा...!

—एक जन्म, एक मौत...!

—और मौत उस घड़ी इतनी आम थी, कि एक आदमी के लिए तो दिल खोलकर रोया भी नहीं जा सकता था! एक तरह से गूँगे होकर, वह जो ज़िन्दा बचे थे, दूसरों को जान से मारकर अपने ज़िन्दा होने का जश्न मना रहे थे...!

—कोई नई बात नहीं! क़ौमों और मुल्कों की तारीख़ में बारहा ऐसा होता आया है, सो हुआ...!

—लेकिन, मामू अपनी बात के बहाव से मुड़कर मुद्दे पर लौटे थे—मुझे नहीं मालूम उनका यह शिकवा कहाँ तक जायज़ है कि तुम्हारी पैदाइश की ख़बर उन्हें नहीं दी गई! उन्हीं लोगों ने तुममें दिलचस्पी नहीं दिखाई थी, जिसका हमने शिकवा भी नहीं किया था। बच्चे की परवरिश तो माँ का ही ज़िम्मा समझी जाती है, और वहाँ तो दूसरे उलझावे भी थे—दीन के और दुनिया के!

नानीजान क्यों दूसरी शादी के ख़िलाफ़ थीं? वह अलीगढ़ मामू से पूछना चाहता था, लेकिन वह क़ौमों और मुल्कों की तक़दीरों का सामान्यीकरण करने के बाद कुछ इस तरह चुप हो गए थे जैसे वक़्त थम गया हो और दुनिया की तमाम चीज़ें वहीं लौट गई हों जहाँ से वह आती हैं! ख़ासतौर पर परछाइयाँ, जो सिमटकर उन चीज़ों में वापस जा बैठी हों जहाँ से हाथ-पाँव पर चलकर वह रोशनी के ख़िलाफ़ या उसकी उपस्थिति में अपनी मौजूदगी को दर्ज कराती हैं।

ख़ुद उसके लिए किसी ऐसी दुनिया की कल्पना सम्भव नहीं थी जो बेपरछाईं हो। उससे बातचीत न कर सके, रहता तो हर एक, अपनी परछाईं के साथ ही है! कहा जाता है वह सबसे बुरा समय होता है जब व्यक्ति का साया भी उसका साथ छोड़ जाए! परछाईं और अस्तित्व का रिश्ता कुछ वैसा ही जैसा राजा युधिष्ठिर और उस कुत्ते का था जिसके बिना युधिष्ठिर ने इन्द्र के रथ पर सवारा होकर, स्वर्ग में प्रवेश से मना कर दिया था।

शायद परछाईं ही असलियत थी, वह ख़ुद की हो, या किसी प्रेतात्मा की।

—अम्मीजान, मामू ने थके स्वर में आगे ख़ुद ही जोड़ा था—शायद यह ख़्वाहिश करती थीं कि झाँसी की रानी की तरह, तुम्हें पीठ से बाँधे, घोड़े पर सवार, हाथ में नंगी तलवार लिये, तुम्हारी माँ तुम्हारे हक़ के लिए दुनिया से जंग करती! ऐसा, माफ़ करना, उन्होंने इन अल्फ़ाज़ में कभी नहीं कहा, ख़ुद मेरे सोचने का ढंग है! ज़िद! ख़ुदसरी!! लक्ष्मीबाई का दुश्मन निशाना बनाया जा सकता था; उससे लड़कर हारा या जीता भी जा सकता था। तुम्हारी माँ का सारा मामला काफ़्काईस्क और मेटाफॉरिकल था—घोड़े से लेकर तलवार और दुश्मन तक—सब मेटाफ़र्स...!

—फिर, उन्होंने खुलकर मुख़ालिफ़त भी नहीं की : ख़ामोशी साधी, और पाकिस्तान निकल लीं...।

—शायद, दिमाग़ में यह रहा, कि दौलतमन्द आदमी से बहन को ब्याहने में मेरा अपना कोई फ़ायदा था : यह भी उन्होंने अपनी ज़बान से नहीं कहा, मेरी ही सोच की उपज है...!

—मैंने उस ख़ास सूरतेहाल में, जो मुझे सबसे मुनासिब लगा, वह फ़ैसला किया...।

—मुझे नहीं मालूम, सही साबित हुआ या ग़लत...!

—तुमसे इस पल बात करते हुए अन्दाज़ा हो रहा है, कि तुम्हारी निस्बत, वह किन्हीं मामलों में ग़लत था। न होता तो यह बरेली के चक्कर क्यों लग रहे होते...!

—वैसे कोई हर्ज भी नहीं : मेल-मुलाक़ात दुनिया के समझने में मददगार ही होता है...।

—तुम आज वही हो, जो हो सकते थे! सुख से हो, दुख से हो—वही तुम्हारा अनोखापन है। ख़ुद हमें तो ज़िन्दगी में यही लगा, कि बस! हो गए! कैसे और क्या की भूल-भुलैयों से पार, उन्हें शह और मात करते हुए।

सोचने पर अलीगढ़ मामू उसे कोई कलाकृति-पेंटिंग के समान लगते थे, जिसमें उनके व्यक्तिगत जीवन की सारी डिटेल, मिनियेचर और पोट्रेचर, और इसके अलावा पेंटिंग के जो अन्य महत्त्वपूर्ण स्कूल हैं, उनकी तकनीक में, अभिव्यक्त थे : समझ तक पहुँचते भी, और उस समझ को पीछे छोड़, एक

अनजान मगर महसूस किए जा सकनेवाले लक्ष्य की ओर अग्रसर। यह ऐसा था, इसके बावज़ूद कि उसका सारा जीवन ही उस तस्वीर (पेंटिंग) को आँखें फाड़-फाड़कर देखते गुज़रा था।

—और वह आदमी, मामू ने अम्मा के पहले शौहर, अर्थात् उसके सगे पिता को संजीदा उदासी से याद करते हुए कहा था—जो मेरा अज़ीज़ दोस्त था, और जिसे तुम परछाईं जैसे ख़िताबों से नवाज़ते हो, दरअसल बायरन, कीट्स और शेली जैसे जवाँमर्द इन्क़िलाबी शायरों में शुमार किया जा सकता है जो बदनसीबी से, अपने पीछे कोई पुख़्ता शायरी का दीवान नहीं छोड़ पाया : तुम्हारे सिवा और कुछ भी नहीं...!

—वह एक विज़नरी था—हिन्दी में उसके लिए बड़ा ख़ूबसूरत लफ़्ज़ है—स्वप्नद्रष्टा! ऐसे ख़्वाब देखनेवाला जो आनेवाले ज़माने के ब्लू-प्रिंट्स हों। जिनमें बीते ज़माने को पूरी तरह डिसओन करने की हिम्मत और समझ, दोनों हों। ग़ालिब कहता है—'रहा आबाद आलम अहले-हिम्मत के न होने से/भरे हैं जिस क़दर जामो सुबू, मैख़ाना ख़ाली है।

15 अगस्त, 1947 को मुल्क के आज़ाद होने और ख़ुद उसके जन्म के तो पुख़्ता सुबूत मौज़ूद थे, लेकिन यह किस बुनियाद पर मान लिया जाए कि 'उसकी' शहादत की तारीख़ भी वही थी? उसे ख़तरा था अलीगढ़ मामू सुनते ही 'फ़ुज़ूल है!', 'फ़ज़ूल है!' कहकर उसका सवाल रद्द कर देंगे, लेकिन वह लौटकर फ़ौरन नहीं बोले थे, और उसकी बात को तवज्जोह से सुना था। सुनने के बाद, उम्मीद के ख़िलाफ़, वह अपनी थकी हँसी हँस दिए थे।

—तारीख़ें याद रखे जाने के लिए होती हैं, उन पर शक-शुबहा करने के लिए नहीं! उनके स्वर की गरमाहट, कुछ-कुछ लौटती लगी थी।—सोचो तो 15 अगस्त, 1947 को एक इन्क़िलाबी बदलाव आया था, जिसे मुल्क की आज़ादी कहा जाता है, लेकिन मुल्क के बाशिन्दों के लिए सिर्फ़ उन पर हुकूमत करनेवाले बदले थे। यहाँ के लोगों की बड़ी तादाद ऐसी थी, जिसके लिए आज़ादी एक सपना थी, जिसकी ताबीर यह होना चाहिए थी,

कि गांधी की फ़क़ीरी को शहंशाही मिलती, और ख़ुद उनके दलिद्दर दूर होते। तरह-तरह की उम्मीदें, ख़ुद से जोड़कर, उन्होंने आज़ादी से लगा रखी थीं। लेकिन एक थोड़ी-सी तादाद, ऐसे लोगों की भी थी जिनके लिए अंग्रेज़ी हुकूमत से आज़ादी एक मुसलसल बदलाव का एक अहम पड़ाव थी, बस! ऐसे लोग जिन्हें इस बदलाव से अपने लिए कुछ लेना-देना नहीं था...।

—यह वह लोग होते हैं, जिनका मुक़द्दर ईंधन बनना होता है, और जो बेलौसी से समाज और उसके इरतिक़ा (विकास) के क़ानून बनाते हैं, उस सतह पर जहाँ दुनिया ख़ित्तों (क्षेत्र), मुल्कों या मज़हबों में बाँटनेवालों की पहुँच से परे होती है...।

—अजीब सनकी टाइप के होते हैं यह लोग, जो वक़्त के हाथों सारे विचारों और आदर्शों की दुर्गति बनते, देखते रहते हैं, मगर हिम्मत नहीं हारते...।

—मुझे तुम्हारा मरहूम बाप कुछ वैसा ही लगता था...!

—मैं मज़ाक में उसे बहुरूपिया कहता था...।

—तुम कहते हो मुल्क की आज़ादी और तुम्हारी पैदाइश 15 अगस्त, 1947 के साथ, सबूत की बुनियाद, पर शुबहा के दायरे से बाहर है, जबकि मुझे लगता है, और कुछ हो-न-हो, इस तारीख़ को उसका मारा जाना तो तय ही है...!

—मैं जो कुछ कह रहा हूँ, वह उसकी उस आख़िरी याद से जुड़ा है, जब वह ज़िन्दा था...!

—हिसाब लगा सकते हो, तुम्हारी उम्र से कुछ पुरानी ही याद है, जिसमें उसकी सूरत-शक्ल इस हद तक धुँधला गई है कि उसे तुम्हारी सूरत-शक्ल में देखकर मैं पहचान तक नहीं पाया...!

—हम दोनों में एक चीज़ थी, जो हमारी दोस्ती की बुनियाद बनी : सियासत और सियासी जमातों से हटकर समाज को बदलने की ख़्वाहिश...।

—सियासत आपसी नफ़रतों के ईंधन पर पल रही थी, और हमारा यक़ीन था कि उसका तोड़ मुहब्बत के ज़रिए किया जा सकता था...।

—यह सही है कि एक ग़लत ढंग से बनी अधूरी इमारत को सुधारना नए सिरे से कुछ सही बनाने की निस्बत कहीं मुश्किल काम है, लेकिन जब तक किसी के पास दुनियादारी का बाक़ी असबाब नहीं होता, तो होती है ख़्वाब देखने की हिम्मत, और उनको पूरा कर सकने का पुख़्ता यक़ीन...।

—यक़ीन और हिम्मत...!

—और मुझे ख़ुद से कहीं ज़्यादा उस आदमी में यह दोनों ताक़तें नज़र आती थीं, और वह अपना मक़सद हासिल करने के लिए कुछ भी छोड़ सकता था : बाप, जायदाद, ख़ानदानवाले, यहाँ तक कि शायद वह औरत भी, जिसकी ख़ातिर उसने अपने घरवालों से बुनियादी झगड़ा मोल लिया था! बेशक, तुम्हारी माँ ने भी उस मुख़्तसर ही सही, मगर रात-दिन के साथ में ख़ुद भी यह महसूस किया होगा, और एक औरत की तरह, बुरा माना होगा...।

—लेकिन वह वक़्त ऐसे लोगों के लिए ग़लत था, और दिन-ब-दिन यह साफ़ होता जा रहा था कि किसी सियासी गुट में शामिल हुए बग़ैर कोई हीरो का रुतबा नहीं पा सकता था...।

—और गुट का मतलब, मोटे अल्फ़ाज़ में, हिन्दू और मुस्लिम नहीं, हिन्दू बरख़िलाफ़ मुसलमान था...!

—वैसे भी, समाज में जीते हुए, उसके बारे में सोचते या बात करते हुए, आप सियासत और मज़हब से उसी तरह अछूते रह सकते हैं, जैसे तालाब की मछली पानी से। लेकिन उस उम्र में लगता था तालाब में रहकर भी पानी से परहेज़ मुमकिन हो सकता था...!

--अब एक ख़्वाब की ताबीर तो, इस वक़्त, आप अपनी आँखों के सामने देख रहे हैं—द ड्रीम देट टर्न्ड इन्टू अ नाइटमियर! (वह ख़्वाब जो दुःस्वप्न में बदल गया!) जबकि, द अदर डाइड ऐज़ अ ड्रीम! (दूसरा, सपने के रूप में ही मर गया!)...

—तो ख़्वाबों के पैदा होने या उनकी मौत की कैलेंडर-डेट्स थोड़ी होती हैं...!

—या होती हैं, तो जिसे कहते हैं, 'लगभग...!'

—मैथमेटिक्स के हिसाब से, तो कोई भी तादाद, 'एब्सोल्यूट' नहीं होती : उतना होने की कोशिश, अंग्रेज़ी में 'टेंड्स टु!,' करती है...!

—मैं भी पहेलियाँ बूझने-बुझाने के चक्कर में पड़ गया! भाई, किसे मालूम कि वह सचमुच मर ही गया? हो सकता है ज़िन्दा हो! हम-आपसे पर्दा कर लिया हो, जिसे हम मरना कह रहे हैं...!

—वैसे, जहाँ यह सच है, कि एक रोज़ सबको मरना है, वहीं यह भी कि ज़िन्दा के लिए ख़ुद उसकी मौत तक, वह कोई नहीं मरता, जिसे उसने खुली आँखों, साँस लेता देखा या महसूस किया हो...।

—असल में, ज़बान के ज़रिए, जहाँ भरम टूटते हैं, वहीं दूसरे, उनकी जगह भी ले लेते हैं...!

—तो यह टूटना, बनने से क्योंकर अलहदा हो सकता है...?

—हैं तो दोनों, एक ही बिसात की दो चालें...!

—और चालें चालें ही होती हैं, बाज़ी की सूरत-शक्ल तय करती, जिन्हें हम अपनी घेंटी-भर अक़्ल के बूते कोई नाम दे लेते हैं...।

—तो नाम दे लो कि वह मर गया, और मान लो, कि ऐसा 15 अगस्त, 1947 को हुआ...!

—यह ख़बर बरेलीवालों को पहले मिली, और फिर बाद में, हमको...।

—बहुत बाद में नहीं, चन्द रोज़ के अन्दर ही, और ऐसे ज़रियों से, जिन पर भरोसा किया जा सकता था...।

—लाहौर में नहीं, तो अमृतसर में, सियालकोट में नहीं, तो देहली में, उस घड़ी उसे मरना तो था ही...।

—उस जैसे सोच की बिरादरी का मज़हब-मिल्लत, औरत-मर्द और उम्र का फ़र्क़ किए बग़ैर सफ़ाया कर दिया गया, क्योंकि वह लोग नए सिरे से कुछ तामीर करने में यक़ीन रखते थे...।

—और उनके हमदर्दों और जाँनिसारों को एक दूसरी गुलामी की सज़ा सुना दी गई, कि जिस-जिस चीज़ में तुम्हारा यक़ीन है, उसे ख़ुद अपनी आँखों के सामने रूप बदलता देखते रहो, और ख़ुद भी रूप बदलने पर मजबूर होते जाओ...!

—अल्फ़ाज़ बुदबुदाते रहो, उनसे तासीर छीन ली जाए...!

—माफ़ करना, यह भी एक अन्दाज़-ए-बयान है मेरा, चाँद पर कमन्द डालने जैसा! उस कड़वाहट से मुक्त हो सकने के लिए, जिसके मौक़े दिन-ब-दिन कम होते नज़र आते हैं...।

—मैं ख़ुद अपने तसव्वुर की दुनिया का क़ैदी हूँ जिसे तामीर भी मैंने ही किया है...!

—और तसव्वुर की पहुँच या उसकी नारसाई बाहर की दुनिया की नहीं, ख़ुद हमारे वजूद के ताने-बाने और बुनत की अक्कासी करती है : इससे ज़्यादा कर भी क्या सकती है...!

—कोई अँधेरा ऐसा नहीं, मुझे यक़ीन है, जो इनसान की बसीरत—उसके देख सकने की ताक़त को हरा सके। लेकिन जो आँख अँधेरे की आदी होकर उसका मज़ा लेते हुए, उसे एक ज़िन्दा रहने का तरीक़ा मान ले, उसके लिए लड़ने का ख़याल ही बेमायने और मतलब हो जाता है...।

—मैं जब अपनी जवानी को आज के साथ रखकर सोचता हूँ, तो मुझे आज की ज़िन्दगी कहीं बेहतर लगती है, सिवाय इस सच के कि मैं ख़ुद को इसमें एक बाहरी इनसान महसूस करता हूँ, जो दूसरों की शर्तों पर ख़ुद को ज़िन्दा रहने पर मजबूर पाता है...!

—यह कितना सेल्फ़-कॉन्ट्रेडिक्ट्री (विरोधाभासी) है...!

—इतना कुछ बदल रहा है, मगर जिनके पास सही मायने में एक ख़्वाब है, न तो ज़िन्दगी की सतही अच्छाई से छले जाते, न ख़ुद को बाहर का आदमी महसूस करते, और न उनके हौसले पस्त नज़र आते। वह मेरी तरह अपनी कड़वाहट उगल सकने के बहाने नहीं तलाश करते क्योंकि उनके ख़्वाब की बुनियाद ही एक लगातार और कभी न थमनेवाला बदलाव है...।

—हाँ, उस बदलाव की मॉनिटरिंग ज़रूर वह अपना ज़िम्मा समझते हैं...।

—देखो! बोलते हुए फिर एक ऐसा लफ़्ज़ मुँह से निकल गया जिसकी बोटी को ख़ाल से अलग कर पाना मुमकिन नहीं है...!

—भाई, लड़ाई और मॉनिटरिंग को हम एक-दूसरे से, कितने फ़ासले पर रख सकते हैं...?

—मायने तो एक ही हैं! दोनों, नदियाँ कहो तो एक ही खाड़ी और समन्दर में गिरती हैं...!

—दरअसल इनसान के सोच की तारीख़ ही चीज़ों को बदलने से रोकने और बदलाव की ज़रूरत के बीच लगातार चलती लड़ाई की दस्तावेज़ का नाम है, और यह लड़ाई चीज़ों को अच्छे से बेहतर, मुश्किल से आसान, ख़ूब-से-ख़ूबतर बनाने के लिए है...।

—कुछ लोग रास्ते के पत्थर हटाने के बाद ख़ुद उन पत्थरों की जगह अड़चन बनकर सोचने लगते हैं कि सब किया जा चुका : आगे किसी बदलाव की ज़रूरत बाक़ी नहीं रही...!

—वक़्त उनको रूई की तरह धुनकर फेंक देता है...!

—मतलब यह कि जो होना है वह अपने औज़ार ख़ुद तलाश कर लेता है, राह बना लेता है...।

—और यह होता है उनके ज़रिए जिनके पास विज़न होता है...!

—तुम्हारा मरहूम बाप मेरे नज़दीक लगभग एक ऐसा ही इनसान था जो बदनसीबी से अपने विज़न को साथ लिये, लगभग 15 अगस्त, 1947 को इस दुनिया से रुख़्सत हो गया...।

—हमको लगभग ज़िन्दा, और मुल्क को लगभग आज़ाद छोड़कर...!

—कोई फ़र्क़ पड़ा...?

—हैरत है!

25. आदर्श और विकास : सन्दर्भ अलीगढ़ मामू

अलीगढ़ मामू के साथ, उनकी स्मृतियों का साझा करते, उसके सामने फिर वही मुश्किल पेश आई थी : कितना कुछ, मामू का कहा, सचमुच उन लोगों के सोच और ज़िन्दगी का हिस्सा था जिनके लिए उनके दिल में प्यार और जगह थी, और कितना, ख़ुद मामू, अपने सोच और जीवन के निष्कर्ष को, हमदर्दाना ढंग से, दूसरों को क्रेडिट देते हुए, उनका बता रहे थे। इसके बावज़ूद, यह पहली बार था, जब उन्होंने अपनी और अपने क़रीबी लोगों की ज़िन्दगी पर उससे इतनी देर तक, और इतने विस्तार से बात की थी, किसी हद तक भावुक होने की भी परवाह किए बग़ैर।

इस प्रकार का जोखिम उठाते उसने उन्हें, इससे पहले, या फिर इसके बाद, कभी नहीं देखा।

उनका व्यवहार और बातचीत, अपनी तरह से दोनों ही, मिसाली तौर पर 'कट-एंड-ड्राई' होते थे : बिलकुल जैसे अलग-अलग जमातों को अलग-अलग विषय, एक ही महारत से पढ़ाते हुए, स्टूडेंट्स की क्लास ले रहे हों!

साथ ही उसे ऐसा भी लगा था कि जहाँ कुछ बातें वह अनावश्यक विस्तार में जाकर बताते रहे थे वहीं बहुत-कुछ, जो ख़ुद उसकी नज़रों में महत्त्वपूर्ण था, चाहे या अनचाहे, छोड़ते या अनदेखा भी करते गए थे।

कुछ अधिक तफ़सील में जाने योग्य बातों को शायद उन्होंने अपनी आसानी के लिए मनमाने ढंग से संक्षिप्त कर दिया था!

यह उन्हें मोह में बँधकर सुनते हुए नहीं, बाद में, उनकी बातों की जुगाली करते हुए अधिक स्पष्ट रूप से लगा था।

आदर्शों की जीवन में जगह और महत्त्व के साथ-साथ, किसी भी आदर्श की समय के साथ बदलते सन्दर्भों में बदलती व्याख्या और विकास की प्राथमिकता, वैसे भी मामू के सोच और बातचीत के मूल विषय थे।

मामू की ज़िन्दगी में अनेक अन्तर्विरोध ऐसे थे जो किसी दूसरे व्यक्ति को व्यावहारिक स्तर पर डुबो देने के लिए काफ़ी होते, लेकिन कुछ था जो यही अलीगढ़ मामू को अधिक मानवीय और दिलचस्प बना देते थे।

आज, या शायद सारी ज़िन्दगी ही सियासत और गुटबाज़ी को नकारने का दावा करने के बावज़ूद असलियत यह थी कि ख़ुद उन्होंने, अलग-अलग समय पर अलग-अलग पंथों और सोच के गठबन्धनों से रिश्ता बनाने के बाद, तोड़ा था!

क्यों? क्या, जैसा कि कुछ लोगों का इल्ज़ाम था, वह ख़ुद को एक कैटेलिटिक एजेंट की तरह इस्तेमाल करते रहे थे? अपने परिवेश को बारीक़ी से समझ सकने के लिए? समझने, और समझकर रद्द करने की मंशा से!

सब रद्द!

रद्द किए हुए इल्म का एक ज़ख़ीरा, अलीगढ़ मामू!

और जिस आदमी—ख़ुद उसके सगे पिता को उन्होंने विज़नरी कहकर इतने तारीफ़ी अन्दाज़ से याद किया था, दरअसल उसका कोई विज़न था भी, या यह कि (जैसा सोचने पर उसे ख़ुद के साथ होता लगता था!) महज़ भटकाव? ख़ुद को संगठित कर पाने की अक्षमता!

जीवन में प्राथमिकता आदर्श की है या संगठन की?

या सारी उम्र, इन दोनों से छले जाने के बाद, अपना मातम करने की!

लोगों का कहना था कि उसके मरहूम पिता महज़ रोज़ी-रोटी के लिए किसी दीनी मदरसे में नौकरी की मंशा से लाहौर गए थे, लेकिन अलीगढ़ मामू और बाग़ी फफू, दोनों अपने-अपने ढंग से, उन्हें मज़हब और पंथ-जैसी तंगनज़रियों से ऊपर आँकते थे! कहीं ऊपर!

समय बीतने, और अधिक तटस्थ होकर सोचने पर लगा था अलीगढ़ मामू का आदर्श और विकास की रिश्तेदारी का सिद्धान्त एक हारे हुए आदर्शवादी

का सिद्धान्त था : एक असफल प्रेमी जो हर रात बदलते चाँद के चेहरे में अपनी प्रेमिका की शक्ल देखता रहता है, और उन अँधेरी रातों में भी महज़ अपनी कल्पना से काम चला लेता है, जब दोबारा दिखने से पहले, चाँद आसमान से ग़ायब होता है!

शायद, मामू की दिलचस्पी न तो किसी आदर्श में थी, न किसी विकास की परिकल्पना उनके पास थी : आदर्श और विकास जैसे शब्दों के हाथ ठगी गई उस व्यक्तिगत ज़िन्दगी में थी जिसे कुछ सम्माननीय बना सकने की कोशिश में वह इन दो अर्थातीत शब्दों को आपस में सगा रिश्तेदार-पड़ोसी इत्यादि, या तो जान-बूझकर बना देते थे, या अनायास उनसे ऐसा हो जाता था!

आदर्श और विकास में क्या और कैसा रिश्ता सम्भव हो सकता था?

आदर्श को तो, गांधी के सत्य की ही तरह, अपरिवर्तनशील होना चाहिए।

हाँ, एक सत्य की उपस्थिति में, एक अन्य सत्य भी, सक्रिय हो सकता है, लेकिन यह रिश्ता बहुत पेचीदा लगता था।

उसकी कल्पना ने ही, शायद मध्यवर्गीय सोच को, हमेशा थकाया और भ्रमित किया था! सो एक आम सहमति बन गई थी कि आदर्श ज़िन्दगी की सारी छीना-झपटी से ऊपर ही नहीं, अलग भी थे!

और इसीलिए, लोगों के जीवन से भी!

अलीगढ़ मामू और बाग़ी फफू, दोनों उसके दिवंगत पिता को लेकर इस पर एकमत थे कि उसकी अलग-अलग धर्मों में, जिस तरह वह बना दिए गए थे, आस्था नहीं थी और वह इनसानी एकता में विश्वास करता था।

मामू, एक क़दम और आगे बढ़कर, दिवंगत आत्मा को एक स्वप्नद्रष्टा, एक कवि-आत्मा का ख़िताब देते थे, जो अपने स्वप्न को यथार्थ में बदल सकने से पहले ही दुनिया से उठ गया था—उठा दिया गया था!

ऐसे ही किसी अवसर को लेकर ग़ालिब ने कहा होगा—'उस शमअ् की तरह से, जिसको कोई बुझा दे/मैं भी जले हुओं में, हूँ दाग़े नातमामी!'

उसे स्वप्नद्रष्टा के ख़िताब से नवाज़नेवाले और उसकी उस उम्र के सबसे आत्मीय मित्र, अलीगढ़ मामू के बारे में, अन्य बातों के अलावा, उसने लोगों को यह कहते भी सुना था कि वह बँटवारे के ज़माने में मुस्लिम लीग भी नहीं (क्योंकि तुलनात्मक दृष्टिकोण से, वह सेक्यूलर थी!) बल्कि जमाते इस्लामी के समर्थन में दिलोजान से जुटे थे! आज बुढ़ापे में शायद सारे दरवाज़े खटखटा चुकने और ख़ाली हाथ लौटने के बाद बात करते हैं विज़न और विज़नरी की!

डर यही लगता था कि वह अमर शहीद परछाईं भी, अपने मज़हब और पंथ के लिए लड़ते हुए, दंगों में शामिल होकर, काम न आए हों!

ऐसा अगर सचमुच था, तो भी, उन्हें ख़ुशनसीब कहा जा सकता था क्योंकि वह ज़िन्दा रहकर, आवागमन की पीड़ा भोगने से बच गए!

अलीगढ़ मामू, इसी आज़माइश से दोचार थे और बिना मरे, अभी तक, जाने किन-किन रूपों में जनम ले चुके थे!

ख़ुद वह अपने बारे में किससे-क्या शिकायत कर सकता था जबकि उसके रोल-मॉडल की ही यह दुर्गति थी। दिल सोचकर डरता था, जाने किस-किस भेस में रहकर उम्र की शाम करनी पड़ें।

यह सब उस ज़माने में हुआ था, जब अम्मा से बढ़ते मोहभंग के बावज़ूद बम्बई में ही रहते, वह कई ऐसी योजनाएँ बनाने में रुचि ले रहा था कि अम्मा से अलग होकर भी, वह उसी शहर में रह सके। ग़ैरक़ानूनी ढंग से चाल बनवाना, अब्बा की ज़मीन पर, भी उसी के अन्तर्गत था।

मामू से बातचीत के बाद, उसकी जीवन-सम्बन्धी इबारत में छूटे अनेक रिक्त स्थान पुरे थे, तो कुछ चीज़ें जिन्हें वह सच मानकर चल रहा था, सन्देह के घेरे में आ गई थीं।

अम्मा, उनकी पहली शादी, मरहूम पिता, नाना, दादा, बाग़ी फफू, हद यह कि अलीगढ़ मामू और नानीजान तक का मामला, उस तरह खुलकर साफ़ नहीं हुआ था कि वह मुक्त होकर, किसी को इल्ज़ाम देता या अन्य किसी की पैरवी कर पाता। फिर चाल बनवाने को लेकर जो स्थिति बनी थी, उसमें उसका बम्बई छोड़ना ज़रूरी हो गया था।

26. भोपाल-मैराथॉन : मुख्य अंश

और यहाँ आने के बाद, जो-जो कुछ आनन-फानन होता गया, उसमें कुछ सोचने या सुस्ताने की मुहलत ही नहीं मिल सकी! थकने से बचने के लिए, पिछले वर्षों पर फैले, 'भोपाल मैराथॉन' को सोच कहाँ से पकड़े, यह तक समझ में नहीं आता!

सारी तफ़सील एक तरफ़, इस मैराथॉन के तो 'मुख्यांश' ही इतने विचित्र हैं कि ख़ुद सोचकर हैरानी होती है!

क्या वह उन्हें किसी को इस तरह सुना सकता है कि वह सौ-फ़ीसदी प्रामाणिक और विश्वसनीय लगें?

तेरह वर्ष की बिटिया का निकाह : इस अपराध से वह ख़ुद कहाँ तक बरी था!

विदाई की नौबत आने से पहले ही सम्बन्ध समाप्त हो जाने के बाद भी?!

यह सब, उस आपसी ज़िद्दम-ज़िद्दा का नतीजा था जो लापरवाही के कारण, भोपाल आते ही उसके और मरियम के बीच पनपती रही थी और जिसको—ख़ुद को शहीद समझने की मुद्रा के कारण, उसने नोटिस करना ज़रूरी नहीं समझा था!

किस प्रकार सबकुछ हुआ, अब कुछ-कुछ समझ में आता है!

शहर बदलता है और बम्बई से हिजरत करके, वह इस शहर लौटते हैं, जो अतीत में उसे और मरियम को, एक घर की-सी पनाह दे चुका है, जहाँ बिटिया का जन्म होता है और वह दोनों, कई वर्ष लगातार मेहनत-मशक़्क़त भरे, सुखी विवाहित जीवन के बिताते हैं।

जहाँ, एक छोटी-सी दुनिया, रिश्तेदारों, दोस्तों, परिचितों की ऐसी है, जिसे बरत चुकने के भरोसे, वह अपना कह सकते हैं।

लगता है, और कुछ नहीं, तो अब यहाँ वह बक़िया ज़िन्दगी, सगे-सौतेले के भेद से दूर, अपनी अभी तक जमा पूँजी के सहारे, चैन और सुकून से गुज़ार पाएँगे।

किसे मालूम कि मौसम का मुर्ग़ा, किसी और ही दिशा में, चोंच उठाए किसी दूसरी सूरतहाल की बिसात, आपके स्वागत में बिछाने यहाँ व्यस्त है!

अभी कुछ रिश्तों को आप पूरी तरह दुश्मनी का नाम दे भी नहीं पाए हैं कि बाक़ी बचे रिश्ते, किसी ख़राब फ़सल में बदलकर, आपका नया इम्तिहान लेने को तैयार हो गए हैं।

दरअसल, इस बार शहर पहुँचकर, जो नया न होते हुए भी, अनेक बदलावों के कारण, आपके लिए काफ़ी नया हो चुका है, सिर छिपाने के लिए एक क़ायदे के किराए के मकान में बसने के बाद, आप एक हिमालय-सी बड़ी ग़लती करते हैं—आप पसरकर, कुछ देर सुस्ताना, बीती बातों को याद करके भावुक होना और जीवन को ख़ालिस रूमानी ढंग से देखने और सोचने की अय्याशी करना चाहते हैं!

आपके इर्द-गिर्द, पिछले पड़ाव के साथियों और कुछ नए परिचितों का मजमा जमा रहने लगता है, जो रात देर गए तक आपके घर बैठकर शराब पीता है, म्यूज़िक सुनता है, शेरो-शायरी और आपसी बहस-तक़रार के अलावा, मुक्त होकर, नाचता-गाता, हंगामे मचाता है।

मरियम, जो आमतौर पर होस्टेस का फ़र्ज़ भी निभाती है और किसी मेहमान को कभी ग़ैरियत या परायापन नहीं महसूस होने देती, इस हद तक हंगामों को पसन्द नहीं कर रही, आप भी समझते हैं, लेकिन किस हद तक, नापसन्द कर रही है, न तो आप अन्दाज़ा लगाने की कोशिश करते, न लगा पाते। आपकी अक़्ल पर सुस्ताने के दबीज़ पर्दे पड़ जाते हैं जिनके पीछे संगीत है, कविता है, लम्बी-लम्बी बहसें और गानेवालों की आवाज़ें हैं। और हैं सगे-सौतेले के चटनपुलाव, अतीत का माइक्रोस्कोपिक निरीक्षण और अपनी

असलियत खोद निकालने तथा 'असली सच' मालूम करने के जुनूनी, मगर हास्यास्पद संकल्प और निश्चय!

आप अय्याशी और नफ़रत की भेलपूरी बने सजे हैं और उधर मरियम, धीरे-धीरे, आपसे दूर और आपके द्वारा परिभाषित 'मरियम फैन्स क्लब' जिसका सरबराह आमिर, आपका कज़िन है, जिससे मज़हबी मामलों को लेकर आपका मन-मुटाव और दूरी, भोपाल के पिछले पड़ाव में हो चुका है, के बेहद क़रीब होती जा रही है। वह मरियम के साथ पूरी तरह सहमत है कि साबिर के साथ मरियम और बिटिया का भविष्य अन्धकारमय है! क्या इसी सबकी ख़ातिर मरियम ने धर्म-परिवर्तन की महान् क़ुर्बानी दी थी!

आपकी बेख़बरी, मियाँ साबिर नईम, आपको मुबारक हो! मरियम-बिटिया शुभचिन्तकों में एक ग़म और गुस्सा, 'मरियम-बिटिया बचाव' के नाम पर फैलता और बढ़ता जा रहा है! काश, उनमें कोई 'साबिर नईम, होश में आओ!' का नारा लगानेवाला भी होता।

इससे पहले कि तुम चौंको या जागो, तुम्हारा चरित्र चिथड़ा-चिथड़ा, पोस्टरों की शक्ल में, शहर के दरो-दीवार पर थुप चुका होगा! लोगों के दिल से तुम्हारे लिए हमदर्दी की भावना क़ाफ़ूर हो चुकी होगी और उनकी नज़र में तुम एक ऐसी आदर्श पत्नी के, जिसने तुम्हारी ख़ातिर दुनिया की बड़ी-से-बड़ी क़ुर्बानी दी, और जो पैदाइशी मुसलमानों से कहीं आला और बेहतर मुसलमान है, जल्लाद और क़ाफ़िर शौहर बन चुके होगे।

—दिमाग़ ख़राब हो गया है?! बिटिया की शादी-निकाह के प्रस्ताव की प्रतिक्रिया में, उसने यही वाक्य, मरियम से, हर सुर, हर धुन, हर भाव, हर लहज़े में कहा है: एक सवाल, जो शायद ख़ुद ही, जवाब भी है इसलिए मरियम का कहा कुछ भी, न तो तसल्ली दे सकता है, न ब-मायने हो सकता है।

बिटिया को बुलाकर वह पूछता है, क्या जो हो रहा है उसे मालूम है?

बिटिया को वह जैसे पहली बार नज़र भरकर देखता है और अपनी अभी तक की कम-नज़री पर चकित रह जाता है। क़द-बुत, हड्डी-काठी नहीं, वह तो आपके माँ-बाप से मिलता है, इसलिए तेरह की उम्र में बिटिया का सत्रह

का नज़र आना, कोई आश्चर्य की बात नहीं। असल हैरानी, बिजली बनकर, बिटिया के चेहरे और आँखों का भाव हुई थी!

पहली बार, जैसे उसे ज्ञान हुआ था कि बिटिया बड़ी हो गई है!

हाँ, वह बताती है, न केवल उसे मालूम है, उसकी मर्ज़ी भी हो रहे में शामिल है!

तुम बात सुधारने, किसी सूरत क्राइसिस को टालने, सोचने को कुछ वक़्त माँगते हो।

तुम बात की तह तक जाकर, भेद खोजने की फ़िक्र में हो।

अभी भी, सारी हैरानी के बावज़ूद, तुम्हारा आत्मविश्वास बरक़रार है।

तुम कम करके आँक रहे हो, मरियम के सामर्थ्य को!

सोचने को तुम्हें समय नहीं दिया जाता, कहा जाता है शादी आज ही होगी!

शादी, यानी निकाह!

रुख़्सत की जल्दी नहीं, लड़का भी तो पन्द्रह साल का ही है! रुख़्सत चैन-इत्मीनान से करते रहेंगे!

तुम आपा खो बैठते हो, चीख़ते-चिल्लाते, गालियों के बीच कह बैठते हो कि फिर जो चाहे करो, तुम उसमें शरीक नहीं होगे।

तुम समझते हो यह धमकी कारगर होगी और यह शादी-नामी कार्यवाही स्थगित कर दी जाएगी : बिना तुम्हारे, इस ख़तरनाक काम में और इतने कम वक़्त के नोटिस पर, मरियम का साथ कौन देगा?

ग़लती! एक बार फिर ग़लती!!

मरियम, बिटिया के साथ घर से चली जाती है, फिर 'फैन्स क्लब' के हेडक्वार्टर्स की तरफ़ (तुम्हें बाद में मालूम होगा!) जहाँ दूल्हा सहित, निकाह की सारी तैयारियाँ, उसका इन्तज़ार कर रही हैं!

तुम इस ग़लतफ़हमी में कि बात टल गई, चीज़ों को सोचने-समझने और किसी नतीजे तक पहुँचने के लिए, दारू की बोतल और गुलाम अली की गायकी के साथ, फैलकर बैठ जाते हो!

सबकुछ कितना हास्यास्पद और मूर्खतापूर्ण!

उससे भी अधिक, दुखदायी!

लेकिन मरियम और बिटिया के घर से निकलते और तुम्हारे शराब और ग़ुलाम अली में शरण खोजते पल, बातें यूँ साफ़ थोड़ी हैं, जैसी अब।

तुम्हारे ख़याल में मरियम नाराज़ होकर तैश में घर से निकल गई है, हमीदा ख़ाला के घर तक जाएगी, अपनी बात का दोबारा जायज़ा लेते हुए, ख़ुद ही अपनी मूर्खता पर शर्मिंदा होकर, वापस लौट आएगी!

यह तो तुम बिलकुल, मानकर ही चल रहे हो! परेशान तुम्हें कोई और ही बात कर रही है : मरियम के व्यवहार में आया बदलाव—क्रान्तिकारी! तुम्हें यूँ चौंकाता है जैसे नए साल का कैलेंडर, जो तुम्हारे अनजाने बदल गया हो।

सारे शिकवे और शिकायत के एहसास के बावजूद, (एहसास, जो तुम्हारे और मरियम के बीच रिश्ते की बुनियाद रहा है) तुम्हारे सबसे नज़दीक कोई है, तो मरियम; तुम्हारे मौज़ूदा रवैए से बहुत कुछ असहमत होने के बावज़ूद तुम्हारा कोई समर्थक है तो मरियम; तुम्हारी ताक़त तुमसे बाहर, कोई है तो मरियम : फिर यह इतना बड़ा बदलाव?

और तुम्हारे इतने अनजाने!

बिटिया के निकाह की मूर्खतापूर्ण बात नहीं हो (और वह तो नहीं ही है, तुम्हें यक़ीन है!), तो भी, व्यवहार में यह बुनियादी परिवर्तन?

कुछ पल को ही सही, मरियम का किसी मुद्दे को लेकर, हठ पकड़ लेना?

तुम अपने मन-मस्तिष्क को मथ रहे हो, किसी नतीजे का मक्खन निकालने की कोशिश में!

छत से टँगा, बेंत का झूला, उसमें गिलास थामे बैठे तुम, झूला लहराते और तुम्हारे चौरतफ़, बिखरा, वह साज़ो-सामान, जिसे चुनकर, ज़िन्दगी में पहली बार ख़ुद तुमने अपने घर की स्थापना करने, दीवारों में क़ैद कुछ कमरों को आबाद करने की कोशिश की है : फ़र्श पर बिछा क़ालीन, अलमारी में जमे क़ीमती सजावटी खिलौने, दीवारों पर चस्पाँ ख़ूबसूरत पोस्टर्स और स्टिकर्स, स्टीरियो सिस्टम, गद्दे-तकिए, फल-सब्ज़ी, पके खानों से लबालब पैक रेफ्रीजरेटर, मरियम की किताबों के शेल्फ़ और बिटिया के सामान से आरास्ता, उसका कमरा।

और हाँ! यह दीवार घड़ी, जिसका हाज़मा पिछले दिनों से ख़राब चल रहा है और तुम्हारी मोटरसाइकिल, जो तरह-तरह के ब्रेकडाउनों का शिकार है, उस छह माला, हाउसिंग कॉम्प्लेक्स के पार्किंग एरिया में उदास, मुँह लटकाए खड़ी है!

तुम्हारा फ्लैट छठी माला पर है, जिसकी बाल्कनी और ड्राइंग रूम से तालाब और पहाड़ों का, दृश्य फ्रेम में जड़ा-सा लगता है।

तुम घूँट ले रहे हो, शराब के बड़े-बड़े, झूला तुम्हारा, टँगा छत में लहरा रहा है, इधर-उधर! दिमाग़ तुम्हारा, करने फ़िल्में रिव्यू, प्रोड्यूसर्स की अपील पर, पहले लिये गए निर्णय पर सेंसर की रिव्यू-कमेटी की तरह, मरियम और तुम्हारी, साथ की ज़िन्दगी को, पीछे जा-जाकर, प्रोजेक्टर चला-चलाकर, देखने की कोशिश कर रहा है कि आपत्तिजनक क्या और क्यों है! ढूँढ़ने कि ग़लती कहाँ-कहाँ है?

तुम यह सोच रहे हो, इससे बिलकुल अनजान कि 'मरियम फैन्स क्लब' के हेडक्वार्टर्स में, कई गम्भीर लोगों की भीड़ मरियम के इन्तज़ार में जमा है, तेरह साल की बिटिया और पन्द्रह साल के आरिफ़ का निकाह कराने की ग़र्ज़ से! यह तय किया जा चुका है, तुम्हारे साथ उसके मज़हब और ईमान को ख़तरा है!

इस भीड़ में, महमूद-ओ-अयाज़, सभी शामिल हैं : रमेश उर्फ़ बादबान साहब से लेकर, तुम्हारा अपना कज़िन, आमिर तक।

दरअसल, आमिर ही उनका मुखिया है क्योंकि तुम दोनों के बीच, हमउम्र होने के नाते, जब-जब कोई मुक़ाबला हुआ है, आमिर पराजित हुआ है। ऐसा क्रिकेट में भी हुआ, कुश्ती में भी और नौउम्री में, लड़कियाँ पटाने में भी।

हर जगह उसने मुँह की खाई!

तुमने खेल हमेशा खेल की भावना से खेला या कभी कोई ज़्यादती या बेईमानी भी की, तो उसे खेल के मैदान तक ही सीमित रहने दिया। आमिर, तुम्हें पता चलेगा, (ख़ुद अन्दाज़ा भी है!) सारा ज़हर अपने भीतर जमा करता, कपट पालता रहा है! वह एक पल को भी नहीं भूला है, उसके एहसानों के

बदले एक बहस को बहाना बनाकर, किस तरह तुमने उसका घर छोड़ा था! अब उसे मौक़ा मिला है!

और आरिफ़? पराए शहर से पढ़ने आया, तुम्हारे क़रीबी रिश्तेदारों का बेटा : उससे तुम्हें कभी भी, कहाँ शिकायत हुई है? वह तो ख़ुद, शिकार हो रहा है, कुछ ऐसे बड़ों की साज़िश का, जो अभी उसे अपने और बहुत अच्छे लग रहे हैं! आगे, उसके लिए तो और भी सख़्त वक़्त होगा क्योंकि उसके माँ-बाप नाराज़ होकर, उसे वापस अपने पास बुला लेंगे और उन हालात में, तुम भी, उससे कोई हमदर्दी का सलूक नहीं करोगे।

तो जब तुम छत से टंगे, बेंत के झूले में झूलते, 'इस दश्त में इक शहर था, वह क्या हुआ? आवारगी'! के लिए, गुलाम अली को दाद देते, अपनी मरियम के साथ की ज़िन्दगी, जो कहानी बन चुकी है, दोहरा-दोहराकर, समझ सकने की कोशिश कर रहे हो, मरियम अपना सूखा-सा मुँह और चमकदार आँखें लिये, बिटिया समेत 'फैन्स क्लब' के हेडक्वार्टर्स पहुँच चुकी है, जहाँ जमा शुभचिन्तकों की भीड़, 'साबिर नईम मुर्दाबाद'! 'बिटिया की शादी, होके रहेगी!' तथा 'बिटिया-आरिफ़, अमर रहेंगे! अमर रहेंगे!!' जैसे नारे (दिल-ही-दिल में!) लगा रहे हैं।

बादबान साहब से लेकर, ईसा ख़ाँ-मूसा ख़ाँ, वहाँ सब जमा हैं! और आमिर मरियम को साथ लेकर, सबकी नज़रों से ओझल हो गया है : लोगों को फ़क़त उसकी आवाज़ सुनाई दे रही है।

—भाभी, फ़िक्र क्यों करती हो? उसकी नाराज़ आवाज़ मरियम को दिलासा देती, सबके कानों तक पहुँच रही है।—अरे, हम सब क्या मर गए हैं! सब हो जाएगा! सब हो जाएगा! उसने (अर्थात् साबिर ने!) ख़ुद को समझ क्या रखा है! अरे वह नालायक़ तो सारी उम्र तुम्हारे पाँव धोकर पिए, तो कम है!

बाक़ी भीड़, आमिर से सहमति में, दिल-ही-दिल कह रही है—तुफ़ है, तुम पर ऐ साबिर नईम! तुम इतने पवित्र पेय-पाक नशे से लबालब, मरियम के पैरों के धोबन को छोड़कर, घटिया शराबों के सेवन में लगे हो, जो तुम्हारे और मरियम तथा बिटिया के बीच, अरब महासागर की दूरी पैदा कर गया है!

यह तमाम लोग, भोलेपन से, यह सोच रहे हैं कि मरियम और बिटिया की हमदर्दी ने उन्हें यकजा कर दिया है जबकि यह 'चाह हुसैन' नहीं 'बुग्ज़े मुआविया' है! वह सब, तुमसे अपनी छोटी-छोटी रंजिशों, ख़फ़गियों और मतभेदों का बदला लेने, अपने इमाम, आमिर के साथ हैं!

तुम अपनी सोच और यादों में ही डुबकियाँ लगा रहे हो, और बाक़ी दुनिया में क्या से क्या हो चुका है! हेडक्वार्टर्स में जमा लोगों के बीच, बिटिया और आरिफ़ के बीच, ईजाबो-क़बूल के बाद, क़ाज़ी निकाह पढ़ा चुका है, और लोग 'नव-विवाहित दम्पती' के हक़ में, हाथ उठाकर दुआ माँग चुके हैं!

लेकिन क्या, वास्तव में, ऐसा सब हुआ था....?

आरिफ़ दूल्हा, और बिटिया दुलहन बने थे?

क्या कोई सचमुच का, बासनद और ज़िम्मेदार काज़ी था, जिसने लोगों के बीच, बाक़ायदा निकाह पढ़ाया था?

अगर निकाह हुआ था, तो घटनाओं का क्रम वही था, जिसकी तुम कल्पना कर रहे हो?

तुम्हारी कल्पना, अपनी उड़ान में, कहीं जो हुआ, उससे अलग या आगे तो नहीं पहुँच रही?

यह भी सम्भव है!

तुम्हारे सामने, जिस व्यक्ति, मरियम, ने ऐसा होने का दावा किया था, कुछ दिन बाद, वही अपने बयान से मुकर गई!

उसका दूसरा बयान था कि निकाह-विकाह कुछ नहीं हुआ था और उसने सारा नाटक, तुम्हें सबक पढ़ाने और होश में लाने की मंशा से किया था! देखते-देखते, जीवन-साथी से, तुम्हें सबक़ पढ़ाने को, वह मदरसा बन गई थी!

लेकिन, यह कहना उसने तब शुरू किया था, जब देखा था कि तुम ख़ुद सबके दरमियान मौज़ूद रहकर, इस निकाह की रस्म को सही क़ानूनी हैसियत देने के लिए, दोबारा कराना चाहते थे : अपनी जिद पूरी करना चाहते थे!

यह बाद की बातें हैं : अभी तो मरियम और आमिर इत्यादि, बिटिया और आरिफ़ की ज़िम्मेदारी से सुबुकदोश होकर, दुनिया के अन्य कामों की ओर मुड़े ही हैं और मरियम, फिर किसी तिपहिए ऑटोरिक्शा के इन्तज़ार में, बेचैन खड़ी है, जिससे बिटिया के साथ बैठकर वह फिर उस छः माले बिल्डिंग की ओर लौटेगी, जिसके किसी एक फ़्लैट की छत से टँगे, बेंत के झूले में, गिलास थामे, तुम लहरा रहे हो...।

एकदम फ़्लैट की घंटी बजती है : तुम चौंककर देखते हो, झूले में लहराते-लहराते, ख़यालों में तैरते-डूबते, अपनी जी हुई ज़िन्दगी के कुछ वर्षों का विश्लेषण करते-करते, अँधेरा घिर आया है। आप घर की रोशनियाँ जलाते हो, पानी के छींटे मुँह पर मारने के बाद, तौलिए से पोंछते, आगे बढ़कर फ़्लैट के दरवाज़े का बोल्ट गिरा देते हो।

सामने, दुनिया फ़तह करने के बाद, जो सिकंदर के चेहरे पर रहा होगा, वही भाव लिये, मरियम खड़ी है! और उसी के पीछे, उसके द्वारा फ़तह की गई दुनिया, अर्थात् बिटिया!

इसके आगे, जो कुछ हुआ, बह आज याद करने पर अविश्वसनीय लगता है : उसने आपा खो दिया था और मरियम को बिटिया के साथ, वहाँ से भागना पड़ा था। लम्बे समय तक, उसकी कोशिश के बाद भी, मरियम और बिटिया से सामना नहीं हो पाया था। कहा यह भी जाता था कि मरियम ने, आमिर के कहने पर, जान को ख़तरे की रिपोर्ट, पुलिस में की थी!

सब बेहद भद्दा हो गया था, होता ही गया था।

अपने सामने, बिटिया का दोबारा निकाह कराने की, उसकी ज़िद भी पूरी नहीं हो सकी थी क्योंकि आरिफ़ लापता हो गया था।

फिर, टेकरी पर जल्दी में बनवाया गया टप्परनुमा घर, जिसमें शिफ़्ट होकर वह समझता था, बिगाड़ का सिलसिला टूट जाएगा : ऐसा नहीं हुआ था! हाँ, समय बीतने के साथ-साथ, उसका मरियम और बिटिया से दोबारा सम्पर्क स्थापित हो गया था।

यह सम्बन्ध भौतिक से आध्यात्मिक में परिवर्तित हो गए थे, विशेषकर मरियम के यह कहने के बाद कि वह उसे तलाक़ दे चुका था!

हालाँकि, अगर ऐसा हुआ था तो उसके बिलकुल अनजाने और अनचाहे!

मरियम और बिटिया, टेकरी पर आकर रहे भी थे, पिछले साल पूरे रमज़ान यहीं रहकर गुज़ारे थे, मगर मेहमानों की तरह!

अलीगढ़ मामू, उसके भोपाल में रहने के दौरान, यहाँ दो बार आए थे।

एक बार, तब जब वह मरियम और बिटिया के साथ, फ़्लैट में रह रहा था, और दूसरी बार, जब वह लोग अलग हो चुके थे।

इसके अलावा, इस बीच, उनका अम्मा और ख़ानदान के अन्य सदस्यों से भी, मिलना-जुलना, हमेशा की तरह रहा था।

उन्होंने ख़ुद से, न तो उसके बम्बई छोड़ने का कारण पूछा था, और न फिर बाद में, मरियम से अलग हो जाने की वजह।

मरियम से मिलने, उसके घर भी, वह इस सहजता से गए थे, जैसे कुछ बदला ही न हो!

उसने ख़ुद ही, मार्गदर्शन और मशवरे की उम्मीद में, कई चक्कर अलीगढ़ के लगाए थे और जितना सम्भव हो सकता था, उन्हें बताने की कोशिश की थी। उन्होंने बहुत धैर्य और हमदर्दी से सुनते, आश्चर्य और दुख भी जताया था, लेकिन ख़ुद किसी मामले में, तीसरी पार्टी बनने से इनकार, इल्मी और अदबी महात्माओं, और उनके कामों के बारे में बात करते और उन किताबों को पढ़ने का मशवरा देते, कर दिया था!

वह समझा था, कमउम्र बिटिया के निकाह की मरियम की ज़िद जानकर वह गुस्से से खौल उठेंगे और ख़ुद उससे सहानुभूति जताते हुए, मरियम को बुरा-भला कहेंगे : ऐसा कुछ नहीं हुआ था बल्कि यह ख़ुद उसका अन्दाज़ा था—उन दोनों के प्रति, मामू की हमदर्दी, कुछ और बढ़ गई थी!

मरियम के एबॉर्शन की बात भी उन्होंने सहज भाव से सुनी थी और उसे साबिर के विरुद्ध प्रतिरोधी कार्यवाही मानने के बजाय, उससे इस प्रकार पूछताछ की थी, जैसे उनके ख़याल में, साबिर से मरियम को उस प्रकार की 'सेक्सुअली ट्रांसमिटेड' बीमारी लगने का अन्देशा हो, जिसने उसे ऑपरेशन कराने पर मजबूर कर दिया हो!

उन्होंने यह मानने से क़तई इनकार कर दिया था कि ऐसा मरियम ने, महज़ साबिर की इच्छा के विरुद्ध, दोबारा माँ न बनने की मंशा से किया होगा।

इसके बावज़ूद, उसके पास किसी आख़िरी चारे की हैसियत से, अलीगढ़ मामू से ज़्यादा भरोसेमन्द कोई नहीं था : संजय मिडिल इस्ट, दुबई में रहकर काम कर रहा और पैसा कमा रहा था और दर्शन सिंह वीर जी अमेरिका जा बसे थे!

यह क्या मजबूरी और कैसी ट्रेजडी थी उसकी!

आसपास वकील और अन्य कुछ परिचितों के अलावा, जिनसे किसी प्रकार की व्यावहारिक सहायता की उम्मीद नहीं की जा सकती थी, और कोई नहीं था!

या फिर आमिर था, जो कड़वे लहजे में कह चुका था कि ज़रूरत पड़ने पर साबिर तक़ल्लुफ़ न करे : जहाँ तक सम्भव होगा, एक रिश्तेदार के नाते वह हमेशा उसकी मदद करेगा!

दो लाख रुपए, इतनी बड़ी रक़म बन गए थे कि वह कहीं से इकट्ठा नहीं कर पा रहा था!

इधर टेकरी के नीचे, सामने की खुली जगह में, अलंगों और ईंटों के ट्रक, दो अलग-अलग पहलवान पार्टियों ने, जगह पर क़ब्ज़ा करने को, ख़ाली करा दिए थे और वहाँ उनके चौकीदार बैठ गए थे।

क़ानूनी रूप से भी वह उनके ख़िलाफ़ कुछ नहीं कर सकता था क्योंकि न तो उस जगह पर उसका क़ब्ज़ा था और न उसके पेपर्स थे : कब्ज़ा करनेवाले भी पुराने शहरी, जान-पहचानवाले भू-माफ़िया के सदस्य थे और आते-जाते सलाम-दुआ करते थे।

यह सब महलवालों की मंशा से हो रहा था और अब मामला अमजद जैसों के कहने-सुनने से बाहर का हो चुका था।

गर्दन में रस्सी का फन्दा, तंग होता महसूस किया जा सकता था।

यह इस समय की उलझन थी, जिसमें अगाथा क्रिस्टी के मशहूर जासूसी नायक, हर्क्यूल पाइरॉट की तरह, वह सारे मामले-रहस्य को इस प्रकार सुलझा

लेना चाहता था, जैसे कोई उलझी और दिलचस्प सिचुएशन, बग़ैर सस्ते ख़ून-ख़राबे के, जासूसी उपन्यास के अन्तिम पन्नों में, सुलझ जाती है।

धीरे-धीरे, एक अन्य भावना भी दिलो-दिमाग़ में, किसी नारे की प्रतिबद्ध गम्भीरता लिये, पलती-पनपती रही थी : यही कि 'लाहौर चलो'!

लगता था, कोई एजेंट (जासूसी) एक ख़ुफ़िया फ़ाइल के साथ, उस पहचान का लिबास पहने, जो उसे बता दी गई है, लाहौर के किसी पुरफ़िज़ा एकान्त में उसका इन्तज़ार कर रहा था और उसे देखकर तथा उसके मुँह से कोड 'फिफ्टीन ऑब्लीक एट' (15/8) सुनते ही, वह फ़ाइल उसके हवाले कर देगा जिसमें वह सारी तफ़सील दर्ज थी, जो वह जानने का इच्छुक था।

लेकिन मुहावरे की दिल्ली की तरह, असल ज़िन्दगी का लाहौर भी दूर था, बहुत दूर!

अभी तो भोपाल ही उसका मुक़द्दर बना, तमाम खरे-खोटे का इम्तिहान लेने पर तुला था!

चार

27. टेकरी : नगर और नागरिक

यह तय था कि उसके लिए बिलकुल नया न होते हुए भी, यह शहर अपने-आपमें कुछ विशिष्टताएँ लिये था।

नगर भी और यहाँ के नागरिक भी!

क़स्बाती संस्कारों और महानगरों की नक़ल करनेवाले, ख़तरों और ख़तरनाक लोगों से भरा!

यह बदलाव देखते-देखते आया था।

पहली बार, जब वह मरियम के साथ यहाँ आया था, वह अनुभव भिन्न था।

इस बार एक अलग ही कहानी थी।

शायद इसलिए कि पुराने लोगों में ज़्यादा की सहानुभूति, मरियम और बिटिया के साथ थी और वह साबिर को सारे बिगाड़ का दोषी मानते थे : जो खुलकर नहीं कहते थे, वह भी मन-ही-मन!

या उदारता का नाटक करके, यह दर्शाना चाहते थे कि साबिर और मरियम, दोनों असाधारण व्यक्तित्व थे और उनके आपसी मामले में वह नहीं पड़ना चाहते थे!

वही दीवानगी!

ख़ानदानी दीवानगी!!

अम्मा के परिवार के अलावा, अलीगढ़ मामू से बातचीत की रोशनी में वह अमर शहीद परछाईं भी, बड़ा दीवाना लगता था! नाना का शागिर्द तो वह ख़ैर था ही!

अपनी दीवानगी का इलाज, उसने अम्मा से शादी करके करना चाहा, हालाँकि दीवानगी की, ज़्यादा-से-ज़्यादा शक्ल/रूप बदला जा सकता है, जड़ से उसे मिटाया नहीं जा सकता।

किसी का शेर है–

कर इलाजे बहशते दिल चारागर,
ला दे एक जंगल मुझे बाज़ार से!

वैसे, उसने कोशिश करना चाही थी, ख़ुद भी असाधारण अनुभव करने की, लेकिन बात बनी नहीं थी!

वही, साधारण का साधारण रहा था : नॉर्मल!

शहर में कुछ अपवाद भी लगते थे, जिनकी आत्मीयता पर विश्वास करने को, मन करता था लेकिन वैसा करना-न-करना, वर्तमान परिस्थितियों का सामना करने को, काफ़ी नहीं था।

–सच या यूँ ही हाँक रहे हो?

एक शाम दोस्तों के बीच, जब उसने बढ़ती उम्र और ज़िन्दगी के रायगाँ जाने की बात, आनेवाली सालगिरह के हवाले से, की थी तो किसी ने उसकी जन्म-तिथि जानना चाही थी।

बताने को एक से अधिक तारीख़ें तो थी नहीं; उसने जन्म-तिथि, पैदाइश के साल के साथ, 15 अगस्त, 1947 बता दी थी।

सुनकर सब चौंके थे।

वह भी जो कई बार, उसके साथ सालगिरह के जश्न में, शरीक रह चुके थे!

–अगर ऐसा है, एक ने बात में मज़ा पैदा करने के अन्दाज़ से कहा था–तो आप अपने इन्तिक़ाल की तारीख़ अभी से तय समझो!

–क्या?

–26 जनवरी! वह सन् कोई सा भी हो सकता है!

लोगों को सचमुच मज़ा आया था; सब मिलकर हँसे थे।

वह ख़ुद भी।

यह सोचकर कि अगर परछाईं की, अम्मा को लेकर, दीवानगी कुछ और में रूपान्तरित न हुई होती तो उस नाज़ुक घड़ी, जब तुम गर्भ में थे, उन्हें मायके छोड़कर, वह लाहौर हरगिज न गया होता क्योंकि उस क्षण हिन्दू-मुस्लिम तनातनी चरम पर थी! अंग्रेज़ जो खेल का रेफरी था, सीटी बजाते-बजाते थककर बेहाल हो चुका था!

इतना कि सीटी तो मुँह में दबी थी लेकिन फूँक उसमें, या तो वह जानकर नहीं डाल रहा था या नहीं-जानकर, नहीं डाल रहा था!

खन्दक़ ख़ुद रही थी!

दीवार चुनी जा रही थी!

बयान दिए जा रहे थे; बयानों से मुकरा जा रहा था!

मूसा का चमत्कार, थोड़ा बदलकर, समुद्र के बजाय ख़ुश्की को, लकीर खींचकर, विभाजित किया जा रहा था। और कर दिया गया!

बँटवारा अर्थात् विभाजन यानी डिवीज़न!

परछाईं गर्भ में सिमटती जा रही थी, जहाँ से उसे, पुराने हुलिए और नए नाम के साथ एक और जन्म लेना था! एक नया अवतार!

साबिर, नईम, परछाईं-दो!

परछाईं-वंश का सिलसिला!!

—एक जनम, एक मौत! अलीगढ़ मामू के शब्दों में।

अब वह मौत जनम था, या जनम मृत्यु?

आसपास लोगों की बातचीत जारी थी।

—पैदाइश और इन्तक़ाल को लेकर, एक आदमी इस शहर में, इससे मिलता-जुलता ज़रूर हुआ है, उन साहब ने, जिनके बोलने में विस्तार के कारण, लोग पीठ-पीछे उन्हें दास्तानगो के उपनाम से याद करते थे, कहा था।—ऐसा, जिसने यहाँ शिक्षा के लिए बड़ा काम किया है। कोशिश करके स्कूल शुरू किया, कॉलेज बनाया और कुछ और जी जाते, तो शायद यूनिवर्सिटी भी बनवा देते।

स्कूल-यूनिवर्सिटी की बात सुनना उसे अच्छा लगा था।

—दादा की बात कर रहे हो? किसी ने सहमति के स्वर में पूछा था।—कोई मिसाल नहीं उस आदमी की! सर सैयद को तो हमने देखा नहीं, लेकिन दादा को शहर में अपने बीच, चलते-फिरते, काम करते देखा है।

—किस संघर्ष का जीवन जिया उन्होंने, तीसरे ने श्रद्धांजलि के स्वर में याद किया था।—शहर में आज भी ऐसे लोग हैं, जिन्होंने उन्हें ज़िन्दगी की शुरुआत कनस्तर से घासलेट बेचकर करते देखा है। फिर बड़ा आदमी बनते और स्कूल-कॉलेज की स्थापना करते भी।

—मैं महज़ उनकी शिक्षा के लिए लगन की बात कर रहा था, दास्तानगो ने बात का संचालन जारी रखते कहा था।—आख़िरी दिनों में, जब उनकी सेहत बहुत बिगड़ चुकी थी और उन्हें सचमुच आराम करना चाहिए था, वह चिलचिलाती धूप में, छाता लगाए, कॉलेज की साइंस लेबोरेटरी-बिल्डिंग बनवाते नज़र आते थे और जैसा क़िस्से-कहानियों में होता है, बिल्डिंग पूरी हो जाने के बाद ही, उनका इन्तक़ाल हुआ!

—था क्या, एक ज़माने में! अन्य किसी ने याद किया था।—यह जो आज इतना बड़ा कॉलेज नज़र आता है, इसकी प्राइमरी क्लासेज़ ज़मीन पर दरख़्तों की छाया में लगना शुरू हुई थीं : सिर पे सायबान तक नहीं था।

—कोई सन्देह नहीं, किसी ने बात संक्षिप्त करने को कहा था।—दादा ने शहर के मुसलमानों के लिए बहुत-कुछ किया।

बात सिमटने के बजाय फैल गई थी!

शहर के मुसलमानों के लिए किया, को लेकर, कुछ को आपत्ति थी।

जनमत था कि दादा हिन्दू और मुसलमानों के बीच फ़र्क़ नहीं करते थे। इसका प्रमाण कॉलेज में पढ़नेवालों मुसलमानों से अधिक हिन्दुओं की संख्या थी।

—यह सूरत तो अब अलीगढ़ की भी हो गई है, संक्षेप में बात समाप्त करने में असफल रहनेवाले ने दलील दी थी।—उसे क्या सर सैयद ने, मुसलमानों में नई तालीम के अलावा, किसी मक़सद से शुरू किया था?

—वक़्त और ज़माने का भी तो फ़र्क़ होता है, दास्तानगो ने ओढ़ी लाचारी से कहा था।—उस ज़माने का मुक़ाबला बाद के ज़मानों से करना ग़लत है और सर सैयद ने भी, अपने कॉलेज के दरवाज़े दूसरे मज़हबवालों के लिए बन्द नहीं किए थे।

—सर सैयद को मुसलमानों से हमदर्दी होना क्या ग़लत था? न होती तो मुझे उनकी ईमानदारी में शक होता!

—मुसलमानों से हमदर्दी तो और भी बहुत-सों को थी या रही होगी, यहाँ बात वक़्त के बदलाव को समझते हुए, नई तालीम की है। दीनियात और मदरसों की तो कोई कमी नहीं थी, ख़ुद अरब के उलेमा, दीन की तालीम के लिए, हिन्दुस्तान के आलिमों के पास आते थे! उसी में यह हुआ कि मुसलमान के लिए दीन के अलावा दूसरी तालीम ही अजनबी और बुरी हो गई!

उसे लगा था, अब बात शिक्षा और राजनीति को लेकर चलेगी!

लोगों ने अपना इतिहास का पहला पाठ, जब और जिस परिस्थिति में किया है, उसे अपने कड़वे-मीठे जीवन-अनुभव के साथ, बुनकर, अपने जीने की समझ को, एक परिकल्पना के स्वरूप, एक-दूसरे के सामने रखने का प्रयत्न करेंगे।

लौट-लौटकर 1857 और उसके पीछे तक जाएँगे और हाँफते हुए आज तक वापस आएँगे!

कैसे अंग्रेज़ ने 1857 की सज़ा देने को मदरसों, ख़ानक़ाहों, हद यह कि मस्जिदों तक को घुड़सालों में बदल दिया था।

इल्म के वह तमाम चिराग़ बुझा दिए थे, जिनसे रोशनी की उम्मीद बँधती!

क्योंकि जो यहाँ के लोगों के लिए रोशनी होती, वह दरअसल अंग्रेज़ के ख़िलाफ़ बग़ावत का जज़्बा होता।

किस प्रकार का जज़्बा, एक ऐसे बदले हुए युग में, जब मोज़जे होना बन्द हो चुके थे और जंगें नए आविष्कारों के सहारे लड़ी जाने लगी थीं!

सोचो! सोचो और मातम करो!

बात इसी पर ख़त्म नहीं होगी।

अंग्रेज़ और ईसाई की, इस्लाम और मुसलमान-दुश्मनी की व्याख्या करने, कुछ और शताब्दियों की यात्रा करके, बारहवीं-तेरहवीं सदी ईसवी तक जाया जाएगा, सलीबी जंगों (क्रूसेड्ज़) और यूरोप, विशेषकर स्पेन से मुसलमानों के सफ़ारो की बात करने।

कैसे, सदियों हुकूमत करने के बाद, मुसलमान वहाँ से बेदख़ल कर दिया गया था।

बेदख़ल यूँ ही नहीं, जंग में पराजय के बाद, शहर की, मुल्क की चाबी ईसाई विजेताओं को सौंपकर, वहाँ पनाह ढूँढ़ी थी, जहाँ मुसलमानों की हुकूमत थी।

हिजरत!

सब नहीं, वह गिनती के, जो जंगों में हलाक़ होने से बच गए थे और जिन्हें ईसाई होना स्वीकार्य नहीं था।

हिजरत की कल्पना यह कि ऐसे शासन में नहीं रहेंगे, जिसकी बाग़डोर मुसलमानों के हाथ में न हो।

'दारुल हरब' : ऐसा घर जिसके विरुद्ध धर्म-युद्ध घोषित हो।

यही परिकल्पना, बदले ज़माने में, विकृत रूप धारकर, कारण बनी थी इस देश के विभाजन का : यह बात, आसपास जमा लोग करने से कतराएँगे।

कुछ सच्चाइयाँ ख़ुद अपने ख़िलाफ़ जाती हैं, उससे बचने को!

सर सैयद की अंग्रेज़-दोस्ती से, अंग्रेज़ की मुसलमान-दुश्मनी तक का उल्लेख किया जाएगा, बीसवीं शताब्दी में उसकी मुसलमान-ख़िलाफ़त की समाप्ति में भूमिका, और यहूदियों की पीठ पर हाथ रखकर, इसराइल की स्थापना कराने को सन्दर्भ बनाकर!

यह भूलकर कि इतिहास में जो हो चुका, उसके लिए किसी के माफ़ी माँगने की आशा मूर्खता है! (हालाँकि आजकल यह भी हो रहा है!)

आपस में दूसरे समुदायों का शिकवा, लानत-मलामत, उनकी चालाकी और ख़ुद के छले जाने का मरसिया!

दुनिया में शासन करनेवाले होते हैं और जिन पर शासन किया जाता है।

शासन की रूपरेखा बदल गई है लेकिन वास्तविकता कैसे बदल सकती है!

कमज़ोर ताक़तवर का भाजन बनता है, ताक़त संख्यात्मक हो या अन्य प्रकार की।

मुसलमान इस देश में कमज़ोर है और एक ऐसे धर्म को माननेवाला भी जिसका जन्मस्थल यह नहीं है।

उसे अगर परीक्षा का सामना है, तो आश्चर्य कैसा?

वह अगर परिस्थितियों से सन्तुष्ट नहीं, तो काहे की हैरानी?

कौन है जो कमज़ोर या पिछड़ा रहना चाहेगा?

सब ख़ुद को बदलना—ऊपर आना चाहेंगे : ज़िन्दगी का प्रमाण तो यही होगा।

बराबरी की बात करनेवाले, अच्छी नीयत के, कम-समझ लोग हैं!

प्रकृति ने दो चींटे तो एक जैसे पैदा किए नहीं, इनसान कैसे बराबर पैदा कर देगी!

वह बुरी नीयत के कम-समझ हैं, जो वर्तमान समस्याओं का समाधान इतिहास के उन हवालों में खोजते हैं जो उनकी मंशा के मुवाफ़िक़ हों!

जो मज़हब तालीम के ख़िलाफ़ हों, या समझते हों, शिक्षा का किसी स्तर पर स्थगन हो सकता है, वह जीवन-चक्र में कैसे शामिल हो सकते हैं?

जीवन-चक्र का अर्थ केवल जो पश्चिम में हो रहा है, उसी की नक़ल कहाँ है।

बढ़ना तो अपनी जड़ों पर ही सम्भव है।

इसका अर्थ जड़ों की ओर वापसी, इस अर्थ में तो नहीं, जो होता नज़र आता है!

हर काल के केन्द्र रहे हैं—कभी भारत, कभी इजिप्ट, कभी चीन, कभी यूनान, कभी रोम, कभी इस्लाम तो कभी ईसाइयत।

शासकों के नाम से सभ्यताएँ जानी जाती हैं!

तो इस्लाम, जो आठवीं शताब्दी से बारहवीं शताब्दी तक मूलतः अरब सभ्यता के रूप में जाना जाता है, कोई बन्द दरवाज़ों की उत्पत्ति नहीं था : वह उदार था, और पूरे समय बाहरी प्रभावों को आत्मसात् करता था; उसमें ईरान की कला, भारत का गणित-शास्त्र और यूनान का दर्शन-शास्त्र, सब समाहित थे।

यह आज पश्चिम का झूठा घमंड है कि उपस्थित अन्तर्राष्ट्रीय सभ्यता किसी जाति-विशेष की जागीर है।

इस अन्तर्राष्ट्रीय जीवन-चिन्तन पद्धति में सारे संसार का योगदान है।

इसकी जगह कोई अन्य सभ्यता नहीं ले सकती।

जड़ों की ओर लौटने का नारा विनाशकारी, संकुचित सोच और पुरानी आपस की दुश्मनियों द्वारा पैदा किया गया है।

यह सभ्यता या धर्म नहीं, उनके नाम पर राजनीति है।

मुसलमान, हिन्दू, अफ्रीका के अनेक देश—सब इसके नारे लगा रहे हैं!

शाहबानो के, इनसान की समझ में आसानी से आनेवाले मामले को, आसमानी ताक़तों के आदेश के साथ फेंटकर, यह किसके साथ कौन दुश्मनी पर उतारू है?

अयोध्या में, राम के नाम पर गरमाते मामले में, बाबर किस हद तक दोषी है?

सोचते यह सब हैं आप, और करने के नाम पर बीवी और बेटी को मना तक नहीं सकते, पाँच लाख रुपए की व्यवस्था तो अपनी जगह रही!

जी हाँ! महलवालों का तक़ाज़ा दो से पाँच लाख हो गया है।

तीन लाख सामने की ज़मीन के, जिससे अधिक कई लोग देने को खड़े हैं, लेकिन साबिर महलवालों की पहली तरजीह है!

—आप, किसी ने दास्तानगो की धाराप्रवाह बात से थकते हुए कहा था—मौक़ा मिलते ही क्लास लेने लगते हो!

—ज़ाहिर सी बात है, दास्तानगो ने स्वीकार किया था।—मुदर्रिस हैं और क्लास लेने की ही खाते हैं! बात दादा की चल रही थी कि वह ख़ुद अशिक्षित रह गए थे इसलिए लोगों की तालीम को अपना मिशन बना लिया था। हुकूमत करनेवालों को तो अपना भला ही आम लोगों की जहालत में नज़र आता है, मगर दादा ने वह काम कर दिखाया जो हाकिम और रईस नहीं कर पाए! मियाँ, आप बताइए न, अपना अलीगढ़ का तजुर्बा!

मियाँ एक जागीरदार परिवार से सम्बन्धित, 70 वर्ष से ऊपर के ऐसे व्यक्ति थे, जिन्होंने स्वतन्त्रता संघर्ष में नवाबी रियासत का खुलकर विरोध किया था। उनके जीते जी ही उनके बारे में अनेक किंवदंतियाँ प्रचारित थीं और उन्हें एक ऐसे क्रान्तिकारी के रूप में देखा जाता था जिसकी राजनीति के बारे में अधिक जानकारी नहीं थी।

लोगों के बीच उन्हें 'वह आदमी जिसने दुनिया को समझ लिया' कहकर हँसा और याद किया जाता था।

पूरे पुराने शहर को क़दमों से नापते उन्हें देखा जा सकता था, या कुछ ख़ास बैठकें थीं उनकी, दोस्तों-रिश्तेदारों के साथ, जो समय के गुज़रान के साथ कम होती जा रही थीं। न वह शराब पीते थे, न किसी दूसरी चीज़ की लत थी। लोगों को हँसाने के लिए फर्ज़ी लौंडेबाजी के क़िस्से सुनाते थे या दूसरे विश्वयुद्ध के चलते जो भाषण चर्चिल ने दिए थे और जो उन्हें कंठस्थ थे। उनके चेहरे का स्थायी भाव, जैसे किसी को किसी अप्रिय मुद्रा में पकड़कर, उसकी खिल्ली उड़ा रहे हों।

उनका ठहाका बिजली-सा चमकदार और ख़ंजर की धार लिये होता था, और कई बार यह तय करना सम्भव नहीं होता था वह किस कारण ठहाका लगा रहे हैं।

वकील मियाँ का बहुत सम्मान करता था; शायद उनमें उसे अपने लेखन का कोई चरित्र नज़र आता हो! पहली बार साबिर को मियाँ से वकील ने ही मिलवाया था।

अब वह ख़ुद भी टहलते उसके पास आ निकलते थे।

किसी के शब्दों में, वह बीते ज़मानों का ऐसा अचार थे, जो जितना पुराना पड़ता है उतना ही ज़ायकेदार होता जाता है!

आज शाम वह दास्तानगो के साथ ही टेकरी पर आए थे और हो रही बातचीत को ख़ामोशी से सुनते रहे थे।

—सन् 1939-40 की बात है, लोगों के अनुरोध पर वह शुरू हुए थे।—मैं अलीगढ़ में बी.ए. के पहले साल में था जब नवाब भोपाल वहाँ कॉन्वकेशन में आए। वह वहाँ के ओल्ड-ब्वॉय थे और उनकी माँ और दादी ने भी, सर सैयद की बहुत मदद और अलीगढ़ स्कूल और फिर यूनिवर्सिटी की सरपरस्ती की थी...।

—उस ज़माने में अलीगढ़ में औलाद को पढ़ाना, कम-हैसियत लोगों के बूते का तो था नहीं। अमीरज़ादे पढ़ते थे वहाँ, या ऐसे लोग, जिन्हें रियासत से वज़ीफ़ा मिलता हो और जो पढ़-लिखकर ख़ुद को रियासत का ख़ादिम समझते रहें। हमारे वालिद ने अपने ख़र्चे पर हमें वहाँ पढ़ने भेजा था।

—स्टूडेंट्स का एक डेलिगेशन नवाब साहब से मुलाकात के लिए जा रहा था।

—हमें उसमें ख़ासतौर पर इसलिए शामिल किया गया कि हमारा ताल्लुक़ रियासत भोपाल से था, यानी नवाब साहब की अपनी रियासत।

—सर्दियों की सुबह थी; हम लोग पहुँचे तो हिज़-हाइनेस लॉन पर धूप सेंकते, नाश्ते पर हमारा इन्तज़ार कर रहे थे। बहुत तपाक से हम लोगों को वेलकम किया गया। नवाब साहब यूनिवर्सिटी के उन ओल्ड ब्वॉइज़ के बारे में बात करते रहे जिन्होंने मुल्को-क़ौम की ख़िदमत में नाम कमाया था। ख़ुद जो वक़्त उन्होंने दहाँ स्टूडेंट की हैसियत से गुज़ारा था, उसे याद करते रहे...।

—स्टूडेंट्स को अपनी रियासत आने की दावत देते हुए फ़रमाया—“कभी आप लोग हमारे मेहमान बनकर देखिए, हिन्दुस्तान के उस हिस्से में, जो अपनी ख़ूबी नहीं, ख़ामियों के लिए जाना जाता है, अपनी रियासत को हमने

चमन की तरह आबाद किया है। आपको लगेगा, बहशत में आ गए। वहाँ के पहाड़, तालाब, इमारतें अपनी नज़ीर आप हैं। आपका सफ़र यादगार रहेगा।''...

—नवाब साहब का ख़िताब जो उन्होंने बहुत लहककर किया था, सुनने के बाद मैं खड़ा हो गया और कहा—आला हज़रत को ख़ुशी होगी, उनकी बहशत का एक बाशिंदा उनके पेश-ख़िदमत है! मैं ज़मीन के उस ख़ित्ते का हाकिम होने पर हुज़ूर को दिली मुबारकबाद पेश करता हूँ और अर्ज़ करना चाहता हूँ कि शायद रियासत की दीगर मसरुफ़ियात और सियासी मामलों की वजह से, हुज़ूर को अपनी रिआया की कई ज़रूरतों की ख़बर नहीं हो पाती...!

—मेरी बात सुनते, नवाब साहब की आँखों में चौकन्नापन घिर आया, जैसे जंगली जानवर ख़तरा महसूस कर लेता है...।

—नीची आवाज़ में उन्होंने ए.डी.सी. से पूछा—''यह कौन है...?''

—अपनी रिआया में से एक को वहाँ पाकर आला-हज़रत का मूड एकदम ख़राब हो गया था...!

—मैंने अपना तफ़सीली तआर्रुफ़ देने के बाद कहा कि रियासत में तो मुझ जैसे सोच के नौजवानों की रसाई हुज़ूर की ख़िदमत में मुमकिन नहीं, इसलिए मैंने इस मौक़े पर अपने मसले हुज़ूर की ख़िदमत में रखने का तय किया...।

—मेरी बात सुनकर, मियाँ ने पुरानी यादों की बुझती शमूअें आँखों में सँजोते हुए कहा था—नवाब का ए.डी.सी, हाथ नचाकर कहने लगा—''आला हज़रत सब से टाइम देकर मिलते हैं...!''

और अवसर की नज़ाकत को याद करके, मियाँ फूट-फूटकर हँसने लगे थे।

—सोचिए! मुश्किल से हँसी पर क़ाबू पाते हुए उन्होंने कहा था—यह भी कोई कहने की बात थी कि आला हज़रत सबसे टाइम देकर मिलते हैं! मैंने उसकी बात अनसुनी करके कहा कि आला-हज़रत से दरख़्वास्त है कि रियासत में सलाहियतमन्द नौजवानों के लिए तालीम का मुनासिब

इन्तज़ाम किया जाए! कॉलेज तो दूर, रियासत में किसी युनिवर्सिटी से इम्तिहान देने का सेंटर तक नहीं! हुज़ूर वाक़िफ़ है, रियासत के कम-हैसियत लोग तालीम के लिए औलाद को बाहर नहीं भेज सकते...।

—नवाब साहब का मूड पूरी तरह बिगड़ चुका था, फिर भी लहजे को क़ाबू में रखते हुए, उन्होंने ए.डी.सी. को हिदायत की कि इनका नाम नोट कर लो और जब मिलने आएँ, ज़रूर मिलवाना! फिर बाक़ी स्टूडेंट्स की तरफ़ मुड़ते हुए कहा—"यू सी, जेंटलमैन! समथिंग ऑलवेज़ रिमेन्स टु बी डन! यह नौजवानों से बेहतर कौन बता सकता है। सॉरी जेंटलमैन! बट इट्स टाइम आई टेक युवर लीव। ऑल द बेस्ट, एंड इट्स बीन अ प्लेज़र!"

—जब आला हज़रत स्टूडेंट्स से यह कह रहे थे तो उनकी आँख का एक कोना मुझे धमकी दे रहा था कि अब ज़रा रियासत तो लौट के आ! और दूसरा ए.डी.सी. से लापरवाही का जवाब तलब कर रहा था कि उनकी रियासत का स्टूडेंट डेलिगेशन में कैसे शामिल हो पाया!

—यह रवैया था, हुकूमत करनेवालों का तालीम के बारे में...!

—हो सकता है, आज बदले हालात में आप लोग मेरी बातों में उतना वज़न महसूस न करें लेकिन तालीम बुनियादी तौर पर इनसान को आज़ाद होना सिखाती है। जो तालीम इसलिए हासिल करते हैं कि गुज़रे ज़मानों, तहज़ीब या मज़हबी किताबों की वक़्त के साथ संगत बिठा सकें, वह आलिम या पंडित नहीं, बीते ज़मानों के ज़ेहनी ग़ुलाम हैं...।

—वह ज़िन्दगी की रफ़्तार को बाँध सकने का लाहासिल काम कर रहे हैं!

—आजकल तालीम भी, किसी-न-किसी तरह, अलग-अलग मज़हबी नज़रियों की बॉडीगॉर्ड बनने पर मजबूर नज़र आती है : धर्म, ज़ात या मुल्क, सतही नाम कुछ भी दिया जा सकता है...।

—इसके बावज़ूद, मैं पूरी ईमानदारी से कह सकता हूँ, हम बीते हुए कल की निस्बत, बेहतर आज में जी रहे हैं...।

—कुछ लोग रियासत को इस तरह याद करते हैं, जैसे वह कोई सुनहरा दौर रहा हो। हरगिज़ नहीं! सुनहरा वह उनके लिए रहा होगा जिन पर वक़्त मेहरबान था...।

—मैं क़सम खाकर कह सकता हूँ कि हम आज कहीं बेहतर हैं।

मियाँ को सुनते एक बोझिल सन्नाटा पड़ गया था।

—क्या तालीम और मज़हब को, किसी ने कह सकने की हिम्मत जुटाई थी—इतनी आसानी से अलग-अलग खानों में बाँटा जा सकता है?

—जी नहीं! मियाँ ने पलटकर जवाब दिया था।—उसके लिए ख़ासी समझ और हिम्मत की दरकार होती है! अगर आप एक मुसलमान की हैसियत से अपने हिन्दू दोस्तों को समझने का दावा करते हैं, तो साहिल से तूफ़ान का नज़ारा करते रहिए! ऐसा करते कितने ही काम आ चुके जिनका नाम जाननेवाला भी कोई नहीं।

—फिर किया क्या जाए?

—मियाँ, किसी ने पूछा था—पार्टीशन के बाद आपने कभी पाकिस्तान जाने का नहीं सोचा?

—क्यों नहीं सोचा! मियाँ ने बेबाक़ी से कहा था—दसियों बार सोचा होगा, और अपनी सोच पर हँसा होऊँगा! मैं पैदाइश का मुसलमान, पाकिस्तान के मोमिनों के बीच मेरी क्या जगह! मॉस्को जा सकता था, मगर ज़ालिम ज़माना उसे ही मिटाने पर तुला है! यूटोपिया जन्नत की ही तरह, कहीं है नहीं, तो बेहतर है अपना ही घर सुधारने की कोशिश करूँ। करने पर ही होना टिका है।

—आप कम्यूनिस्ट हैं?

—नास्तिक होने तक! किसी सियासी पार्टी से मेरा ताल्लुक़ नहीं रहा, लेकिन तालीम में मेरा ईमान है। इसीलिए, उन साहब के लिए भी दिल में इज़्ज़त, जिनकी बात हो रही थी।

—लेकिन, किसी ने याद दिलाना चाहा था—साबिर की सालगिरह तो बीच में ही छूट गई!

दास्तानगो, आँखें गोल-गोल घुमा रहा था, जैसे पूछना चाहता हो, याददाश्त तुम्हारी बेहतर है या मेरी!

—तुम तो हर बात में दख़ल देते हो! उसने बुरा मानने का अभिनय करते हुए कहा था।—याद तो हमें भी रहता है।

—मगर आप बम्बई से दिल्ली का सफ़र वाया कलकत्ता-मद्रास करते हैं!

—साबिर की सालगिरह, 15 अगस्त की ही दुहाई पड़ रही थी? दास्तानगो ने मूल पर लौटते हुए कहा था।—जिस पर मैंने दादा को याद किया था।

—दादा भी 15 अगस्त को पैदा होकर, 26 जनवरी को ख़त्म हुए थे?

—जी नहीं! दास्तानगो का स्वर एकदम भारी हो गया था।—वह 26 जनवरी को पैदा होकर 15 अगस्त को ख़त्म हुए थे! मैंने उन्हें साबिर जैसा नहीं, साबिर की टक्कर का कहा था।

उपस्थित लोगों में सबको ही पता था कि वह किस उलझन में था; ख़ुद उसने नहीं बताया था लेकिन ख़बर सब रखते थे! फिर नीचे अलंगों और ईंटों का ढेर खुला विज्ञापन था, किसी न टाले जा सकनेवाले बदलाव का, जिसके बारे में किसी ने पूछताछ तक नहीं की थी!

मिलने-जुलने का मतलब, महज़ हँसना-बोलना था, जिसमें पन्द्रह अगस्त एक मुख्य विषय था।

अपने जन्म की तिथि पर किसको क़ाबू था?!

—आप भी ख़ूब लकी हो यार!! कुछ समय पहले अमजद ने किलकारी मारकर कहा था।—हर साल पूरा मुल्क आपकी सालगिरह मनाता है। और इस साल, चालीसवें जश्ने-आज़ादी के सेलिब्रेशंस तो पूरे साल चलेंगे! ग्रेट यार! लेकिन अभी तो काफ़ी टाइम है।

वह उस समय कहना चाहता था कि मुझसे सीखो! कुछ सबक़ हासिल करो!

सबक़ सिखाने की, मेरी हैसियत, इस चालीस साल के आज़ाद मुल्क से कम नहीं!

हर सफलता, समस्या, विरोधाभास जिससे देश दो-चार है, आँखें हैं तो मुझमें प्रत्यक्ष दिखेंगे!

मैं देश की स्वतन्त्रता का स्वरूप हूँ!

मेरी शिक्षा भले ही न हो पाई लेकिन अपने जीवन में जो कुछ हूँ तुम्हारे लिए मदरसे से कम नहीं।

मेरे सीने के भीतर का कुशादा, साफ़-सुथरा सेहन, झालरों के डिज़ाइनवाले मेहराब, जिन पर सुन्दर ख़त्ताती में अरबी इबारतें नक़्श हैं, जिनका मतलब ख़ुद मुझे नहीं पता! या ख़ुत्बा देने—तक़रीर करने का ऊँचा मिम्बर, बुलन्द कँगूरेदार मीनार जिनके सोने के कलश सूरज की बदलती रोशनी में जगमगाते-झिलमिलाते हैं शायद मेरे बाहर कभी साकार न हो पाएँ, या क्या पता, शायद हो जाएँ! वह जब होगा, उस घड़ी की बात होगी, उससे पहले तो मैं लोगों के लिए एक तमाशा हूँ, जिसके लिए नाम खोजते रहो, वह इमलीवाला ख़्वाजा हो या साबिर द ग्रेट!

अमजद से यह सब कहना व्यर्थ था, सो उसने मज़ाक के स्वर में कहा था—चालीसा जश्न कब होने लगा?! लोग तो मौत का चालीसवाँ मनाते हैं।

—अरे, क़सम ख़ुदा की यार! अमजद का ठसा क़हक़हा इस लाचारी से निकला था जैसे मुँह में भरी घुँघनियाँ उगल गई हों।—बाई गॉड, साबिर! यू आर अ जीनियस!

तुम शायद अनजाने सच बोल रहे हो : अमजद को सुनते वह सोचता रहा था। इस पर न तो मुझे आश्चर्य है, न तुमसे शिकायत। तुम बेगिनती लोगों की भीड़ में से हो जो छोटे-छोटे शौक और व्यस्तताएँ, जीवन बिताने के स्तर पर पाल लेते हैं, वह पेट भरने के जायज़-नाजायज़ साधन हों, या तुम्हारे भीतर थोड़े-से बच रहे आदि मानव की छटपटाहट, कुछ मज़े और लज़्ज़त लूटने को!

तुम अपने ही बोझ में दबे, पिसे जा रहे हो!

तुम्हारी कल्पना से परे है कि दुनिया को समझने के लिए बरतना पड़ता है; इस क़ायदे से बरतना कि तुम्हारे कारण उसमें कुछ कम न हो।

मैं बताऊँ, सारी उम्र कोयले की दलाली में मैंने कोशिश की है, जिस्म या पोशाक काली न हो!

हाफ़िज़ शीराज़ी फारसी में कहते हैं—

दरमियान-ए-कअर दरिया तख़्ता बन्दम कर दई

बाज मी गोई कि दामन तरमकुन, हुशियार-बाश!

समझे मियाँ अमजद?

नहीं समझे!

हाफ़िज़ को तो किसी से गिला है; मुझे किस से हो सकता है?!

हालत मेरी भी वही है कि लकड़ी के लट्ठे से बाँधकर दरिया के बहाव के हवाले कर दिया, इस ताक़ीद के साथ कि ख़बरदार! दामन तर न हो।

जय 15 अगस्त, 1947! जय स्वतन्त्रता दिवस!

—यह आप कौन-सी नई बातें फ़रमा रहे हैं! वकील ने उसके मुँह से आत्म-विश्लेषण इस पैराये में सुना था, तो थोड़ी बेज़ारी और व्यंग्य से कहा था। तब जब वह लोग बम्बई से भोपाल आए ही थे।—शायद 'मिडनाइट्स चिल्ड्रेन' पढ़ डाली!

—'मिडनाइट्स चिल्ड्रेन'! क्या मिडनाइट्स चिल्ड्रेन? वह समझ नहीं पाया था।

—सलमान रुशदी का नॉवेल, 'मिडनाइट्स चिल्ड्रेन', क्यों न वकील भाई? मरियम की खनकदार आवाज़, जिसे सुनकर वकील ने उसकी ओर लाचारी से देखकर यूँ गर्दन हिलाई थी जैसे कहना चाहता हो अगर तुमने मिडनाइट्स चिल्ड्रेन तक नहीं पढ़ी, तो फ़ायदा क्या ज़िन्दा रहने का!

—एक शाम उस किताब पर ढाई घंटे तो मैंने ही भाषण दिया था! वकील ने थके स्वर में यूँ कहा था, जैसे कोई मेहनत से पढ़ानेवाला अपने स्टूडेंट्स की नालायक़ी का शिकवा कर रहा हो।—कुछ याद नहीं?

—उसी के बाद तो मैंने नॉवेल ख़रीदी और पढ़ी, मरियम चहकी थी।—और वह दूसरी किताब, 'शेम' भी। मिडनाइट्स चिल्ड्रेन की कहानी भी इन्हें सुनाई थी।

—शेम! शेम! वकील ने कहा था।

वकील ने बताया था और मरियम ने भी! दिमाग़ ख़ाली, गहरे कुएँ-सा गूँजा था। बहुत पहले नहीं, पिछले दिनों ही।

वकील की 'साहित्य-चर्चा' वह अधूरे मन से सुनता था।

इसलिए नहीं कि फ़िक्शन में उसकी विशेष रुचि नहीं थी।

यह ज़रूर कि फ़िक्शन-गद्य, को पढ़कर उसे बहुत सामान्य प्रकार की निराशा होती थी।

क्यों लिखते थे लोग क़िस्से-कहानियाँ?! वह ख़ुद से अक्सर दोहराता रहा था, किसी जवाब, या इस उम्मीद में बँधकर नहीं कि लिखनेवाली बिरादरी ग़ौर करने या सोचने पर आमादा हो जाएगी।

फ़िक्शन को लोग 'रचना' कहते और सम्मान करते हैं!

काहे की रचना?!

कौन-सा सत्य नए सिरे से रच देता है कहानीनवीस-उपन्यासकार?!

रचते नहीं, सत्य की भौंडी नक़ल उतारते हैं, यह लोग!

कौन-सा उपन्यास है, जो जीवन का ऐसा पहलू सामने लाया हो, जो नज़र और दिमाग़वाले को नई दिशा दे गया हो?

—लेखन का मतलब चकित करना नहीं होता! वकील या अन्य लिखनेवाले छूटते ही हमलावर होते हैं।

—तो क्या मतलब होता है?

इस सवाल पर कुछ चुप्पी धार लेते हैं, और अन्य के बीच मतभेद का ऐसा रण पड़ता है कि एक-दूसरे से ही फ़ारिग नहीं हो पाते!

क्यों विश्वास नहीं लोगों को सपनों पर? इस सच पर कि ख़्वाब सिर्फ़ बदहज़्मी से नहीं, अन्य कारणों से भी दिखते हैं और उनका मतलब और ताबीर होती है?

—हमारे घर के पास, उसने बम्बई में कलीम बाबा से कहा था—एक साहब...

बाबा ने इशारे से उसे चुप हो जाने को कहा था।

उनके आसपास लोगों की भीड़ थी।

साबिर बाबा का मुरीद नहीं था, न पीरी-मुरीदी में उसकी आस्था थी।

समन्दर के किनारे, अनजाने, माहिम दरगाह के आसपास उसका बाबा से सामना हुआ था : उस खिचड़ी दाढ़ी और बालोंवाले व्यक्ति की आँखों में असाधारण आकर्षण था।

कुछ था, जो उसे उनसे बाँधता था।

बाबा इम्पोर्टेड सिगरेट पी रहे थे।

तय हो गया था, साबिर जब उनके छोटे-से कमरे में जाएगा, जो एक ग़रीब बस्ती में था, उनके ब्रांड के सिगरेट ले जाएगा।

संजय या अन्य मित्र उसका प्रबन्ध रखते।

वह जाता तो कलीम बाबा के साथ चुप्पी या बातचीत के शान्तिपूर्ण घंटे बिताकर आता।

लोगों से फ़ुर्सत पाकर बाबा ने साबिर की आँखों में झाँका था।

—डर की बात है भी और नहीं भी, उन्होंने चिन्ता के स्वर में कहा था—उन्हें ख़्वाब में अपने इकलौते बेटे का जनाज़ा दिखता है, लेकिन बच्चे को ख़तरा नहीं। ख़तरा ख़ुद उनकी जान को है!

हुआ भी यही। बेटा रहा, वह साहब नहीं रहे!

कैसे जान गए बाबा, ख़्वाब की तफ़सील और असलियत?

यह वह उनसे पूछते-पूछते रह गया था!

इसलिए कि बाबा के समूचे अस्तित्व से सिग्नल मिलता था, बात बहुत साफ़ उस तक पहुँचती थी : इतनी साफ़ जो व्याकरण की भाषा में नहीं पहुँच सकती।

एक तथ्य जो लिखा नहीं जा सकता, जो तथाकथित रचनाकारों नक्क़ालों के बूते से बाहर था।

किसी इत्तिफ़ाक़ को लेकर, असाधारण स्थितियों का बाना बुनना, मसखरेपन के साथ, राजनीतिक परिस्थितियों पर टिप्पणी करना : पढ़नेवालों को रचनाओं में थुपे बेगिनती पैबन्द नज़र नहीं आते?

क्यों पढ़ते हैं लोग?

शायद ख़ुद भी लिखने को!

'मिडनाइट्स चिल्ड्रेन' का लेखक, ख़ुद तो 15 अगस्त, 1947 को जनमा नहीं, फिर किस तरह कर गया खिलवाड़ मिडनाइट्स चिल्ड्रेन से!

अगर इस किताब के लेखक से मिलना हो, तो वह उससे क्या पूछेगा?

यही कि तुमने जो लिखा, क्यों लिखा?

वैसे उसे ख़ुद तो किसी का ख़्वाब भी, उस तरह समझ में नहीं आया, जिस तरह कलीम बाबा समझ लेते थे!

—शायद तुम लोग चाहते हो, उसने सहजता से मरियम और वकील से कहा था—कि इस किताब के लिखे जाने के बाद दुनिया में मेरी ज़रूरत नहीं। मेरा जो इस्तेमाल हो सकता था, किया जा चुका या मैं अपनी पैदाइश की तारीख़ बदल लूँ!

—मैं क्यों चाहूँगा! वकील ने लौटकर कहा था।—आपकी पैदाइश 15 अगस्त हो या 1 मई, मेरी सेहत पर क्या फ़र्क़ पड़ता है? और 15 अगस्त तुम्हारी पैदाइश की सही तारीख़ है, इसकी भी क्या गारंटी! कुछ साल पहले तक, कितने माँ-बाप औलाद की पैदाइश नोट करके रखते थे? कह दिया जाता था कि तुम फ़लाँ चाँद की फ़लाँ-फ़लाँ तारीख़ को पैदा हुए थे। इंग्लिश कैलेंडर का तो तब ख़याल आता था, जब बच्चे को स्कूल में दाख़िल कराना होता था। उस पल तारीख़ और महीने के नाम पर जो हिन्दसे सूझते, टाँक दिए जाते! बड़ी उम्रों में स्कूल में एटमिशन होते थे तो उम्र कम करने को सन् तो बदलकर लिखा ही जाता था।

वकील में मामूली-से-मामूली बात को शब्दों में विभाजित करके, उसमें दर्शन-शास्त्र की पेचीदगी पैदा करने की कला थी : उसकी इस अदा को वह, बतर्ज़ 'दूर', 'निकट-दर्शन' कहता था।

जो बात साफ़ हो और समझ में आ रही हो, उसे सामनेवाले की कम-अक़्ली को ज़रूरी मजबूरी मानकर, वह वहाँ से शुरू करता था, जहाँ असलियत की बूँ-बास तक न हो।

इसी अन्दाज़ को वह भी अपनाकर वकील से यह कहने से तो रहा कि देखो, पाँचों उँगलियाँ बराबर नहीं होतीं।

न सारे इनसान एक जैसे।

न दो शहर एक-समान।

तुम सारी पैदाइशों को एक जैसा कैसे मान रहे हो?

तुम लम्बे समय से मुझे जानते हो और अपनी पारिवारिक पृष्ठभूमि भी मैं, काफ़ी कुछ तुम्हें बता चुका हूँ।

मेरी पारसाई और गुनहगारी, दोनों के रूप तुमने समय-समय पर देखे हैं।

ठीक है, तुम मुझे एक उलझा हुआ आदमी समझते हो, क्योंकि मेरी बातचीत और ख़ामोशी, दोनों तुम्हें उलझाती हैं!

मेरी माँ जाहिल नहीं, एक पढ़ी-लिखी औरत है।

यह शिक्षा क़ुरान और हदीस तक सीमित नहीं, वह फ़ारसी जानती है, फ़ल्सफ़ा पढ़ा है।

उसके हाथ की लिखाई क़ातिबों से ज़्यादा ख़ूबसूरत है।

मैं जब उसके पेट में था तो उसने 'कुल्लियाते इक़बाल', अपने ख़ुशख़त में नक़ल की थी, जिसे मैंने सैंतकर अपने पास रखा है।

तुम इतना तो मानोगे कि उसे अपनी औलादों की पैदाइश चाँद की तारीख़ों में याद रखने या गड़बड़ाने की मजबूरी नहीं हो सकती थी?

—इसके बावज़ूद कि ख़ुद मेरे ख़याल में, वकील की आँखें चमकी थी—तुम्हें 15 अगस्त पर धब्बा बनकर, दुनिया में आने के बजाय, 1 मई यानी मे-डे को ही पैदा होना चाहिए था, 'मिडनाइट्स चिल्ड्रेन' के नायक सलीम सीनाई और तुम्हारे बीच कुछ समानताएँ हैं : ऐसी जो बड़ी स्ट्राइकिंग लगती है।

वह पूछना चाहता था, क्या सलीम सीनाई भी अपने बाप का डबल रोल था, मगर चुप रहा था!

—यह 1 मई तो मजदूर दिवस की तरह मनाया जाता है न? मरियम ने पूछा था।

—हाँ, वकील की आवाज़ जैसे ख़न्दक के इस पार भी, उस पार भी!

साफ़ था कि उसे विश्वसनीय ढंग से नहीं पता था!

—इस पल मैं बहुत यक़ीन से नहीं कह सकता, उसने हिचकते स्वीकार किया था।—याददाश्त!

कुछ देर को फ़ुर्सत हुई थी!

उसकी स्वर्गीय, अच्छी याददाश्त का मरसिया, दवाओं की कोसा-पीटी और डॉक्टर बिरादरी से उसकी नफ़रत का बखान!

—यह वकील, उसी ज़माने में, जो उसके अच्छे ज़माने थे और वह मरियम और बिटिया के साथ, भोपाल आने के बाद, उस छः मालायी-हाउसिंग-काम्प्लेक्स के फ़्लैट में किराए पर रह रहा था, मरियम ने उससे कहा था—इतने 'बुकिश' क्यों हो गए हैं? थे तो ख़ैर, पहले भी, लेकिन इतने नहीं! आज डॉक्टरों को बुरा-भला कह रहे थे, जो एक आर्टिकल में कभी टॉल्स्टॉय ने कहा था, जो इत्तिफ़ाक़ से मेरा पढ़ा हुआ था। बिलकुल उसी टोन में यह डॉक्टरों की हमेशा बात करते हैं बल्कि कुछ तो ओरीजिनल टॉल्सटॉय के कोटेशन्स ही बोल जाते हैं!

वह थोड़ा हँसा और देर तक मुस्कुराया था।

—टॉल्स्टॉय भी लेखक, अपना वकील भी लेखक, उसने मरियम से कहा था—कभी-कभी ख़याल टकरा जाते हैं! वकील को तुम टॉल्स्टॉय ऑफ भोपाल मान लो! बड़े लोग सब एक तरह सोचते हैं, ज़रूरी नहीं कि वकील ने भी टॉल्स्टॉय का लिखा-पढ़ा हो!

वकील का सेहतनामा जारी रहा था और मरियम आँखें फाड़े, कान लगाए यूँ सुन रही थी जैसे कोई बिलकुल नई अपडेटिंग हो।

वह ख़ुद वकील क़ो यही मानकर समझ पाया था कि अपनी असफलताओं के लिए हर व्यक्ति कोई खूँटा खोजने के लिए विवश था। इसमें हज में, शैतान को कंकरियाँ मारना भी शामिल था!

पत्थर के ऊँचे-बड़े सतूनों को, शैतान का नाम देकर, उस पर पत्थर की कंकरियाँ बरसाकर, हज करनेवाले ख़ुद सारी ज़िन्दगी बहोशो-हवास किए गुनाहों का ज़िम्मेदार ठहराकर और ख़ुद को बेगुनाह समझकर, सन्तुष्ट हो जाते हैं!

वकील की याददाश्त का मरसिया भी कुछ ऐसा ही था।

जब से वह ख़ुद उसे जानता था, वकील की याददाश्त में कुछ विशिष्ट या असाधारण तो कभी भी नहीं रहा। साधारण से कुछ बेहतर, ठीक-ठाक याददाश्त थी उसकी कि कुछ शेर सुना सकता था, कुछ पुरानी फ़िल्मों और फ़िल्मी गानों की मालूमात या जो वह पढ़ता था उस साहित्य के हवाले।

—तुम कुछ स्ट्राइकिंग समानताओं की बात कर रहे थे, साबिर ने उसके लम्बे एकालाप के ख़ात्मे पर याद दिलाया था।

—वही जो तुम ख़ुद कह रहे थे, वकील का उत्साह मर चुका था।—उसका नायक 15 अगस्त, 1947 को, 'एट द स्ट्रोक ऑफ मिडनाइट ऑवर' जन्म लेता है और उसमें कुछ विचित्र आध्यात्मिक शक्तियाँ होती हैं। उसके जीवन की घटनाएँ भी, प्रतीकात्मक रूप से भारत के इतिहास का एक क्षण तक, लेखा-जोखा प्रस्तुत करती हैं, जिसमें आपातकाल और संजय गांधी-ब्रिगेड की कारगुज़ारी भी शामिल है। इन्दिरा गांधी को भी निशाना बनाया गया था, जिसके लिए बाद में लेखक ने माफ़ी माँग ली! आधी किताब में फैंटेसी को रियल के रूप में दिखाया है और बाक़ी में रियल को फेंटॅसाइज़ कर दिया है। मुझे पहला रूप ज़्यादा पसन्द आया।

—उस बच्चे का बाप? और माँ? साबिर से रहा नहीं गया था।—वह क्या हैं? क्या होता है उनका नॉवेल में?!

वकील और मरियम उपन्यास में प्रयुक्त प्रतीकों की व्याख्या करने लगे थे और ख़ुद उसके भीतर क्षण-भर को उपजी गम्भीरता एक मूर्खतापूर्ण अनुभूति में परिवर्तित हो गई थी।

उसका मन उन लोगों की बातों पर क़हक़हा लगाकर हँसने का कर रहा था।

—जो दिल में आए वह सोच लो! अन्ततः ऊबकर उसने कहा था।—मेरे पास तो ख़ुद अपनी ज़िन्दगी से उठाए गए प्रतीक हैं! बताऊँ? मेरे सगे पिता की मौत, उस असली मुल्क का ख़ात्मा जो सही अर्थ में भारत या हिन्दुस्तान है! मेरी पैदाइश, उपमहाद्वीप की आज़ादी और विभाजन! अम्मा की दूसरी शादी, वह हनीमून जो राजनेता देश और मातृभूमि के साथ आज़ादी के बाद

से मनाते रहे हैं! मेरा अम्मा से मनमुटाव, देश के अलग-अलग हिस्सों की अलहदगी की माँग, वह ख़ालिस्तान हो या गोरखालैंड! मैं मरियम और बिटिया, जैसे...!

—जैसे? वकील ने विचलित होकर, मज़ाक का नया पहलू खोजने के उम्मीद में कहा था।

—जैसे सत्यं, शिवं, सुन्दरम्!

वह ख़ुश हुआ था कि अन्तिम क़हक़हा उसे लगाने का अवसर मिला था।

28. मुल्क और मौसम

वैसे ख़ुद उसके निजी जीवन में अगर कुछ असाधारण, अविश्वसनीय और अनोखा रहा था, तो जो देश में हो रहा था वह कम विचित्र नहीं था!

मौसम और बदलते हालात दोनों बुरा सलूक करने पर तुले नज़र आते थे!

गर्मी इस शिद्दत से पड़ रही थी कि आसमान पसीना-पसीना था और धरती का हलक़ ख़ुश्क!

पानी-बिजली, सबका टोटा!

गरम हवा के झक्कड़, धूल सनी आँधी, सूखकर बेरंग होता ज़मीनो-आसमान का फैला विस्तार!

कहने को गर्मी की शुरुआत थी लेकिन रातों की हलकी खुनकी के बाद, दिन का पारा, बिच्छू के काटे के समान, चढ़ने लगा था।

चालीसवें से तुलना करते क्षण उसके शब्दों के पीछे गम्भीर चिन्तन रहा होगा : सचेत हुए बिना भी तो दिमाग़ आसपास हो रहे को सोखता रहता है!

इस बीच हुआ सबकुछ एक खेल, एक तमाशा बनता जा रहा था, बनकर रह गया था!

एक राष्ट्रपति था, 'देखने में ख़ुशनुमा!' जो मदारी की तरह देश के प्रधानमंत्री को अपनी डुगडुगी पर नचाने को तुला था।

और प्रधानमंत्री, जिसके संसद में दिए वक्तव्य पढ़कर लगता था, किसी बच्चों के स्कूल या मदरसे के डिबेट-कॉम्पीटिशन में दिए गए भाषण!

किसी देश का शायद इकलौता ऐसा प्रधानमन्त्री, जो राजनीति की दलदल में गले-गले तक होने के बावज़ूद, राजनीति से ही इतना बेज़ार था।

दरिया में रहकर मगरमच्छ से बैर!

कोई भरोसा नहीं था, बन्दे के कहे और किए का!

विडम्बना यह कि थ्रिल और सस्पेंस जहाँ होना चाहिए, खेल का मैदान, वहाँ तो ग़ायब था, राजनीतिक मंच पर शिफ़्ट हो गया था!

हिन्दुस्तान और पाकिस्तान के बीच, खेलों का मुक़ाबला रखा ही क्यों जाता है?

कपिल हो या इमरान—अभी तक टेस्ट मैच देखकर लगता रहा है, कोई अन्धा बैल दीवार पर सिर से टक्कर मार रहा हो!

बहुत कुछ हुआ तो इतना कि श्री जिया-उल-हक भी दोस्ती का छक्का लगाने के नाम पर मेहमान बनकर आए और लौट गए!

रोज उद्योगपतियों, सरमायादारों, समाचार-पत्रों पर छापे पड़ने की ख़बरें थीं, या रामजन्म भूमि-बाबरी मस्जिद विवाद को लेकर, हिन्दू-मुसलमान के बीच गहराते तनाव और टकराव की।

अख़बार विश्व हिन्दू परिषद्, शाही इमाम और सैयद शहाबुद्दीन से पटे पड़े थे।

जो हुकूमत शाहबानो केस को लेकर देश में समान सिविल कोड लागू करने का दम भरती थी, आज उसे अपनी ग़लती मानते हुए, अजीब प्रकार की शर्मिन्दगी-मिली दुविधा में ग्रस्त थी।

इधर पंजाब, उधर गोरखालैंड और पूँछ से लटका श्रीलंका—सब मनमानी पर तुले थे।

पाकिस्तान और उसका 'इस्लामिक बॉम्ब' तो अपनी जगह था ही!

चुनाव हो रहे थे—केरल, बंगाल, जम्मू और कश्मीर—हर जगह, देश के बड़े-बड़े नाम, ख़ुद को मूर्ख प्रमाणित करने पर तुले थे!

कहीं कालाहाँडी थी तो कहीं श्रीहरिकोटा रेंज : एक जगह आप असंख्य लोगों को भूखा मरने से नहीं रोक पाते, तो दूसरी जगह आला-तमाशबीनों के सामने, आपका स्पेस सेटेलाइट ASLV-1, सीली आतिशबाज़ी की तरह, अन्तरिक्ष में दागे जाने के क्षणों बाद, फुसफुसाकर बंगाल की खाड़ी में जा गिरता है!

देश व्याकुल है : हर शनिवार की सुबह कश्मीर से कन्याकुमारी तक शहर वीरान हो जाते हैं—लोगों को टी.वी. पर रामायण देखने का ऐसा मोह हो गया है!

यह सब, हैली के कॉमेट के बाद होता, तो समझा जा सकता था, उसका किया-धरा है, मगर अभी तो उसके नमूदार होने में भी समय है!

बड़े लोगों ने, दूरबीनों की आवश्यकता समझकर, ऑर्डर देना शुरू ही किए हैं!

स्वतन्त्रता प्राप्ति के लगभग चालीस वर्ष बाद, देश भी अपनी परछाईं में परिवर्तित हुआ लगता था : परछाईं-वंश का परछाईं-काल।

साबिर नईम, परछाईं द्वितीय।

अतीत की परछाईं, वर्तमान को ग्रस्त करती प्रतीत होती थी और जो कभी रह चुका था, उसकी पुनः प्राप्ति के प्रयास में, हर जुर्म जायज़ समझा जाने लगा था, यह ख़ूब जानते हुए भी कि एक नदी में व्यक्ति दो बार नहीं नहा सकता।

कहीं आना-जाना, सड़कों पर चलना, हद कि घरों में रहना तक संकटपूर्ण होता जा रहा है : कुछ भरोसा नहीं कब बाज़ारों में भगदड़ मच जाए और दूकानों के शट्र्स भड़भड़ाकर गिरने लगें—इस शहर तक में जो हिन्दू-मुस्लिम एकता का गढ़ समझा जाता है!

कार्बाइड तो पैसे बनाने का विदेशियों का 'षड्यन्त्र' था जिसने जम्हाई ली तो सैकड़ों-हजारों मारे गए, लेकिन 'नेक' मज़हबी मामलों की तासीर ख़ूनख़राबा कैसे हो गई!

ध्यान इन चीज़ों से क्योंकर हटा, जो जोड़ती हैं, और विभाजित करनेवाले मूल्य 'सेंटर स्टेज' पर कैसे आ गए?!

यह तो परम-सत्य है कि ऐसा बहुत समय तक नहीं चल सकता।

'परछाईं' बहरहाल परछाईं होगी; व्यक्ति की हो या काल की!

मिटेगा नहीं जो बन चुका; समय की उस करवट की प्रतीक्षा में है, जब गिनती उसके उलटे शुरू होगी, जो चल रही है!

वह ईरान हो या हिन्दुस्तान!

पाकिस्तान तो हर नाटक की तैयारी के लिए 'ग्रीन-रूम' की हैसियत बन ही चुका है, जहाँ मेकअप, कॉस्ट्यूम इत्यादि की व्यवस्था होती है।

उसे वह दिन भूलता नहीं था जब बम्बई में भुट्टो को फाँसी की ख़बर सुनी थी; हालाँकि मौत-ज़िन्दगी राजनीति की छाँव-धूप की हैसियत रखते हैं और वह ख़ुद भुट्टो का चाहनेवाला नहीं था। मगर उस 'मोमिन' से तो नफ़रत करता ही था, जिसने लम्बे नाटक के बाद फाँसी के दृश्य से मामले का पटाक्षेप किया था!

मूँछोंवाला मोमिन!

परछाईं-काल बहुत समय तक नहीं चलेगा!

उसके आगे बेहतर हो या बदतर, वह होगा जिसे असलियत का नाम दिया जा सके; सारी परछाइयाँ अपने केंचुल उतारने पर मजबूर होंगी।

किसी का कहा याद आता था। शायद बचपन में, सेंट जॉन के ईसा-अवतार प्रिंसिपल, फ़ादर फ़ेलिक्स, ढाढ़स बँधाने को कहा करते थे—'थिंग्स देट डोंट किल यू आउटराइट, लीव यू स्ट्रॉन्गर!' (वह आपदाएँ जो जान से मार न डालें, हमारी सहनशक्ति बढ़ाती हैं।)

या बाद में किसी और द्वारा कहा भी हो सकता है।

29. सांसद इमरान आलम

—तुम उस टेकरी के झमेले को छोड़ो! भेंट होने पर उसे इमरान भाई ने समझाना चाहा था।—उसमें कई उलझाव हैं और महलवालों की नीयत के बारे में भी तय नहीं।

इमरान भाई कांग्रेस का सांसद था और प्रधानमन्त्री के निकटस्थ लोगों में समझा जाता था। शहर की राजनीति पर उसकी पुरानी पकड़ थी और शुरुआत छात्र-नेता के रूप में की थी, जो संजय गांधी-ब्रिगेड की सिपहसालारी में परिवर्तित होकर, आपातकाल के बाद, जेल यात्रा इत्यादि के रास्ते, आज सत्ता-सुख भोगने की स्थिति में पहुँचा चुकी थी।

भोपाल के पहले पड़ाव में, ख़ाला का घर छोड़ने के बाद, वह उसी के मकान में किराए से रहा था और आत्मीयता का रिश्ता बन गया था। यूँ भी कि उसकी निकट भविष्य में होनेवाली पत्नी, यूनियन कार्बाइड में मरियम की कलीग थी और अपने धर्म के बाहर उसने इमरान से प्रेम-विवाह किया था।

उससे पहले कॉलेज और छात्र-राजनीति में इमरान का महत्त्व रहा था और कहा जाता था कार्बाइडवालों के भोपाल आने में उसकी बिचौलिए की भूमिका रही थी।

इस कारण शहर के लोगों की वहाँ नौकरी लगने में, उसकी सिफ़ारिश ने, लम्बे समय तक बहुत काम किया था।

वर्तमान में महलवाले अपनी मुश्किलें और फ़रमाइशें उसी से कहते थे।

कुछ आपसी समझ और प्रबन्ध बन गया था, दोनों पार्टियों के बीच।

उसने विस्तार से, टेकरी के सौदे के बारे में उसे बताना चाहा था : कैसे वहाँ रहनेवाले दम्पती से उसने टेकरी ख़रीदी, फ़ोटोग्राफ़र को ले जाकर वहाँ

के फ़ोटो खिंचवाए, और कुछ अख़बारों में 'डील' की ख़बर उन फ़ोटोग्राफ़्स के साथ छपवाई! अमजद, महल की यात्रा और बेग़म साहिब से भेंट इत्यादि—वह सब इमरान को बताना चाहता था, लेकिन अब इमरान वह छात्र-नेता नहीं था जिसके साथ वह घंटों बतिया सकता था।

नए भोपाल के उस बँगले में जहाँ उसका कार्यालय था, अनेक लोग पहले से टाइम लेकर, बाहर लॉन पर या अन्दर कमरे में अपनी बारी का इन्तज़ार कर रहे थे। उसे विशेष महत्त्व दिया गया था, इसका संकेत यह कि इमरान दफ़्तर से उठकर घर की अन्दरूनी बैठक में उसे लाया था और मना करने के बावज़ूद चाय-नाश्ते से उसकी तवाज़ो की थी।

—टेकरी को भूल जाओ तुम, उसने सुनी-अनसुनी करते कहा था। —फ़ज़ूल उलझ जाओगे! क्या पैसा लेकर लोग मुकरते नहीं? सौदे से फिरते नहीं?

—इसीलिए तो आप...उसने कहना चाहा था।

—मैं क्या कर लूँगा भाई!? मेरे किए से कुछ दिन रह लोगे वहाँ, मगर अभी तो सौदा ही नहीं हुआ! दूसरी पार्टी यूँ ही है क्या, इस रियासत की सैकड़ों साल हाकिम रही है। जिनसे तुमने खँडहर लिया, कल जज़्बाती होकर वही अपने आकाओं के कहने पर अदालत में सब कुछ से मुकर जाएँगे। तुमने तो बम्बई में सालों ख़ानदानी जायदाद को अवेरा है, बताओ बात बिगाड़ना क्या मुश्किल होता है! तरीक़ों की कोई कमी नहीं।

—किसी को तो वह लोग जगह बेचेंगे ही; जो दूसरा देगा वह मुझसे ले लें, आपकी ज़रूरत उनसे यह कहने के लिए है।

इमरान हँसने लगा था।

दिखलौट तो वह हमेशा से था ही, कपड़े भी अच्छे और क़ीमती पहनता था। घर में पैसा था, जीप और स्कूटर सब थे। बाप जंगलों के ठेकेदार रहे थे और छोटे भाई अभी भी लकड़ी और कोयले की लम्बी-चौड़ी तिजारत में लगे थे।

—तुम्हें कहीं और, इससे अच्छी जगह दिला देंगे, वादा करते हैं। यहाँ उलझ जाओगे, पैसा खुटेगा, हाथ कुछ आएगा नहीं। सिर्फ़ टेकरी थोड़ी है,

सामने की जगह भी जुड़ी है, जो टेकरी से कहीं क़ीमती है। पाँच लाख बेग़म साहिबा को दे दोगे और उनकी शह पर जिन्होंने सामने ईंट-अलंगा ढेर किया है? वह मान लेंगे!

—मेरा तो काफ़ी पैसा उसमें लग चुका है! उसने इमरान से सोचने का आग्रह करने के स्वर में कहा था।—यह ख़ुदग़र्ज़ी की मंशा से शुरू भी नहीं किया था। मेरा इरादा तो यहाँ एक मदरसा-स्कूल खोलने का था। इसी मंशा से...।

इमरान से कहते हुए वह भीतर शर्मिन्दा था : यह उसे नहीं कहना था।

अगर मदरसा या स्कूल बनाने का ख़याल कभी दिमाग़ में रहा भी था, तो अब नहीं था : अनजाने उस चाह ने बासी पड़कर दम तोड़ दिया था। दुनिया में बहुत स्कूल-मदरसे थे; वह उस छीनाझपटी में इज़ाफ़ा नहीं करना चाहता था।

इमरान को भावनात्मक रूप से ब्लैकमेल करने और टेकरी के सौदे में सहायता करने की उम्मीद में, वह झूठ बोल रहा था : जान-बूझकर!

इमरान ने लम्बी-ठंडी साँस ली थी।

—आप बीच में होंगे तो बाक़ी लोगों से भी लेन-देन तय हो सकती है।

—कैसी बात करते हो! इमरान के स्वर में साबिर की कम-समझी का मातम था।—यह वह लोग हैं जो चुनाव में मुझे हराने के लिए कुछ भी कर सकते हैं। लम्बे हाथ-पाँव हैं, मैं यहाँ से इलेक्शन इसीलिए नहीं लड़ा! तरह-तरह की काली कमाई को ज़मीन में इन्वेस्ट करके, सफ़ेद करना चाहते हैं। उस पूरे इलाक़े में जाल फैलाने की कोशिश में लगे हैं! मैं ख़ुद चाहता हूँ, ऐसा न हो सके, लेकिन मनी और मसल-पॉवर दोनों उनके पास है। और यह मदरसे का क्या मामला है! भोपाल में मदरसों की कमी है!

—वह तो एक ख़याल था मेरा, साबिर की समझ में नहीं आया था, क्या कहे!

—वह क़ीमती जगह मदरसा बनाकर ख़राब करोगे! क्या किसी अरब शेख से जुगत बैठ गई है! मैं तो तुम्हें क़ायदे का इनसान समझता हूँ! तुम्हारी बीवी मरियम ने नहीं समझाया?

जैसे इशारा पाकर इमरान की पत्नी, निम्मी भीतर से निकल आई थी और बातचीत का विषय बदल गया था।

उन्हें आपस में बात करता छोड़ इमरान दफ़्तर में लौट गया था।

चलते समय इमरान ने उसे डाउन-पेमेंट का संकेत दिया था कि अगर पैसा टेबल पर रखकर महलवालों से बात की जाए तो नतीजा निकलने की उम्मीद की जा सकती थी : पाँच लाख आँख के सामने, पन्द्रह के बोले गए हिन्दसे से बड़ा होता है।

बात जहाँ-की-तहाँ रह गई थी और जिस दूसरे अनुरोध को लेकर वह इमरान के पास गया था कि महलवालों से पैसे देने की कुछ मुहलत मिल जाए, उसे शब्द देना भी उचित नहीं लगा था।

इमरान के यहाँ से लौटते हुए उसके दिमाग़ में ग़नी मियाँ का ख़याल था : उनसे मिले मुद्दत होने आई थी और पुराने शहर के उन्हीं गली-कूचों में उनका आबाई मकान था जो नए भोपाल और टेकरी के बीच पड़ते थे।

30. ग़नी मियाँ–एक परिचय

ग़नी मियाँ भी दरअसल, उसके भोपाल के पहले पड़ाव की सौग़ात और आमिर की मित्रमंडली के सदस्य थे, हालाँकि वह उम्र में थोड़े ज़्यादा थे। वह कॉलेज में इमरान के समकालीन और उसकी शुरुआती राजनीतिक गतिविधियों के साथी रहे थे।

उस समय वह एक भरेपूरे परिवार के मुखिया थे और शासकीय कॉलेज में केमिस्ट्री के अध्यापन के साथ-साथ, डॉक्टरेट के लिए रिसर्च की योजना बनाने में लगे थे। उनकी पत्नी भी गर्ल्स कॉलेज में पढ़ाती थीं और बच्चे अच्छे स्कूलों में शिक्षा पा रहे थे।

उन्हें बाज़ार-भाव में गहरी रुचि थी, और मित्रों को शेयर ख़रीदने-बेचने की सलाह देने के साथ, ख़ुद भी शेयरों का सट्टा खेलने का शौक था।

इस बार यहाँ आने तक उनमें भारी काया-पलट हो चुकी थी जिसके बारे में लोग अटकलपच्ची करते थे, लेकिन विश्वसनीय ढंग से किसी को मालूम नहीं था।

वह कॉलेज की नौकरी ही नहीं, एक समझौते के बाद, जिसमें कहा जाता था बाल-बच्चों को उन्होंने बड़ी रक़म दी थी, उनके अपने ही शब्दों में 'गोशानशीन' हो गए थे। पुराने शहर के गली-कूचों में, अपने पैतृक मकान में अकेले रहते थे जो उनके ख़याल में, पुराने ज़माने के मकानों की तरह 'अन्दर से ख़ूबसूरत' था : लम्बा-चौड़ा आँगन, आम-अमरूद के पेड़, फ़व्वारा इत्यादि।

वह वज़ीफ़े पढ़ते थे, क़व्वाली और गाना नापसन्द करने के बावज़ूद, मुल्क में जगह-जगह उर्सों में हाज़िरी देते थे और बिलकुल अकेले रहते हुए ख़ुद कम्पनियों के शेयर ख़रीदते-बेचते थे और अन्य लोगों को भी तावीज़-गंडे के साथ-साथ शेयर-बाज़ार सम्बन्धी मशवरे देते थे।

उनका रहना-बसना सिमटकर एक कमरे तक सीमित हो गया था और 'अन्दर से ख़ूबसूरत' घर पूरी तरह उजाड़!

कई अर्थ में साबिर ग़नी मियाँ का आभारी और वर्तमान परिस्थितियों में, थोड़ी सहायता का मोहताज था।

अन्य बातों की तरह यह भी आम धारणा थी कि ग़नी मियाँ ने शेयर्स की दलाली में, भोपाल जैसे पिछड़े शहर में रहकर भी अनाप-शनाप पैसा कमाया था। वही कमाई वास्तव में उनकी वर्तमान ख़ुदमुख़्तारी की जड़ थी।

उसी कमाई में से बीवी-बच्चों को उन्होंने अपनी आज़ादी की मुँहमाँगी क़ीमत चुकाई थी और फिलहाल, शहर में प्रॉपर्टी डीलिंग का काम करते हुए, ख़ुद को अंग्रेज़ी में 'रियल्टर' कहते-लिखते थे, जिसका प्रयुक्त अर्थ भी कम लोगों को मालूम था। वह सारे शहर को उसी प्रकार जानते थे जैसे दायी एक जच्चा को और उनकी जानकारी के स्रोत लोग नहीं खोज पाते थे। महल से भी उन्होंने काफ़ी प्रॉपर्टी ली थी।

मान्यता-सी बन गई थी किसी बुज़ुर्ग ने उन्हें ऐसा वज़ीफ़ा बता दिया था कि वह शेयर्स और प्रॉपर्टी का भविष्य जान लेतें थे और रसूख़ थे जो चाहे उन्हें मिल जाता था।

दूसरी बात यह भी कही जाती थी कि किसी ग़बन, चोरी या डकैती के इल्ज़ाम के चलते, उन्हें नौकरी छोड़नी पड़ी थी या बर्ख़ास्त कर दिया गया था।

यह वह ख़ुद देख चुका था कि उनके अध्यात्म का बाज़ार भाव से गहरा सम्बन्ध था, और उनके बताए से शुरू में उसने और मरियम ने शेयर्स में अच्छा पैसा कमाया था।

किसी बहस-सी बढ़ती, एक में से अन्य, कई शाखें—फूटती गलियों को तय करता, वह ग़नी मियाँ के ऊँची दीवारों और कवेलू की छतवाले

मकान के मुख्य द्वार के सामने पहुँचा था, जो भारी लकड़ी के दो पट का था। पहुँच की सूचना देने के लिए अक्सर देर तक साँकल पीटनी पड़ती थी।

जवाब का इन्तज़ार करता वह ग़नी मियाँ, ख़ामोशी और म़कान के रहस्य को कविता की पंक्तियों—'वह कहती है 'कौन'?/ मैं कहता हूँ 'मैं'! / खोलो यह भारी दरवाज़ा मुझको अन्दर आने दो उसके बाद एक लम्बी चुप और तेज़ हवा का शोर!,' में ख़ुद से दोहराता खड़ा रहा था : लगता था पुरातत्त्व की किसी गुफा का सामना हो जो शताब्दियों बाद शायद खुल जाए; यक़ीन से कुछ नहीं कहा जा सकता था।

ग़नी मियाँ को समझने का न वह दावा कर सकता था, न कभी उसकी आवश्यकता महसूस हुई थी। एक धुँधला अनुमान था कि जो विषय हाथ लग जाए, उस पर वह बेथकान बोलते थे और सामनेवाले को फ़रमाबरदारी से, जी-जी करके सुनना पड़ता था; उस क्षण तक जबकि उनके भीतर क़ीमती ख़यालों का ख़ज़ाना ख़त्म न हो जाए, और आसमान में बिजली की तरह एहसास न कौंधे कि कोई किस कारण उनके दर पे सवाली बनकर आया था।

एक और बड़ा बदलाव उनमें यह आया था कि अंग्रेज़ी कपड़े तजकर सफ़ेद लखनवी तर्ज़ का कुर्ता-पजामा पहनना शुरू कर दिया था और बूट की जगह इस्तेमाल की कसरत से बिगड़े रूप का, काले चमड़े का सलीम शाही। साथ ही उनके साँवले, चेचक के धब्बे पड़े चेहरे पर नूरानी, सफ़ेद दाढ़ी जगह ले चुकी थी!

नमाज़, पता नहीं पढ़ते थे या नहीं, लेकिन पीर-फ़क़ीरों में गहरी आस्था थी।

और आँखें!

चेहरे पर सबसे विचित्र आँखें थीं।

चाहे वह कुछ भी कह रहे हों, आँखें उनकी बाहर देखने के बजाय, लगता था, ख़ुद उनके भीतर कुछ खोज-टटोल रही हों; ऐसा जिसका बातचीत से लेना-देना न हो और जो उनके लिए महत्त्वपूर्ण हो।

उसे हमेशा लगता था ग़नी मियाँ की आँखें बाहर को पीठ किए, अन्दर की ओर खुलती थीं।

वहाँ वह क्या देखती थीं, रहस्य था।

'लम्बी चुप' के बाद 'तेज़ हवा का शोर' के बजाय, जीवन की सुगबुगाहट : अदब से 'कौन साहब?' पूछते हुए, धीमे से दरवाज़ा खुला था और सिर पर सफ़ेद मलमल की टोपी काढ़े, ग़नी मियाँ ने गर्मजोशी से उसका स्वागत किया था।

31. 'मैं आप ही के बारे में सोच रहा था!'

–आइए मियाँ! अपने साथ उसे लेकर वह घर में लौटे थे।–मैं आप ही के बारे में सोच रहा था।

यह शायद उनका तकियाकलाम था और मिलने पर सबसे कहते थे।

–और साहब क्या हाल हैं? आँगन पार करते पैरों में सूखे पत्ते चरमरा रहे थे, आम के, अमरूद के। सूखी क्यारियाँ और फुलवारी कब के दम तोड़ चुके थे। वह उस रिहायशी कमरे में पहुँच गए थे जो ग़नी मियाँ के दिन-रात का ठिया बन गया था।

–दरअसल, उन्होंने बोलने का अवसर दिए बिना कहा था–सुबह फ़जिर की नमाज़ के बाद, जैसा कि आपको मालूम है, घर में और कोई तो है नहीं, मैंने चाय का पानी उबलने को रखा। कुछ ज़रूरी किताबें, हिसाब-किताब की पलट रहा था कि एक मोनोग्राफ़ हाथ आ गया। लाया मैं ही कभी था। दिल्ली से। शायद पढ़ा भी हो। ज़ेहन से निकल गया था। 'मोमिन', हकीम मोमिन ख़ान 'मोमिन' का। उसके सफ़हे पलटते एहसास हुआ, ग़ालिब मोमिन के इतने क़द्रदान क्यों थे। यह कहा जाता है मोमिन के एक शेर के एवज़ वह अपना पूरा दीवान देने को तैयार थे! वही–तुम मेरे पास होते हो गोया/जब कोई दूसरा नहीं होता। वक़्त-वक़्त और मूड-मूड की बात है, जो बात दिलो-दिमाग़ पर नक़्श हो जाए। शायर के कमाल से इनकार नहीं, वही तो ख़याल को ज़मानो-मकाँ से आज़ाद करके, शेर को उसका अनोखा-इकलौता वजूद अता करता है। बड़े-से-बड़े शायर के पास ऐसे गिनती के शेर होते हैं। ख़ुद ग़ालिब को ले लीजिए, जिनकी ज़्यादातर शायरी तो सारे फ़रहंग सर्फ़ करके भी समझ

से परे रहती है, लेकिन गिनती के अशआर काफ़ी हैं, उन्हें दवाम बख़्शने के लिए। क्यों साहब, ग़लत तो नहीं कह रहा मैं?

कब किस विषय पर ग़नी मियाँ बोलना शुरू कर दें, निश्चित नहीं था।

सामनेवाले की राय जानने की भी वह परवाह नहीं करते थे।

काँच के पल्ले जड़ी अलमारियों में बन्द किताबें उनके पास ढेरों थीं और उन अलमारियों पर मज़बूत ताले पड़े रहते थे। उन किताबों को पढ़ते वह दिखाई न देते थे लेकिन बात हर टॉपिक पर इतने अधिकारपूर्वक करते थे जैसे वह उन्हीं का विषय हो। हाँ, बिजनेस सम्बन्धी शेयर्स और बाज़ार की पत्रिकाएँ और अख़बार उनके कमरे में, जो ख़ुद साबिर को लगता था, रोज़-ब-रोज़ सिकुड़कर तंग और छोटा होता जा रहा था, चौतरफ़ बिखरे रहते थे।

उन्हें अवश्य अन्दाज़ा रहा होगा साबिर, जिसे वह कितने मज़ाक–कितने व्यंग्य या संजीदगी से सैयद साहब कहते थे, उनके पास क्यों आया था!

छोटे शहरों में बिना मिले भी, सबको सबकी ख़बर रहती है!

बहरहाल, उसका उलझा हुआ मामला था जिसका निबटारा किया जाना था, और वह ग़ालिब, मोमिन और उर्दू कविता पर यूँ रोशनी डाल रहे थे जैसे वह अपनी शायरी के दीवान पर भूमिका लिखवाने आया हो।

इस विषय पर वह एक से ज़्यादा बार उन्हें लोगों के बीच रोशनी डालते, देख और सुन चुका था : या तो वह सचमुच भूल जाते थे या सामनेवाले की याददाश्त की परवाह नहीं करते थे!

सच यह कि उनका शायरी में दख़ल गिनती के शेर, जो उन्हें याद रहते थे और नज़्में, जो कभी पूरी याद नहीं रहती थीं, तक था।

कुछ आश्चर्य नहीं जो वकील उनके नाम से ही चिढ़ता था!

उनका मनपसन्द शायर वैसे मख़दूम मुहीउद्दीन : "इक चमेली के मँडवे तले / मैकदे से ज़रा दूर उस मोड़ पर / दो बदन प्यार की आग में जल गए"–वाला ही मख़दूम!

यह मख़दूम की शायरी की बिना पर नहीं, उस भेंट के कारण जो हैदराबाद में कभी सम्भव हो पाई थी। वह मख़दूम का ज़िक्र उसी अदब-एहतराम से करते थे जैसे निज़ामुद्दीन औलिया का!

ग़ालिब-मोमिन की बात मुँह का मज़ा बदलने को होती थी और मीर के नाम पर वह अपना चिर-परिचित ठहाका शुरू करते थे जो चलता ही जाता था, चलता ही जाता था। और उतना ही मायने रखता था जितना वह खिंच जाए।

असल में पिछले अनुभव के कारण उन पर विश्वास करते, इस बार फिर उसने काफ़ी पैसा, उनके कहे से ऐसी कम्पनी में लगा दिया था जिसका पहले कभी नाम तक नहीं सुना था।

भरोसा काम न आया था ओर जो सामने था, वह यह निष्कर्ष निकालने को काफ़ी था कि कम्पनी फ्रॉड थी और उसके साथ और बहुतों का सरमाया समेटकर, एक प्रकार से अपने न होने की घोषणा कर चुकी थी।

वैसे वह दिल में सब्र कर चुका था लेकिन एक से अधिक बार, जब भी ग़नी मियाँ के सामने अपने दिल के अन्देशे रखे थे, उसकी ओर पीठ की हुई अपनी आँखों से देखते, उन्होंने 'ऐसा नहीं, मियाँ! ऐसा नहीं सैयद साहब!' से ढाढ़स बँधाया था। इधर पिछले दिनों के रवैए से लगा था, वह उससे सहमत होते जा रहे थे।

उनकी सहमति का अर्थ उसकी बड़ी रक़म का डूबना था जिसके नतीजे उसका घर और घाट में से चुनाव उस दुविधा में था, जिसका उसे सामना था। महलवालों को पैसा देना उतना मुश्किल न हुआ होता, अगर वह पूँजी जिसके महीनों में दुगुना होने का विश्वास था, हवा न हुई होती। हालाँकि यह इन्वेस्टमेंट भी शुरू के दिनों में, मरियम द्वारा ही हुआ था, लेकिन बदली परिस्थितियों का मरियम से क्या शिकवा किया जा सकता था!

वह दिल में सब्र तो कर ही चुका था मगर ग़नी मियाँ के मुँह से सुन लेना चाहता था।

वह विषय को टालने का प्रयास करने लगे थे, दूसरी बातें निकालकर या चुप साधकर।

वह ख़ुद इस समय ताज़ा घटनाक्रम (जो वह अन्य माध्यमों से जानते ही होंगे! छोटा शहर!!) टेकरी के सामने की ज़मीन पर दो 'पहलवान' पार्टियों का मैटीरियल डलवाना और वहाँ कन्सट्रक्शन शुरू होने की अफ़वाहें, उसे पैसों के

एवज़ टेकरी छोड़ देने का ऑफर, महलवालों के हर पल बदलते तेवर और उसकी ग़नी मियाँ के बाल-सखा, सांसद इमरान आलम से भेंट का अह्वाल सुनाकर किसी प्रकार की सान्त्वना की उम्मीद करता था और वह उसे ग़ालिब और 'मजनू जो मर गया है तो जंगल उदास है' की व्याख्या सुनाने पर तुले लगते थे।

—पर्यावरण की चिन्ता करनेवालों को ग़ालिब से माफ़ी के साथ, वह चहक रहे थे—इस शेर के मिसरे को थोड़ा बदलकर, "जंगल जो मर गया है तो मजनू उदास है!" कर देना चाहिए—है कि नहीं! ग्लोबल वार्मिंग पहली बार अंग्रेज़ी डिक्शनरी में शामिल किया गया है! इनसान ख़ुद ही अपनी तबाही का दहाना बन गया है। पुराने परिन्दे और कीड़े-मकोड़े तक ओझल हो रहे हैं! जुगनू देखने के लिए लोगों को चेरापूँजी तक का सफ़र, आनेवाले दिनों में करना होगा! 'इक छेड़ है वगरना मुराद इम्तिहाँ नहीं'—ग़ालिब की शोख़ी मुलाहिज़ा फ़रमाइए!

32. '...कि बुरे फँसे'!

—यही कह सकता हूँ आपसे, सैयद साहब, आख़िरकार किसी तरह उसकी रूदाद सुनने के बाद उन्होंने निर्लिप्त भाव से कहा था—कि बुरे फँसे!

और उनका वही ऊँचा ठहाका।

उसके बाद ख़ामोशी।

वह कुछ कहने को शब्द जोड़ने का प्रयास कर रहे थे।

—यह आप मुझे सैयद साहब क्यों कहते हैं? साबिर अनायास पूछ बैठा था।

—क्या ग़लत कहता हूँ? उनका स्वर गम्भीर था।—आपका सिलसिला सैयदों से उसी तरह तय है, जैसे मेरे ख़ानदान का तीन पीढ़ी पहले हिन्दू से मुसलमान होना। हमारा हस्ब-नस्ब अरबों से जाकर तो मिलता नहीं, हिन्दुस्तान के चौहान राजपूत वंश से है। ताल्लुक़ जालन्धर से, जहाँ आज़ादी से पहले तक रिश्तेदार बसते थे और हमारी जायदाद भी थी।

—आपको यह सब तो मालूम है! साबिर ने ईर्ष्या से कहा था।—मुझे तो इतनी तफ़सील भी नहीं मालूम!

—आप नजीबुत-तरफ़ैन हैं, उन्होंने आश्वस्ति के स्वर में कहा था।—माँ और बाप, दोनों तरफ़ से सैयदों के सिलसिले से!

—इसके बावज़ूद यह दुर्गति है! उसके मुँह से निकल गया था।

ग़नी मियाँ की उसकी ओर पीठ की हुई आँखें सवालिया हो गई थीं।

—आपको मालूम है, उसने जवाब देना चाहा था—मेरी ननिहाल और ददियाल में किस तरह की दुश्मनी थी? सैयद-सैयद के बीच!

—तफ़सील से तो नहीं, उन्होंने धीमे स्वर में कहा था—लेकिन अन्दाजा लगा सकता हूँ। जब आप और मरियम साहिबा पहली दफ़ा बम्बई से आए थे, कुछ तफ़सील आमिर मियाँ की ज़बानी सुनने को मिली थी—बहुत कम।

उसका दिल हुआ था अम्मा और परछाईं का मामला, जिस तरह वह ख़ुद समझ पाया था—मूल में छूटे रिक्त स्थानों को छोड़कर, ग़नी मियाँ को सुना डाले : यह बताते हुए कि वह अपने पिता का दूसरा अवतार, परछाईं-दो था।

उसका अवसर नहीं था।

—हैरत नहीं होती, उन्होंने रुककर कहा था।—इनसान में दोनों सिफ़तें, दोस्ती और दुश्मनी, कमाल की देखने को मिलती हैं। वह ख़ुद अपने किए का ज़िम्मेदार ठहराया जाता है, होता भी है। लेकिन मामला 'आन फँसे' का लगता है! फँसने-न-फँसने में किसे दख़ल? होने के लाख रास्ते, एक तोड़ सोचो, दस जोड़ बन जाते हैं। यही पाने और हासिल करने का, कि न चाहो नवाज़ा जाना है, नवाज़े जाओगे। अपने-पराए बहाने और समझ का फेर, बस! बार-बार आज़माइश, घड़ी-घड़ी खोटे-खरे की परख! चाहो-न-चाहो! इम्तिहान लिया जा रहा है। मेरी-आपकी ख़ूबी-क़ाबिलियत नहीं, वह तो लिया ही जा रहा है! इबरत, मातम, ख़ुशी, शादमानी : मिसालों की तरह तमाशे चल रहे हैं। महलवालों को लें : रियासत से सिमटकर एक प्लॉट तक सिलसिला है गँवाने का! किसी भी हद तक जा सकता है। वह न चाहें तो भी जाएगा। उनकी मार में जो-जो आएगा, बड़े गेम-प्लान का हिस्सा हो जाएगा। क्लीडोस्कोप में हक़ीर काँच का टुकड़ा! पैटर्न्स और डिज़ाइन, एक मामूली जुम्बिश सब बदल देती है। इमाम ग़ज़ाली अहयाँ-उल-उलूम...।

अहयाँ-उल-उलूम ग़नी मियाँ की बड़ी पनाहगाह था जिसे वह क़ुरान, गीता, बाइबिल सबसे अधिक कोट करते थे। जब वह ऐसा करते तो लगता उसे भी उन्होंने नहीं पढ़ा और अपने कहे को भार देने के लिए इमाम ग़ज़ाली के नाम से जोड़ रहे हैं।

सच जो भी हो, लगता ऐसा ही था।

—बुरे फँसे! रह-रहकर शेर पे दाद की तरह वह दोहरा रहे थे।—वाकई, बुरे फँसे! आपका इतना क़सूर कि हैं! हो रहे में क्या दख़ल? हर सूरत होगा। माँ-बाप मुँह फेरेंगे। भाई-बहन ग़ैरियत और बीवी-बच्चे परायापन बरतेंगे। हालाँकि हमने पैग़म्बर अयूब होने का दावा नहीं किया। हमारा अपना ग़ैर बनकर हमारे ख़िलाफ़ गवाही देगा। ख़ुद नहीं, देने पर मजबूर कर दिया जाएगा। ख़ुद की क्या मज़ाल, वह तो दरिया में बंसी डाले मछली के न फँसने का शिकवा ही करता रहेगा!

और एकदम उसे पूरी तरह चौंकाते हुए उन्होंने संस्कृत का एक लम्बा श्लोक पढ़ा था, डूबकर और उसका आसान हिन्दी में अनुवाद करने की आवश्यकता भी नहीं समझी थी।

आगे की बातचीत में हतप्रभ होकर वह भगवद्‍गीता, श्रीकृष्ण, कौटिल्य, आर्यभट्‍ट, रामायण, वेद और पुराण से सन्दर्भित ऐसी ज्ञान और गुण की बातें ग़नी मियाँ की ज़बान से सुनता रहा था, जिसकी उसने उनके साथ जोड़कर कल्पना भी नहीं की थी।

इतना ही नहीं, शर्मिन्दगी यह थी कि वह सदा मानता रहा था कि भारतीय सोच और परम्परा ने मानव संसार के विकास में बड़ा योगदान किया था : इन दिनों यह सोचने से मन इसलिए कतराने लगा था कि बहुरूपी सत्य को इकहरा प्रोपेगैंडा बनाकर दुनिया के सामने रखने का ठेका कुछ ऐसे राजनीति में धँसे संगठनों ने ले लिया था जिनकी मंशा ढकी-छिपी नहीं थी। लेकिन ख़ुद उसने उस योगदान को कितने विस्तार में जाकर जानने का प्रयास किया था?! उद्धरण पढ़ लिये थे यहाँ-तहाँ अंग्रेज़ी में! या तोता-मैना की कहानी की तरह रामायण-महाभारत को जान लिया था।

—आप संस्कृत समझ लेते हैं? अपने आश्चर्य पर पर्दा डालने की कोशिश में उसने ग़नी मियाँ से पूछा था।

वह हँसने लगे थे।

—दारा शिकोह के बाद आप समझते हैं हिन्दुस्तानी मुसलमान ने संस्कृत पढ़नी छोड़ दी? मेरे ख़याल से आप बहुत ग़लत भी नहीं! हर चीज़ का उत्थान के बाद पतन होता है—उरूज के बाद ज़वाल! मुसलमानों को

हिन्दुस्तान में यह उत्थान अकबर जैसे बादशाह के रूप में मिला। वह एक फ़राख़दिल शहंशाह था जो हिन्दुस्तान को अपने ख़्वाब की ताबीर की शक्ल में देखना चाहता था। न उसका मज़हब चला, न कैलेंडर और न वह बोली पनप सकी जो हिन्दी-उर्दू झगड़े का ख़ात्मा होती। अकबर ने धर्मनिरपेक्ष नज़रिए से तसव्वुफ़ की कई बातों को अपने दीन-ए-इलाही में शामिल किया था, मगर ऐसा करते हुए लगभग सभी कठमुल्लों और किसी हद तक सूफ़ी विचारधारा के लोगों को भी नाख़ुश कर दिया था। जहाँगीर ख़ुद बहुत मज़हबी सोच का न होते हुए भी अकबर की नाकामी को देख चुका था और उसने शासन और धर्म को अलग-अलग रखना ही मुनासिब समझा। इससे कठमुल्लों–हिन्दू हों या मुसलमान, की बन आई! एक तरफ़ यह था तो दूसरी तरफ़ ऐसे सूफ़ी भी थे जिन्होंने सूफ़ी आचरण को ही कठमुल्लाइयत में तब्दील कर डाला। तसव्वुफ़ की मस्ती से उन्हें कुछ लेना-देना नहीं था और होशमन्दी और फॉर्मेलिटी पसन्द करते थे। ऐसे सूफ़ियों का रवैया कठमुल्लों को बहुत भाया और अकबर और दीने-इलाही के दुश्मनों ने खुलकर उनका साथ दिया। दीने-इलाही के अलावा तसव्वुफ़ के खुलेपन को भी नुक़सान पहुँचा और आगे यह सोच तंग ही होती चली गई। जिहाद, कट्टरपंथ, दो अलग क़ौमें–हिन्दू और मुसलमान, सो दो अलग घर–हिन्दुस्तान और पाकिस्तान! आज हर मुसलमान मोमिन-मुजाहिद बनने पर तुला है या मज़हब से बेज़ार है। बेज़ारी से दुनिया में कुछ मिलता नहीं, इसलिए सख़्ती ही पनप रही है। अलबेरूनी से लेकर अबुल फ़ज़ल और अब्दुर्रहीम ख़ानख़ाना और जायसी तक की इल्म से मुहब्बत को भूलकर आज का मुसलमान अरबी भी तोते की तरह रटकर पढ़ता है और मानता है उसके बेरूह सजदे मग़फ़िरत को काफ़ी है! अकबर उनके लिए क़ाफ़िर और इब्लीस (शैतान) के इमामों की फ़ेहरिस्त में शामिल हैं। बड़े हौसलों की सज़ाएँ भी बड़ी होती हैं! मेरे लिए तो फ़तहपुर सीकरी एक तीर्थ है, यूँ भी कि वहाँ हज़रत सलीम चिश्ती आराम-फरमाँ हैं।

—आपने यह तमाम ग्रन्थ मेरा मतलब वेद-उपनिषद् वग़ैरह सब पढ़े हैं? संस्कृत में पढ़े हैं? उसने हिचकते हुए पूछा था।

—सबकुछ तो नहीं, कोई भी सबकुछ नहीं पढ़ सकता। जो पढ़ा है, वह बेशक, संस्कृत में, इस लिहाज़ से कह सकते हैं संस्कृत जानता हूँ। मेरे उस्ताद बनारस में रहते हैं, वहाँ मैंने काफ़ी वक़्त बिताया है। इन अलमारियों में वही सब ख़ज़ाना तालाबन्द है क्योंकि न दोस्तों को ख़बर है और न दिलचस्पी हो सकती।

—जब आपने इतना सब पढ़ रखा है तो बात आमतौर पर अहया-उल-उलूम पर क्यों टूटती है?

वह अपना आश्चर्य व्यक्त कर सकने को चाहकर भी मुनासिब शब्द नहीं खोज पाया था; उधर ग़नी मियाँ का शंख-नाद क़हक़हा शुरू हो गया था।

—क्या आप अहया को सबसे बेहतर मानते हैं? उसने हिचकते हुए जोड़ा था!

ग़नी मियाँ ने कान पकड़ा था, तौबा की थी।

—इमाम ग़ज़ाली बड़े आलिम थे और 'अहया'....उनका शाहकार है। लेकिन आलिमों का मुक़ाबला पहला, दूसरा, तीसरा के हिसाब से नहीं किया जा सकता। 'अहया' को लेकर तो ख़ुद आलिमों के एक तबक़े ने यह एतराज़ किया है कि उसने मज़हब को लेकर सवाल करनेवालों का मुँह बन्द कर दिया। यानी मज़हबी मामलों को लेकर जो एक दिमाग़ से सोचने और आपस में बात करने—कहने-सुनने—का माहौल बन रहा था और रवैयों में खुलापन आ रहा था, उसे हमेशा के लिए ख़त्म कर दिया। हर मज़हब माननेवालों को एक आदर्श की कल्पना देता है और ज़िन्दगी में उसे हासिल करने का तरीक़ा बताता है। हर मज़हब की तारीख़ में उस आदर्श की कल्पना तो, गिनती के लोगों के लिए छोड़कर, बैकग्राउंड में धुँधला जाती है और उसे हासिल करने के तरीक़े की तानाशाही क़ायम होती जाती है, जिसका उन तारीख़ी हालात से कोई रिश्ता नहीं होता जिसके तहत मज़हब कभी वजूद में आया था। जब यह हो जाता है तो मज़हब ही माननेवालों की राह की सबसे बड़ी अड़चन बन जाता है। वहम असलियत पर ग़ालिब आ जाता है और अख़लाक़ के नाम पर अनगिनत बिदअतें पलने और पनपने

लगती हैं। ऐसा बहुत-कुछ मुसलमानों में होता नज़र आता है और शायद यह बात बिलकुल ग़लत नहीं कि इमाम साहब का लोगों का मुँह बन्द करना उसके लिए बड़ी हद तक ज़िम्मेदार है। उनके बाद के उलेमा ने मज़हब और दूसरी मालूमात को बहुत बुरी तरह उलझा दिया। मैं जब लोगों में अहया का नाम लेता हूँ, तो यह जानकर कि आगे किसी की बोलने की हिम्मत नहीं पड़ेगी। वैसे उनके बड़े आलिम होने में तो शको-शुबहा है भी नहीं। लेकिन इतना ही—कई लोगों के उन पर एतराज़ भी उससे कम ईमानदारी के जज़्बे से नहीं जिससे इमाम ग़ज़ाली ने 'अहया' को लिखा था। लगता है पैग़म्बर के पाँच सौ साल बाद, इमाम साहब का जो क़द और शख़्सियत उनके समकालीन उलेमा में बना था, वह उस पल, इस्लाम में उससे बड़े सुधार का तक़ाज़ा करता था, जो हो सका और सिलसिला वक़्त के साथ आगे बढ़ने के बजाय, वहीं ठहरा रहा। ऐसा ही फिर पाँच सौ साल बाद, शेख़ अहमद सरहिन्द, जिन्हें मुजद्दिद अलिफ़ सानी यानी इस्लाम के दूसरे हज़ार साल के सुधारनेवाले की उपाधि से याद किया जाता है, के दौर में कम-से-कम मुझ जैसे वाजिबी अक़्ल-समझवाले को होता नज़र आता है, जिसने पढ़ा ज़्यादा और शायद गुना कम है! और उनसे तो बदली सूरत-शक्ल में ख़ुद आपका ददियाली सिलसिला भी जा मिलता है। शाह वलीउल्लाह और उनके बाद सैयद अहमद शहीद, शाह अब्दुल अज़ीज़, और देखते-देखते मौलाना महमूदुल हसन और बीसवीं सदी का वह ज़माना आ जाता है, जो बहुत पुरानी बात नहीं है अभी।

बातें करते हुए ग़नी मियाँ ने उसकी शरबत से तवाज़ो भी की थी और आवाज़ देकर अपने नौकर, शकूर को पुकारा भी था, जो उस समय शायद अन्य कहीं व्यस्त था या धूप-गर्मी से पनाह लिये घर में कहीं सो रहा था। कमरे में फ्रिज था और कूलर भी। फ्रिज काम कर रहा था मगर कूलर बन्द और एक बड़ा पेडिस्टल पंखा गर्मी से लड़ने को अपना कर्तव्य निभा रहा था।

साबिर समझ नहीं पा रहा था, ग़नी मियाँ से क्या कहे या पूछे : कॉलेज में केमिस्ट्री का अध्यापन और डॉक्टरेट की तैयारियाँ, पीरी-फ़क़ीरी,

तावीज़-गंडे, प्रॉपर्टी की ख़रीद की समझ-जानकारी और शेयर मार्केट की शहंशाहत के अलावा उस समय वह एक ऐसे व्यक्ति के सम्मुख था, जो उसके अनुमान से कहीं अधिक उस इतिहास को अन्दर से समझता था, जिसमें दाख़िले की चाबी ही वह उम्र के चालीस वर्षों में (कुछ महीने और!) नहीं खोज पाया था! और वह शायरी को लेकर उनकी सतही बातें क्या कोई मुखौटा थीं? हँसने-बोलने के लिए?

33. 'कितना है जो हमें बाँटता नहीं'

—नहीं, सैयद साहब, उसके पूछने पर उन्होंने कहा था।—मेरा बीवी-बच्चों से कोई झगड़ा नहीं। अच्छे ताल्लुक़ात हैं। मैं समझता हूँ कोई रिश्ता इकहरा होने लगे, जैसे बीवी महज़ सेक्स-ऑब्जेक्ट बनने लगे, तो उसकी मुद्दत पूरी हो गई। सोच है मेरी। बच्चे माँ की ज़रूरत और माँ बच्चों की सही ग्रोथ के लिए बाप से ज़रूरी है। मैं जैसा बाप हूँ, उसी हिसाब से सोचता हूँ। बाक़ी सब ख़ुशगवारी से चल रहा है। वजूद के वसवसे और भूल-भुलैया बहकाते, भटकाते और सोचने पर मजबूर करते हैं और उनका हल खोजने की ख़्वाहिश भी होती है। पैदाइशी ईसाई या मुसलमान तो कोई होने से रहा, सब धर्मान्तरण से ही किसी मज़हब में शामिल हुए हैं। पैदाइश से तो यूनानी, ईरानी, तूरानी, अरबी या हिन्दुस्तानी—हिन्दू! ही हो सकता है। बाक़ी जीवन का ज्वार-भाटा है। महाभारत में भाई भाई के ख़िलाफ़ था और सन् '47 में हिन्दुस्तानी हिन्दुस्तानी के, तो सैयद सब शीर-शकर कैसे हो सकते हैं! यहाँ भी आजकल मुद्दों को लेकर दूरी पैदा करने की कोशिशें चल रही हैं; चलेंगी, ख़ून-ख़राबा भी होगा, सुधार भी, दोस्तियाँ भी होंगी, दुश्मनियाँ भी। यही सोचकर निहत्था तो नहीं बैठा जा सकता। समाज में जो हमारा रोल है, उसे तो पूरी संजीदगी से निभाना होगा। हैरत इस बात पे होती है कि लोग एक-दूसरे को कितना कम जानते या जानना चाहते हैं! यहीं मैं सूफ़ी-सन्तों का क़ायल हूँ, जिन्होंने ख़ुदशनासी और उन चीज़ों पर जोर दिया है जो सब में एक-सी हैं। जब आप और मरियम साहिबा, पहली बार भोपाल आए थे, आपके मुँह से सन्त तुकाराम के अभंग सुनने को मिले थे, जिन्हें मरियम साहिबा ने गाकर भी सुनाया था। गाने-बजाने में दिलचस्पी न होने के बावजूद,

मैं उस तजुर्बे को कभी फ़रामोश नहीं कर सकता। कितना है जो हमें बाँटता नहीं, बाँधता है और हमें उसके बारे में ही नहीं मालूम! सन्त ज्ञानेश्वर, नामदेव, तुकाराम महज़ नाम हैं, हम जैसे थोड़े पढ़े-लिखों के लिए भी! मराठी हमारे लिए तुर्की ज़बान की तरह है, जैसी अरबी-फ़ारसी भी हो गई है और मुल्क की बड़ी जनसंख्या के लिए उर्दू थी भी और होती भी जा रही है। यह शिकवा नहीं, सूरतेहाल है। मौज़ूद चीज़ों तक को नहीं जानते तो मज़हबों की सही रीडिंग क्योंकर मुमकिन हो सकती है! इस्लाम की तारीख़ एक आम हिदू से जानने की उम्मीद बड़ी ज़्यादती होगी : वह तो उसी पर यक़ीन करेगा जो होते देख रहा है या जो उसे बताया जा रहा है। यही मुसलमानों पर लागू होता है, मेरी तरह हिस्ट्री पढ़ने की किसे फ़ुर्सत और दिलचस्पी है। ख़ुद मुझे यह नज़र आता है कि सदियाँ हिन्दुस्तान में गुज़ारकर यहाँ का मुसलमान समाज अपनी अलग पहचान रखता है, अरब या ईरान या मलेशिया-इंडोनेशिया से जुदा और यह उम्मत का तसव्वुर किसी हद तक महज़ दीनियात और मज़हबी फ़रीज़े अदा करने तक समझा जा सकता है, जैसे—नमाज़, रोज़ा, हज, ज़कात या हिजरी कैलेंडर से अपनी तरह साल को तय करना। मगर उसमें भी बेगिनती छोटे-बड़े फ़र्क़ हैं। बहत्तर फ़िर्कों का तो मुहावरा है, उससे कहीं ज़्यादा हैं। कुछ मुसलमान ही दूसरे मुसलमानों को मानने से इनकार करते हैं—ताज़ा मिसाल अहमदी फ़िरक़े की है, जिसे पाकिस्तान ग़ैर-मुस्लिम क़रार दे चुका है और पीछे जाएँ तो बातिनिया फ़िरक़ा, जिसका एक हिस्सा वह भी है जिससे मुहम्मद अली जिन्नाह, बानी-ए-पाकिस्तान का ताल्लुक़ था, असना-ए-अशरी! उसे तो इमाम ग़ज़ाली के ज़माने में ही क़ाफ़िर क़रार दिया जा चुका था! ख़ुद इमाम साहब ने उनके ख़िलाफ़ किताब तहरीर की थी। इस तोड़ने के बरअक्स सूफ़ियों और भक्तों का रवैया है। हालाँकि गिरोहबन्दी वहाँ भी है लेकिन उसके बावज़ूद। क़िस्सा-कोताह, मज़हबों और उनकी ऊपरी सूरत-शक्ल को मैं वक़्ती मानता हूँ : जो बदलाव क़बूल कर रहे हैं वह ज़िन्दगी का एक हिस्सा, और जो तब्दीली से आँख चुरा रहे हैं, वह जीवन-विरोधी। एक का हम समर्थन कर सकते हैं और दूसरे का विरोध। इससे ज़्यादा ख़ुद मुझे यहाँ अपने कुछ करने का स्कोप नज़र नहीं आता। हालाँकि ज़माने से एक एन.जी.ओ.

क़ायम करने का ख़याल भी ज़ेहन में करवट लेता रहा है। मगर करवट लेने की ही हद तक! एक समाज-सुधारक की भूमिका में मैं ख़ुद को नहीं सोच पाता। मैं कार्ल मार्क्स का बड़ा मद्दाह हूँ और थ्योरी की निस्बत उसे दुनिया का सबसे अहम पैग़म्बर समझता हूँ। साथ ही यह वसवसा भी है कि ज़िन्दगी महज़ थ्योरी नहीं, उस थ्योरी की कामयाब प्रैक्टिस होती है। वही आदर्श और उसे हासिल करने के तरीक़े का रिश्ता! जिस हिसाब से मार्क्स का इल्म भी, प्रैक्टिस करनेवालों का मोहताज और हमारे ज़माने में ऑक्सीजन दिए जाने पर ज़िन्दा है। थ्योरी और प्रैक्टिस, सब सवाल-जवाब के घेरे में आते हैं। कोई उनसे परे है तो वह अच्छे लोग जो इनसानियत का नमक ठहरते हैं : पीर, फ़क़ीर, सन्त, औलिया, भक्त—वह सब जिनके वजूद ने अच्छाई को ज़िन्दगी दी। वही मेरे आदर्श और मज़हब हैं, उन्हीं को मैं सजदा और सलाम करता हूँ। इसमें कई ऐसे भी हैं जो अपने-अपने मज़हब के पाबन्द और सूफ़ी या भक्ति की विचारधारा से अलग हैं, लेकिन इनसानियत के हमदर्द। मैं उन्हें भी सूफ़ी-सन्तों में ही गिनता हूँ क्योंकि कसौटी इनसान-दोस्ती है। इतना तय करने का यह मतलब नहीं कि मैंने ज़िन्दगी का कोई राज़ पा लिया! बस, इतना तय हो गया कि मैं कौन-से पाले में हूँ, वरना हूँ फँसा हुआ ही : और बुरी तरह फँसा हुआ!

और वही शंख-नाद : ग़नी मियाँ का कभी न पूरा होनेवाला ठहाका!

—नास्तिक और एथीस्ट को आपके हिसाब से कहाँ रखा जाएगा? उसने पूछने की हिम्मत जुटाई थी।

ग़नी मियाँ का ठहाका अपनी मुद्दत पूरी करने के बाद ही थमा था।

—मेरे हिसाब से इनसान सिर्फ़ दो तरह के होते हैं : नेक और बद। इसका किसी आसमानी ताक़त में यक़ीन, शक या आसमानी ताक़त में यक़ीन न होने से कोई ताल्लुक़ नहीं। इनसान का अमल उसके अक़ीदे से कहीं ज़्यादा मतलब रखता है। जैसा कि मैंने अर्ज़ किया है, मैं कार्ल मार्क्स को पैग़म्बर समझता हूँ। नास्तिक होने के लिए जिस तरह की समझ और

बहादुरी की दरकार है, सच को उसके सेक्यूलर मायने में जानने और एक अकेलेपन के साथ ज़िन्दा रह सकने के लिए, वह कम लोगों में ही हो सकती है। फिर भी, ऐसे हिम्मतवाले हर ज़माने में रहे हैं। ख़ुद मैं दुनिया का तसव्वुर किसी एक दरख़्त, उसकी शाखें, पत्ते, फूल, फल, बीज के बजाय एक ऐसे बाग़ की शक्ल में पसन्द करता हूँ जिसमें हज़ारहा क़िस्म के दरख़्तों का फैलाव हो। बात अपने-अपने तसव्वुर की ही है। तसव्वुर और तजुर्बा। और इन दोनों में किसी का गवाह कोई दूसरा नहीं हो सकता। गवाह तो किसी के अमल या किए-धरे का ही हो सकता है। कभी-कभी यह गवाह भी जान-बूझकर नहीं, मगर ग़लत हो जाते हैं। मेरी पीरों से अक़ीदत को तरह-तरह से मायने दिए जाते हैं, जिनका मतलब यह कि मैंने उसे अपनी दुनिया सुधारने का साधन बनाया हुआ है! मेरे लिए तो वह ज़िन्दगी गुज़ारने का अकेला तरीक़ा है। कुछ इसे पूर्वजों तक पर गुस्सा उतारते हुए मेरे बुज़ुर्गों के इस्लाम क़बूल करने मगर दिल से बुतपरस्त ही रहने की बात करते हैं। मुँह पर नहीं, पीठ-पीछे! हर कहे को संजीदगी से लिया भी नहीं जा सकता। यह भी कहा जाता है कि अपने पीर की मेहरबानी से मुझे कुछ ऐसा हाथ लग गया है कि जो चाहूँ वह हो जाता है। मेरी अपनी दानिस्त में मैं किसी ऐसी ख़ूबी का मालिक नहीं। कुछ अन्दाज़े हैं जो ज़्यादातर सही निकलते हैं। कभी ग़लत भी हो जाते हैं।

—यानी शेयर्स की समझ या प्रॉपर्टी ख़रीदने-बेचने का हिसाब, यह सब आपने हुनर की तरह ही जाना-सीखा है?

—बिलकुल। इनमें मेरी समझ को काम करता देखकर लोग यह अनदेखा कर जाते हैं कि वह कहाँ-कहाँ काम नहीं कर पाई। मैं उस हिसाब से गृहस्थ नहीं बन सका जिसे समाज में आदर्श कहा जाता है। आर्टिस्ट बनना चाहता था, पेंटिंग सीखने की बहुत कोशिश की, मगर रंग पहचानने और ब्रश के नम्बरों में ही ऐसा उलझा कि हौसला पस्त हो गया और चाकू-छुरी तक तो पहुँच ही नहीं पाया। संगीत मुझे समझ में नहीं आता, हद यह कि क़ुरान की तिलावत तक किरअत के साथ नहीं कर सकता। खेल समझता सब हूँ, खेल कोई नहीं पाया—न हॉकी, न बेडमिंटन, टेबल टेनिस या क्रिकेट। शतरंज और

ताश के खेल तक मुझसे नहीं खेलते बनते! आप हँसेंगे, लेकिन कैरम जैसा सादा खेल भी मैं प्रैक्टिस के बावज़ूद, उस तरह नहीं खेल पाया जैसे चाय के होटलों और अड्डों पर नौजवान खेलते हैं। कॉलेज की वाजिबी पढ़ाई और एम. एस-सी. केमिस्ट्री कर लिया, नौकरी ढूँढ़ ली, डॉक्टरेट भी कर ली और उस ख़ानदान में शादी भी हो गई जहाँ चाहता था। यह हो गया इसलिए गिना रहा हूँ, वरना मेरी बीवी मुझसे बहुत बड़े किसी घराने की नहीं, मेरी मामूज़ाद बहन है। आर्थिक स्तर पर वह हमसे कमज़ोर ही थे। मेरे वालिद ढाई हजार एकड़ के अकेले मालिक थे जबकि मामू, पढ़े-लिखे बेशक, उस ज़माने में शैफील्ड से इंजीनियरिंग की थी। मगर साहिबे औलाद भी थे और तुनक-मिज़ाज भी : किसी रियासत में उनकी पट ही नहीं सकी। ठेठ पंजाबड़े थे, जैसे मुसलमान पंजाबी होते होंगे। आप जानते ही हैं, मैं साइकिल से आगे कोई सवारी चलाना नहीं सीख सका! आज भी साइकिल है या तेरे-मेरे का सहारा है। मगर ताश में ही एक खेल ऐसा था—फ्लश या तीन पत्ते, जिसमें मैं कभी नहीं हारा और एक ज़माने में अच्छा-ख़ासा पैसा कमाया! यह हो गया था कि लोग मेरे साथ खेलने से कतराने लगे थे। मजा यह कि मैंने हमेशा ब्लाइंड चलकर बाज़ी जीती और देखने के बाद चाल चली तो अच्छे पत्तों के बावज़ूद हार गया! यह पूरी ज़िन्दगी का एक सरसरी जायज़ा है, इससे जो भी नतीजा निकलता हो : यह भी तो निकल सकता है कि किसी की बददुआ की वजह से मैं बाक़ी सब नहीं कर पाया! उसकी तरफ़ किसी की नज़र नहीं जाती और कामयाबी को मोजज़ा मानना चाहते हैं। क्या कह सकता हूँ, होगा! मोजज़ा ही होगा! जिस जगह आपका पैसा फँसा है, वहाँ आपसे दुगुना मेरा भी उलझा है—यह जानने में किसी को दिलचस्पी नहीं। करिश्माती होता तो मामला यहाँ भी क्यों उलझता : इस तरह कि सुलझने के आसार ही बनते नज़र नहीं आ रहे? फिर भी मैं उस सबके लिए शुक्रगुज़ार तो हूँ ही, जो मुझे मिला है, हो सकता है ऐसा मेरी बुज़ुर्गों से अकीदत की वजह से ही हुआ हो। हम कुछ करते कहाँ हैं, हो जाता है! जहाँ पहुँचते हैं उसके आगे सवालों का सिलसिला, और जो हो गया उसकी शुक्रगुज़ारी तो है ही। सही मायनों में मैं अपने अक़्ल या हुनर का भी तो दावा नहीं कर सकता।

—यानी अक़्ल का दुनिया के कारोबार में आप कम दख़ल समझते हैं? लोग आपसे तावीज़-गंडे लेने आते हैं, तो आप पर किसी भरोसे से ही आते होंगे? और आप भी, जगह-जगह उर्स में पाबन्दी से हाज़िरी देते हैं, उसके पीछे भी कोई अक़ीदत काम करती होगी? साबिर को लगने लगा था वह ख़ुद अपने ही सवालों के गोरखधन्धे में पूरी तरह फँस चुका था; कहने को सम्बोधन ग़नी मियाँ से था लेकिन सारे प्रश्न ख़ुद से ही पूछकर, वह ऐसे उत्तर चाहता था जो उसे विश्वसनीय लग सकें।

—अक़्ल के दख़ल से, इस बार ग़नी मियाँ धीमी हँसी हँसे थे—मैंने कब इनकार किया है? जो कुछ भी ज़िन्दगी में किया है, वह ख़ुद मेरी अक़्ल से ही किया है, उससे दूसरों की समझ को इत्तिफ़ाक़ रहा हो या नहीं। नेक लोगों के प्रति अपनी श्रद्धा के बारे में मैं ऐतराफ़ कर ही चुका हूँ; यह भी, सौ-फ़ीसदी, मेरी अक़्ल या समझ, जो चाहें कह लीजिए, का तय किया हुआ है। वही अक़ीदत मेरी उर्सों में शिरकत की वजह है, जैसा कि ख़ुद आपने फ़रमाया। मैं दम-दरुद करता हूँ, बुज़ुर्गों की बताई हुई दुआओं का और इसमें उनके तजुर्बों पर, जहाँ तक मेरी अक़्ल साथ देती है, पूरा-पूरा भरोसा करता हूँ। न मैं ख़ुद को पीर समझता, न कोई मेरा मुरीद है। हाँ, जो मेरी दुआ पर भरोसा करके आते हैं, उनके लिए उन बुज़ुर्गों की मार्फ़त दुआ करता हूँ। यही मेरा तावीज़-गंडा है। मैं मोजज़े का दावा नहीं करता, न अपनी ज़िन्दगी में किसी ऐसे इनसान से मिला जिसके पास मोजज़े कर दिखाने की ताक़त हो। हो सकता है दुनिया में ऐसे लोग रहे हों, या आज भी हों, जिनके पास ऐसी ताक़त हो। वह ख़ुद न कहते हों, लेकिन लोग देखते हों उनके किए-धरे में मोजज़े की ख़ूबी। रियाज़ और प्रैक्टिस से ऐसा कुछ हासिल किया जा सकता है जो ताकत हो। यह हासिल की हुई ताक़त और अक़्ल, सलाहियत कह लें उसे, का एक इस्तेमाल हो सकता है और इसका किसी ख़ास मज़हब से ताल्लुक़ नहीं, एक डिसिप्लिन और मेहनत से ताल्लुक़ होता है, यह मेरा मानना है। साथ ही यह भी कि इसे हासिल कर पाना शायद हर मेहनत करनेवाले के बूते का नहीं; कुछ ख़ास ऐसा होता है जो पैदाइश से मिलता है। बिलकुल उसी तरह जैसे अच्छा एथलीट बनने की सलाहियत पैदाइशी होती है। सब काम, सब

लोग एक-सी महारत और कामयाबी से कहाँ कर पाते हैं, सबको एक-सी आसानियाँ हासिल करा दी जाएँ तो भी। अलग-अलग लोगों के अपने-अपने मिज़ाज होते हैं, जड़ी-बूटियों की तासीर की तरह।

—ख़्वाब और ख़्वाबों की ताबीर को लेकर मेरा एक तजुर्बा है, उसे कलीम बाबा और माहिम दरगाह याद आए थे—जो मोजज़ा ही लगता है। क्या कोई जान सकता है मैंने ख़्वाब में क्या देखा? मेरे बिना बताए?

—मेरी अक़्ल तो मानने से इनकार करती है, ग़नी मियाँ ने सरसरी लहज़े में कहा था।—लेकिन मेरी अक़्ल कोई अक़्ले-कुल तो है नहीं! कभी कहीं ऐसा हुआ भी हो, तो मैं उसे ज़िन्दगी में एक उसूल की तौर पर नहीं मानूँगा। बहुत कुछ है जो ज़िन्दगी में हुआ है, जिसे मेरी अक़्ल समझ नहीं पाई। इसकी वज़ह मैं यही मानता हूँ कि मेरी समझ सकने की एक सतह है, मगर दुनिया उसी पर रुक नहीं जाती। अक़्ल की भी तरबियत करना पड़ती है। पीढ़ियाँ मेहनत करती हैं उसे किसी हद तक भरोसेमन्द बना सकने के लिए। महज़ रूहानी फ़ैज़ से सबकुछ तो हासिल नहीं किया जा सकता : कुछ दम-दिलासा, कुछ थकन मिटाने के लिए घनी छाँव-सा ही हाथ लग सकता है। यह तो होने से रहा कि दुआ करके मैं क्लासिकल म्यूज़िक समझने और उसका मज़ा लेने लगूँ! बल्कि ख़ुद भी गाने लगूँ! हमारी अपनी सलाहियत के दायरे हैं, और दुआ भी उनको रागझते हुए की जाए तो उसके क़बूल होने की उम्मीद बनती है। रही बात मोजज़ों की तो मज़हब उनके तज़किरे से भरे पड़े हैं। मेरे मानने-न-मानने से उस पर फ़र्क़ नहीं पड़ता।

—मगर ख़ुद आपकी ज़ात पर तो पड़ता है?

उसने कहा था और ग़नी मियाँ का ठहाका चालू हो गया था।

—बहुत कुछ, वह बोले थे—जो हम महसूस करते हैं, शब्दों में अदा नहीं कर पाते। यहाँ भी क़सूर ख़ुद की कमज़ोरी का है। जैसे ही अपनी कमज़ोरियों का एहसास होता है, मैं उन लोगों को याद करता हूँ जो मेरी तरह कमज़ोर नहीं थे। वह मेरी ताक़त हैं, यही मेरा यक़ीन है। इसके बावज़ूद मैं अक्सर बहुत कमज़ोर और निहत्था महसूस करता हूँः लगता है ज़िन्दगी गुज़ारने का मेरा तरीक़ा सालाना इम्तिहान के लिए कुछ इम्पॉर्टेंट सबक़ रट लेने जैसा है,

जिन्हें मैं समझ पूरी तरह हरगिज़ नहीं पाया हूँ। देखें, इम्तिहान के पर्चे में वह सब पूछा भी जाता है या नहीं! कहीं ऐसा न हो यह कहते हुए उठना पड़े कि सब आउट-ऑफ़-कोर्स आ गया! यह ख़ौफ़ तारी रहता है। लेकिन ज़िन्दगी में अक़्ल के दख़ल से तो इनकार किया ही नहीं जा सकता, कैसे किया जा सकता है? कोई ऐसा करता है तो उसके लिए भी अक़्ल से ही काम लेता है और चाहता है तो उसे कोई और नाम दे देता है। इसे तस्लीम कर लेने के बाद भी ज़िन्दगी का मुअम्मा कम मुश्किल नहीं हो जाता।

—आपने ऐसे काम किए हैं या करते हैं जिनकी मज़हब—मेरा मतलब आपके मज़हब इस्लाम में मनाही है? बहुत पर्सनल सवाल है, मुनासिब समझें तो ही जवाब दें।

—गुनहगार इनसान हूँ, ज़रूर किए होंगे या अब भी कर रहा होऊँगा! पारसाई का दावा मैंने कभी नहीं किया। मज़हब भी तो इनसानी ख़ूबियों की परवरिश करने और उनकी हिफ़ाज़त की मंशा से ही वजूद में आया होगा। वह एक संविधान ही तो देता है जिसमें कुछ बुनियादी बातें—फंडामेंटल्स होते हैं और बाक़ी हिदायतें—डायरेक्टिव प्रिंसिपल्स! उसमें भी लोगों की हैसियत बिलकुल अदालती सिलसिलों जैसी लगती है—मुन्सिफ़, वकील, जुर्म, मुज़रिम, वकील, मुक़द्दमा, फ़ैसला। यह समाज में लॉ एंड ऑर्डर बरक़रार रखने की मंशा से होता है और वक़्त-वक़्त पर सुधार की माँग करता है। यह सुधार अगर मज़हब के बुनियादी उसूलों की ख़िलाफ़वर्ज़ी नहीं करते तो क़बूल किए जाने चाहिए क्योंकि बदले ज़मानों और हालात की पुकार का जवाब होते हैं : ऐसा कुछ जिसका पिछले वक़्तों में तसव्वुर नहीं किया जा सकता था। सो है यह इनसान की एक ऐसी हक़ीक़त को समझ सकने की कोशिश ही, जो समझ को थकाती और उसके बौने होने का एहसास दिलाती है। लोग नाराज़ होकर बग़ावतें भी करते हैं, क़ानून अपने हाथ में लेने को तहज़ीब, बोली, नस्ल के नाम पर ऐसे क़त्लो-ख़ून करते हैं जिनकी मिसालें तारीख़ की किताबों में बिखरी नज़र आती हैं। ख़ुदा के नाम पे ही उसके माननेवालों का सफ़ाया होता आया है और आगे भी होता नज़र आता है। मैं अपनी बात दोहरा रहा हूँ और इसमें आपके लिए वैसे भी कुछ नया नहीं हो सकता। ईमानदारी से कहूँ तो मैंने

इस्लाम की एक ऐसी शक्ल अपने लिए चुनी है जो मेरे मिज़ाज के नज़दीकतरीन है। दूसरों को इसमें बहुत-कुछ ऐसा लग सकता है जो उनकी नज़र में ग़लत हो। दुनिया में कम चीज़ें हैं जिन पर तमाम लोग सहमत हो सकें और आपका वहाबी पंथ तो कुछ अजब नहीं, जो मुझे गुनाहों का देवता ही क़रार दे दे!

—मैं किसी पंथ के नुमाइन्दे की हैसियत से नहीं पूछ रहा, साबिर को लगा वह मानसिक रूप से थक चुका था।—फिर भी बात करके अच्छा लगा और सोच के कई ऐसे पहलुओं पर रोशनी पड़ी जो साफ़ नहीं थे। मैं तो, इसी शहर के एक बुज़ुर्ग का कहा दोहराऊँ तो पैदाइशी मुसलमान हूँ, बस! जिस माहौल में पैदा हुआ उसी की नक़ल करने की कोशिश करता रहा हूँ क्योंकि वही मेरे लिए सबसे आसान था। जहाँ कुछ ऐसा किया जो उसके ख़िलाफ़ हो, उसे अपनी समझ से जस्टिफ़ाई कर लेता हूँ या करने की कोशिश करता हूँ।

—होता है सैयद साहब, ग़नी मियाँ ने आँखें बन्द करके बुज़ुर्गाना स्वर में कहा था।—सब ही के साथ ऐसा होता है। इसीलिए तौबा की गुंजाइश और पछतावे की अहमियत है। हम आप एक दूसरे को समझने की कोशिश और अपनी गलतियों-कमज़ोरियों का एतराफ़ तो करते हैं, वरना इस ज़माने में भी जिसे दुनिया सेक्यूलर और नया कहती है, मज़हब सामनेवाले पर हमला करने का हथियार ही है : जो इसे चलाना नहीं जानते, वह भी सजावट के लिए इस्तेमाल करना ज़रूरी समझते हैं।

एकाएक लगा था ग़नी मियाँ विषय को समाप्त ही नहीं करना चाहते थे और अभी न जाने कितनी देर तक बिना थके बोल सकते थे : उसी प्रकार की बातें करते जो गोल-गोल दायरों में चलती हैं और कहीं पहुँचती नहीं।

34. मज़ार और मदरसा

—आप उस प्लॉट पर, आख़िरकार उन्होंने पूछा था—क्या मदरसा क़ायम करना चाहते हैं?

—उससे क्या फ़र्क़ पड़ता है! उसने थकी हँसी के साथ कहा था।—मौजूदा हालात में तो मेरा वहाँ कब्ज़ा रहना मुश्किल ही लगता है। ज़रूरत पाँच लाख की है जो फिलहाल मेरे पास नहीं। मदरसे का कभी सोचा ज़रूर था लेकिन तय नहीं था।

गहरी ख़ामोशी में डूबे ग़नी मियाँ इस प्रकार सोचते लगे थे जैसे उसकी समस्या के समाधान को पहुँचने की कोशिश कर रहे हों।

—मदरसे के बारे में सोचकर रह जाने के बजाय, अच्छा होता अगर आप टेकरी पर कोई मक़बरा-मज़ार बनाकर, उस पर हर जुमेरात को अगरबत्ती लोबान सुलगाते रहते! फिर देखते कोई आपको वहाँ से कैसे बेदख़ल करता!

ग़नी मियाँ व्यंग्य कर रहे थे या दोस्ताना दुख का इज़हार, वह समझ नहीं पाया था। एक व्यक्ति जिसे बुज़ुर्गों और उनकी आरामगाहों से श्रद्धा थी, उससे झूठ-मूठ का मज़ार बनाने की बात कर रहा था? ज़मीन पर क़ब्ज़े के लिए! ऐसा नहीं कि दुनिया में ऐसा होता नहीं था, लेकिन ग़नी मियाँ का यह व्यंग्य या मज़ाक में भी कहना, भद्दा था।

—जहाँ तक इमरान आलम का ताल्लुक़ है, कुछ ठहरकर उन्होंने कहा था—यह सही है कि उनका आज एक सियासी रुतबा है। रूलिंग पार्टी के एम. पी. हैं और सियासी उठा-पटक का भी तजुर्बा है। कॉलेज के ज़माने से रहा है और एक ज़माने में हम ख़ुद उनके ढोल-ताशे बजानेवालों में थे। स्कूल की दोस्ती और ख़ानदानी मरासिम का सिलसिला रहा है। अब्बा मुर्जर के वक़्त

रियासत में नाज़िम के ओहदे पर थे और आलम साहब, इमरान के वालिद का जंगलों के ठेके का काम था। दोनों के ताल्लुक़ात से रियासत में सब वाक़िफ़ थे, जिसका आलम साहब को फ़ायदा मिलता था और वह ख़ुद उठाना भी जानते थे। लड़के भी सब समझदार निकले और फॉरेस्ट नेशनलाइज़ होने से पहले और उसके बाद उनकी लकड़ी और कोयले की तिजारत में फ़र्क़ नहीं आया। दूसरे धन्धे भी खड़े कर लिये और जिसे बाप नालायक़ समझते थे, इमरान आलम, वह सबसे बड़ी इंडस्ट्री साबित हुआ! सियासत चीज़ ही ऐसी है, शर्त यह कि उसमें दिमाग़ चलता हो। इमरान साहब का ख़ूब चलता है और ख़ूबी यह कि वह पटिया-पॉलिटिक्स नहीं करते। उनके लिए सियासत भी हमेशा व्हाइट-कॉलर्ड जॉब रही है। प्राइवेट कॉलेज में नाम की नौकरी करते थे और स्टूडेंट पॉलिटिक्स के सरबराहों में थे। यूनियन-कार्बाइड में अच्छी पूछ-पकड़ थी और बहुत सारे लोगों की नौकरी वहाँ उन्हीं की वजह से लगी। दिल्ली में भी, जैसा कि सुनने में आता है, उनकी पहुँच है।

—आपसे तो तफ़सीली बात होती होगी, ग़नी मियाँ के बयान को संक्षिप्त करने की मंशा से उसने कहा था, इस पूर्वाभास के साथ कि ऐसा नहीं होगा।

न ठहाका, न ठंडी साँस : ग़नी मियाँ सिर झुकाए बैठे रहे थे।

वह समझ नहीं पा रहा था आगे क्या करे।

—मैं किसी उम्मीद के साथ उनके पास नहीं गया था, आख़िरकार ग़नी मियाँ को दिलासा देने के स्वर में उसने कहा था।—आपसे भी इसलिए ज़िक्र किया कि वहीं से आ रहा था और आप उन्हें जानते हैं। सलाम-दुआ और पुराना अपनापा ख़ुद मेरा भी उनसे है और उनकी बीवी भी मरियम की अच्छी दोस्त है। वह कर भी क्या सकते हैं, अगर ख़ुद मेरे पास पैसा ही नहीं।

—सही फ़रमा रहे हैं आप, ग़नी मियाँ का स्वर भारी था।—बात सारी पैसे की ही है! वैसे महलवाले उनकी बात मानते और अहमियत देते हैं। बहुत से उलझे मामलों में उन्हें इमरान साहब की मदद दरकार होती है। एक आपसी सौदेबाज़ी, जैसा कि दुनिया का उसूल है कि हम तुम्हारे काम आएँगे, पर हमारा काम करो! यहाँ दारोमदार इस पर है कि इमरान आलम साहब आपको कितनी अहमियत देते हैं।

—उन्होंने मुझसे किसी तरह का वादा नहीं किया है, उसने बात साफ़ करने की ख़ातिर कहा था।—यही कहा है कि महलवालों की नीयत के बारे में तय नहीं।

ग़नी मियाँ का ठहाका जो पहले की तरह जीवन्त नहीं था।

—सवाल यह है ना, उन्होंने अपने कुर्ते के दामन से हवा करते हुए कहा था— कि आप इमरान आलम के किस काम आएँगे? वह लोग आएँगे जो आपको वहाँ से बेदख़ल करके जगह हासिल करना चाहते हैं! आप भोलेपन में इमरान साहब के पास पहुँच गए, बिना यह जाने कि उस इलाक़े में पत्ता भी बिना इमरान आलम की मर्ज़ी के नहीं खड़क सकता! वहाँ जितने कब्ज़े नाजायज़ हुए हैं, सब उनके कराए हुए हैं और आपकी टेकरी के सामने धरना देनेवाले भी उन्हीं के लोग हैं! हम भी शहर में प्रॉपर्टी का कारोबार कर रहे हैं, इसलिए अन्दर-बाहर, सबकी ख़बर रखनी पड़ती है! न चाहें तो भी हो जाती है।

ग़नी मियाँ की बात सुनकर उसे कोई बड़ा आश्चर्य नहीं हुआ था, मगर बुरा ज़रूर लगा था : अगर ग़नी मियाँ इमरान आलम के बारे में दिल में किसी बुराई से कह रहे थे तो उसका, और अगर वह इमरान के हाथों बेवक़ूफ़ बना था, तो उसका।

जो हो चुका था उसे सुधारने की क़ीमत पाँच लाख थी, जो उसके पल्ले नहीं थे।

—क्या आप लोगों के ताल्लुक़ात में बिगाड़ आ गया है? उसने सीधा सवाल पूछा था।

—नहीं, ऐसा कुछ नहीं, ग़नी मियाँ का अन्दाज़ बात टालने का था।—मेरी ज़ात से उनकी सियासत को कोई ख़तरा नहीं! मैं कभी इलेक्शन नहीं लड़ूँगा यह वह जानते हैं। इसके आगे दोस्ती-दुश्मनी के मौक़े ही नहीं आते। मैं इस मंशा से यह सारी तफ़सील बता रहा था कि आप उनके भरोसे न बैठें, और अगर कुछ किया जा सकता है तो ख़ुद करें। एक ज़माने में आपके कज़न आमिर साहब भी उनके अलम्बरदारों में हुआ करते थे, लेकिन अब ताल्लुक़ात बिगड़ चुके हैं। उनके कहे से भी कुछ होने की उम्मीद नज़र नहीं आती!

—मैं ख़ुद भी आमिर को इस मामले में नहीं डालना चाहता, उसने स्वर के कड़वेपन की पर्दादारी की कोशिश करते कहा था।—उनके अपने काम-धन्धे हैं।

उसे अधिक बुरा इसलिए लगा था कि ग़नी मियाँ का सम्बन्ध अभी भी आमिर की मित्र-मंडली से था और पाबन्दी से उनका आपस में मिलना-जुलना था। वह सब जानते थे बल्कि ख़ुद भी उन लोगों में शामिल थे जो बिटिया के निकाह के नाटक के समय आमिर के आसपास थे। यह सम्भव नहीं था कि उसकी मरियम और बिटिया से दूरी या आमिर से कटुता से वह अनजान रहे हों, लेकिन ऐसा होने का दिखावा कर रहे थे।

छोटे शहर के शहरी और वहाँ के जीवन के ख़तरे!

—आगे के बारे में कुछ सोचा तो होगा आपने? ग़नी मियाँ पूछ रहे थे।

कुछ ख़ास या तय नहीं, उसे लगा था सचमुच, हर रास्ते की तरह अब शायद उसका अंत भी अधिक दूर नहीं था जिसे वह अभी तक रास्ता समझकर चलता रहा था।—संजय से—मेरा पुराना दोस्त है, दुबई फ़ोन पर बात हुई थी। उसने यहाँ बुलाने का इन्तज़ाम किया है, कहीं काम का कुछ हो-सा भी गया है। काम नहीं तो कुछ दिन वैसे ही घूमना-फिरना हो जाएगा। पासपोर्ट कभी मरियम के भाई साहब के कहने पर अमरीका घूमने की मंशा से बनवाया था, वह भी किसी काम आ जाएगा!

—और मरियम साहिबा और बेटी? प्रश्न की उत्सुकता बनी हुई थी।

—उनका क्या? वह हँस दिया था।—अच्छी भली तो हैं यहाँ। वैसे उनसे इस मामले में अभी तफ़सीली बात नहीं हुई।

—और यह टेकरी और प्लॉट?

—मरियम या जिसका वह कहेंगी, उसके नाम पावर-ऑफ-एटर्नी कर जाऊँगा। फिर दुबई बहुत दूर नहीं, वहाँ रहा भी तो आना-जाना रहेगा ही।

—यह मिडिल-ईस्ट का ख़याल बहुत मुनासिब है, ग़नी मियाँ पूरी तरह सहमत थे।—बहुत फ़र्क़ पड़ गया साहब शहर में, न जाने कितने ख़ानदानों के हालात बदल गए। हालाँकि ज़्यादातर वहाँ कमानेवालों का माइंड-सेट आज भी फ्यूडल है! आ गया तो उड़ा दो! मगर कुछ सँभले भी हैं। कितने पुरानों की

जगह नए मकान बन गए, ज़मीन-जायदाद भी ख़रीद ली। हमारे एक दोस्त ज़माने से कुवैत में है। मिज़ाज़ के ज़रा कंजूस भी हैं और इज़हारे शानो-शौकत के शौकीन भी! यहाँ घर और घरवालों का ख़ुशहाली से हुलिया बदल गया। ख़ुद भी हर साल छुट्टियों में आते हैं। सिगरेट शौक से पीते हैं—स्टेट एक्सप्रेस, 555! आते हैं तो घर से पैकेट में दो सिगरेट रखकर निकलते हैं, और मिलने पर एक ख़ुद मुँह में दबाकर दूसरी सामनेवाले को ऑफ़र करते हैं। कोई भी यह कहकर कि एक ही बची है, आप अपना ब्रांड पिएँ, बेचारा अपनी सिगरेट जला लेता है। कब से उन्हें यह करते देख रहा था। कहा तो क़बूल भी लिया। कहने लगे पूरा पैकेट देखकर तो न पीनेवालों को भी शौक चर्राता है, सब चिमनियाँ बन जाते हैं! बात मिज़ाज़ में कंजूसी की ही है।

—वह तो है, उसने फ़रमाबरदारी से कहा था।—वैसे मेरा अभी बिलकुल तय नहीं है कि बाहर जाऊँगा या इंडिया में ही रहूँगा। एक दिल करता है यू. पी. में लखनऊ या बरेली शिफ़्ट हो जाऊँ, वहाँ कुछ करने की कोशिश करूँ। एक दोस्त बैंगलोर बुला रहे हैं, वहाँ भी जा सकता हूँ। यह भी हो सकता है कि हालात किसी तरह सुधरें और यहीं रहूँ।

—बम्बई जाने का कोई इरादा नहीं?

कुछ पल की चुप्पी पड़ गई थी।

—क्यों नहीं, आख़िरकार उसने बेदिली से कहा था।—वहाँ भी जा सकता हूँ। बहरहाल, अभी कुछ तय नहीं है।

ग़नी मियाँ कुछ सोच रहे थे, कुछ कहना चाह रहे थे : तय नहीं कर पा रहे थे कहें या न कहें, वह अन्दाज़ा लगा सकता था। यह अन्दाज़ा बातचीत के चलते, जाने कैसे, मगर उसे कुछ देर पहले ही हो गया था, और वह एक प्रकार से उनकी ख़ास बात सुनने के लिए ही, सारी इधर-उधर की बातचीत में हिस्सा ले रहा था।

—एक सुझाव है मेरा, आख़िरकार वह शुरू हुए थे।—उस पर ग़ौर किया जा सकता है, अगर आप उस जगह से पीछा छुड़ाना चाहें तो। इस तरह कि आपको ज़्यादा नुक़सान भी न हो, और यह जो उलझन बन गई है, वह भी एक हद तक सुलझ जाए। इसमें वह सब तो बेशक, नहीं हो पाएगा जो आपने

सोचा था। जैसे उस जगह मदरसा क़ायम करना। उसके अलावा, यह एक प्रैक्टिकल हल हो सकता है, अगर आप मेरी बात को ग़लत न समझें तो।

—मैं तो आया ही आपके पास सलाह-मशवरे के लिए था। बाक़ी तो बस, बात में से बात निकलती गई। बातें ही उलझाव भी हो सकती हैं और सुलझाव भी, यह एहसास मुझे अपनी ददियाल, बरेली जाकर और पहली बार अपनी फूफी से मिलकर भी हुआ था।

वह अपने जन्म की दास्तान—एक परछाईं के दो में बँटने की कहानी, और उसकी यह खोज कि एक परछाईं, ख़ुद उसके रूप में, हू-ब-हू अपनी परछाईं छोड़ गई थी, अर्थात् परछाईं वंश और परछाईं काल का इतिहास, ग़नी मियाँ को थोड़े विस्तार से सुनाना चाहता था जिसमें—वह साफ़ देख सकता था, उनकी कोई रुचि नहीं थी। वह मुद्दे की बात अब देर तक नहीं टाल सकते थे।

35. 'ज़मीन सब देखती है'

—मुझे कुछ अन्दाज़ा है यहाँ प्रॉपर्टी के उलझे मामलों का, सकुचाते या ऐसा होने का नाटक करते वह शुरू हुए थे।—उनको डील करने का अनुभव भी है। उन तमाम लोगों की मालूमात है जो शहर के लैंड-माफिया के करता-धरता हैं—जो इशारा करते हैं और जो उन इशारों पर अमल करते हैं। हर काम के अच्छे और बुरे, दोनों पहलू होते हैं, जो तजुर्बे के साथ ही समझ में आते हैं, आपको ख़ुद बम्बई में जायदाद के मामले हल करते हुए महसूस हुआ होगा। मैं भी पिछले बीस साल से यहाँ प्रॉपर्टी का काम कर रहा हूँ, तो एक ख़ास तरह का रवैया बन गया है, इससे मुताल्लिक मामलों को लेकर। जहाँ कोई दूसरा उलझेगा या परेशान होगा, मुझे दिलचस्प लगने लगा है कि देखें क्या होता है। कुछ कहना बड़ा बोल बोलना होगा लेकिन यह हक़ीक़त है कि मैं आमतौर पर कामयाब हुआ हूँ। थोड़ा-बहुत ऐसा भी हुआ कि हाथ से निकल गया, तो उसे भी रिकवर करने के तरीक़े समझ में आए और आज—उन्होंने अपना कान पकड़ते हुए कहा था—कोई यह नहीं कह सकता कि प्रॉपर्टी के मामले में वह मुझे चीट करने में कामयाब हो सका। अव्वल तो साहब, जो इस ज़मीन को अपनी मिल्कियत समझे, उससे बड़ा अहमक़ कौन होगा! ज़मीन सब देखती है, होने देती है! मुझे यह शिकवा नहीं कि इनसान, इनसान के साथ क्या करता है, सदियों से करता आ रहा है। ग़म उस सलूक का है जो उसका ज़मीनो-आसमान के साथ है, जिनके दरमियान वह जीता-साँस लेता है। दुनिया को कभी ख़त्म तो होना ही है, हर मज़हब में यही कहा गया है, मगर क्या उस तरह से जो हमारे सामने आ रहा है? हम सब हैं तो ज़मीन पर रेंगनेवाले कीड़े ही। तो आप सोचकर बताएँ, इस प्लॉट का मामला अगर मुझे

सौंपना चाहते हैं तो अभी तक का हर्जा-ख़र्चा आपको देकर मैं बाक़ी लोगों से निबटता रहूँगा। देखते हैं, इमरान आलम और उनके रुस्तमो-गामा पहलवान क्या करते हैं, वहाँ ख़ुद टिकने या हमें वहाँ से उखाड़ फेंकने के लिए!

उसे नहीं मालूम था ग़नी मियाँ जो प्रस्ताव दे रहे थे, उसका व्याहारिक स्वरूप क्या होने को था, और सच यह कि उसे सुनकर न तो किसी प्रकार का आश्चर्य हुआ था न किसी उलझन सुलझने या बोझा उतरने का एहसास। यही लगा था कि जो तमाम लोग उसके ख़िलाफ़ षड्यन्त्र रचते रहे थे, ग़नी मियाँ भी उनमें से एक थे! वह ब्लाइंड चल रहे हों या पत्ते देखकर बाज़ी लगा रहे हों, खेल बहरहाल उसके साथ भी रहे थे।

—इससे बेहतर मेरे लिए क्या हो सकता है, उसने झूठमूठ चहककर आभारी होने के भाव से कहा था।—स्कूल या मदरसे का तो मैंने एक ज़माने में सोचा ज़रूर था लेकिन जिस तरह तालीम के थोक और परचून कारोबार चल रहे हैं और लगता है आगे भी ख़ूब चलेंगे, उनमें शामिल होकर मुझे ब्लैक की कमाई व्हाइट तो करना नहीं है और वह क़तई नहीं कर पाऊँगा जो मेरी मंशा थी। हक़ीक़त तो यह है कि मैं ख़ुद ही गड़बड़ा गया हूँ कि मदरसा क़ायम करने के पीछे मेरी मंशा थी क्या! पहले इनसान ख़ुद को तो समझ ले, उसके बाद दुनिया की तालीम-तरबियत की फ़िक्र करे! लगता है मुझे यह ख़याल एक पुश्तैनी बीमारी की तरह मिला है!

—आपकी बुनियादी मंशा में, ग़नी मियाँ किस हद तक वास्तव में उससे सहमत थे, अन्दाज़ा लगा पाना मुश्किल था—तो कोई खोट है ही नहीं। स्कूल या मदरसे इसीलिए होते हैं कि अपनी कम उम्र से बच्चा समझना शुरू कर सके कि वह ख़ुद क्या है। एक पैदाइशी होना होता है और दूसरी यह तरबियत कि जिस समाज का तुम हिस्सा हो, खुले दिलो-दिमाग़ से, उससे रिश्ता समझो। बदनसीबी से आजकल तालीम का ज़ोर इस पर हो गया है कि अपने पैदाइशी होने को दुनिया में सबसे ऊँचा समझो और दूसरों को हिक़ारत से देखो। यह सच है कि इनसान पैदाइशी तौर पर कमज़ोर है और ख़ुद से ताक़तवर को देखकर झुकता है, यही वजह है जो शिक्षा में धर्म को केन्द्रीय महत्त्व प्राप्त रहा है और सारे सेक्यूलर साइंसेज़ की परवरिश भी, धर्म की

छत्रच्छाया में ही हुई है। एक ज़माना था जब मज़हब ही अकेली अथॉरिटी होता था—अच्छा या बुरा, जो भी हो, उसका क्रेडिट मज़हब को जाता था। आज वैसा नहीं रहा तो उसकी जगह संस्कृति और राष्ट्र ने ले ली! आज कल्चरल नेशनलिज़्म बिलकुल वैसा ही है जैसा प्रिमिटिव सोसाइटी में देवी-देवताओं का तसव्वुर रहा होगा! ऐसा लगता है इनसान किसी-न-किसी की गुलामी किए बग़ैर ज़िन्दा नहीं रहना चाहता। अच्छी मंशा, बेशक, लेकिन मैं और आप कोई निज़ामुल मुल्क तूसी तो नहीं कि अपने शौक के लिए मदरसे और यूनिवसिर्टियाँ क़ायम कर सकें!

और ग़नी मियाँ किसी ज़माने के बगदाद और निज़ामुल मुल्क, उमर खैयाम और हसन बिन सब्बाह की दोस्ती की दास्तान मज़े ले-लेकर सुनाने लगे थे, जो उसके लिए दिलचस्प थी : मदरसा निज़ामिया, बगदाद जिसमें इमाम ग़ज़ाली ने पढ़ाया था और लखनऊ का फिरंगी महल और दर्से निज़ामी का कोर्स जो लम्बे समय तक ठोस शिक्षा की गारंटी माना जाता था, उसके लिए चौंकानेवाली जानकारी थी। या फिर अलीगढ़ मुस्लिम कॉलेज और जामिया मिल्लिया इस्लामिया के झगड़ों की तफ़सील और यह कि जामिया मिल्लिया की शुरुआत किन हालात में अलीगढ़ में ही की गई और किस तरह बाद में उसे दिल्ली ले जाया गया। उसे आश्चर्य यह हुआ कि अलीगढ़ मामू ने वह सब उसे उतने विस्तार से कभी नहीं बताया। यानी अलीगढ़ और जामिया के बीच एक प्रकार का मनमुटाव आज भी मौज़ूद था! हर बार उसे यही लगता था कि वह ख़ुद कितना कम जानता था, या जीते-जी, एक जनम में जान पाएगा।

—शाहजहाँ को, ग़नी मियाँ ने कहा था—जब उसके बेटे औरंगज़ेब ने आगरे के क़िले में मज़बूरन क़ैद कर दिया और पूछा कि आज़ादी के अलावा अगर किसी और चीज़ की ख़्वाहिश हो तो इरशाद फ़रमाइए ताकि इस वक़्त हाज़िर की जाए। तो शाहजहाँ ने कहला भेजा कि थोड़े से बच्चे भिजवा दे ताकि उन्हें सबक़ पढ़ाया करूँ। इस पर आलमगीर ने हँसकर कहा, फ़ारसी में—बूए हुकूमत हनोज़ अज़ दिमाग़श न रफ़त! यानी हुकूमत करने की ख़्वाहिश अभी दिमाग़ से गई नहीं! तो कोई कितना भी इनकार करे, अपने

ढंग से तालीम देने का मतलब होता दुनिया पर अपनी ही पसन्द की हुकूमत देखना है! और यह मदरसे या स्कूल उस हुकूमत का ब्लू-प्रिंट तैयार करते हैं।

—आप तो, आख़िरकार उन्होंने मूल विषय पर लौटते हुए कहा था—मौज़ूदा हालात में मेरे प्रोपोज़ल पर ग़ौर करके देखें। मुनासिब समझें तो उस जगह का ज़िम्मा मुझे सौंपे, और आपका उसमें कितना पैसा ख़र्च हो चुका है—लागत की तौर पर, वह बताएँ ताकि मैं उसके बारे में संजीदगी से सोचना शुरू कर सकूँ। मुझे यक़ीन है जो लोग खिलवाड़ करने पर तुले हैं, मैं उन्हें उनकी मंशा में कामयाब नहीं होने दूँगा। आगे कौन जाने, हो सकता है उस जगह मदरसा क़ायम करने का ही नेक काम, आप नहीं तो मेरे हाथों अंज़ाम पा जाए! होना अपने रास्ते आप ही तलाश लेता है और नीयत तो आपकी है ही।

—आपने बड़ी उलझन से मुक्ति दिला दी, उसने गहरी साँस छोड़ते हुए ग़नी मियाँ के प्रति आभार व्यक्त किया था।—बम्बई, बम्बई था और वहाँ लोगों को डील करना मेरे लिए आसान था। यहाँ तो अपने-पराए में फ़र्क़ करना ही मुश्किल है—हर आदमी रिश्तेदार और अपना होने का दावा करता मिलता है। जो वाक़ई अपने हैं, वह पराए बन गए हैं!

—होता है, सैयद साहब! ग़नी मियाँ ने तसल्ली देने के अन्दाज़ में कहा था।—इसमें क़सूर न उनका है, न आपका। जिस तरह मामले बिगड़ते हैं, उसी तरह सुधर भी जाते हैं। कभी-कभी कुछ न करना, करने से ज़्यादा अहम होता है।

—इस पल तो आपका कहा लफ़्ज़-लफ़्ज़ सही लग रहा है, उसने हँसकर कहा था।—हालाँकि जो कुछ बना या बिगड़ा है, उसमें ख़ुद अपने किए-धरे से मैं क्यों और कैसे मुक्त ठहर सकता हूँ? बकौल आपके 'आन फँसे' की क़ैफ़ियत के बावज़ूद, तमाशा तो आन फँसो का ही है!

—एक सवाल ज़रूर, उसने कुछ पल ठहरकर जोड़ा था—जो आपसे नहीं, ख़ुद से और शायद बाक़ी सारी दुनिया से भी है, जो अक्सर मुझे परेशान करता है। शायद आप उसका कोई सही जवाब तलाश करने में मेरी मदद कर सकें, यह सोचकर आपके सामने ऊँची आवाज़ में सोचने और कहने की हिम्मत कर

रहा हूँ। असल में यह मेरी आज तक कि सारी ज़िन्दगी का हैरान करनेवाला तजुर्बा है कि वह तमाम लोग जिनकी मेरे लिए दुनिया में कोई अहमियत हो सकती है, नाम लूँ तो नानीजान, अम्मा, अलीगढ़ मामू, मेरी बरेली की ननिहाल और उसमें ख़ासतौर पर फूफी, मेरे ज़्यादातर दोस्त और मिलनेवाले जिनमें मरियम और उनका सारा ख़ानदान, यहाँ भोपाल में आमिर, वकील, अमजद, हद यह कि आप भी जब ज़िन्दगी के बारे में खुलकर बात करते हैं, तो लगता है उनके दिलों में एक-दूसरे की क़दर और मोहब्बत है। बहुत सारे जुम्ले ऐसे हैं जो मैंने हर एक को बोलते सुना है और ज़िन्दगी को समझने-समझाने के तरीक़े और सरोकार भी सबके, एक-दूसरे से मिलते-जुलते हैं। इन लोगों की फ़ेहरिस्त में हम इमरान आलम के साथ और भी कई नाम शामिल कर सकते हैं। यह क्या महज़ कोई फैशन या दिखावा है, उससे बिलकुल अलग जो हम सब वाक़ई हैं?! उनकी मैं इज़्ज़त करता हूँ जो खुलकर विरोध करें और ऐसे लोग भी हैं। मगर उनके साथ भी मिलकर बात करो, तो लगता है बुनियादी तौर पर वह भी हमसे बहुत अलहदा नहीं हैं। यह क्या है? दुनिया क्या दोग़लों के दरमियान किसी मुक़ाबले का नाम है जहाँ सबसे बेईमान सबसे ज़्यादा कामयाब है?! देखो, तो ऐसा कुछ भी होता हुआ तो नज़र नहीं आता! फिर यह क्या है, बकौल ग़ालिब—'कि भला चाहते हैं और बुरा होता है?!'

ग़नी मियाँ आँखें मूँदे मुस्कुरा रहे थे।

—'ख़ूब था पहले से होते जो हम अपने बदख़्वाह / कि भला चाहते हैं और बुरा होता है!' आँखें मूँदे हुए ही उन्होंने ग़ालिब का पूरा शेर पढ़ा था और ठहाका मारकर हँसना शुरू कर दिया था।

पाँच

36. शबे-बराअत अर्थात् शब-बरात

बहुत कोशिश के बाद भी मोटरसाइकिल स्टॉर्ट नहीं हो पाई थी।

चारों ओर सन्नाटा था और धरती-आकाश के बीच फैला चाँदनी का साम्राज्य। देर तक गाड़ी धकियाते रहने से उसका शरीर पसीना-पसीना हो चुका था। थोड़ी शराब, जो शाम को वकील को घर छोड़ने से पहले उसके साथ टेकरी पर बैठकर पी थी, कब की उतर चुकी थी। वकील को तो उसने छोड़ दिया था लेकिन ख़ुद बीच रास्ते, मोटरसाइकिल के साथ, शब-बरात की उस रोशन रात को दुनिया की सारी दोपहिया गाड़ियों की फ़ातिहा पढ़ता अकेला छूट गया था।

रात के उस पल और वह भी त्योहार की रात, किसी मेकैनिक की उम्मीद व्यर्थ थी : सब नहा-धोकर दुआएँ माँगने और अपने बुज़ुर्गों की क़ब्रों पर फ़ातिहा पढ़ने में व्यस्त होंगे। वैसे भी शहर में ज़्यादातर मेकैनिक और उनके यहाँ काम करनेवाले लड़के मुसलमान थे। कुछ फ़ासले पर पुलिस चौकी थी, गाड़ी को धकेलकर वहाँ तक ले जाकर रात-भर के लिए खड़ा किया जा सकता था। वही हमीदिया रोड—ठंडी सड़क!—जो आज इस समय हर अर्थ में बिलकुल ठंडी लग रही थी।

पुलिस स्टेशन के पास शहर का पुराना, क़ीमती होटल और बार था। यह उन गिनती की जगहों में था जिन्हें उसने पिछले तीस सालों में बदलते नहीं देखा था। वहाँ एक समय का पुराना बैरा अब 'शेफ़' या ख़ानसामा बन चुका था लेकिन सही अंग्रेज़ी बोलना नहीं सीख पाया था। कुछ बोलता ज़रूर था जो उसकी समझ में अंग्रेज़ी रही होगी, इतने आत्मविश्वास से कि सुननेवाले का ख़ुद अपनी अंग्रेज़ी से भरोसा उठ जाए। एक 'यस सर' और कुछ मेन्यू

के आइटम्स के नाम ज़रूर समझ आते थे और यह भी कि आनेवालों का स्वागत वह दिल से ख़ुश होकर कर रहा था और बाक़ी सब गिट-पिट! फिर भी होटल के पुराने ग्राहकों में उसकी ख़ास लोकप्रियता थी और जिस शाम वह छुट्टी पर हो, लोग उसकी कमी महसूस करके, गोपाल का हालचाल मालूम करते थे। यह उसने गिनती के बार जब उस होटल में जाना हुआ था, अनुभव किया था।

उसने मोटरसाइकिल पुलिस स्टेशन पर खड़ी करने का सोचा था लेकिन लगा उसे रात भर के लिए होटल के बाहर भी पार्क किया जा सकता था।

वह बार में जा बैठा था और शेफ़, गोपाल को तलब किया था। कुछ ऑर्डर करने से पहले वह उसे मोटरसाइकिल की बाबत बता देना चाहता था।

एयरकंडीशनर की खुनकी में बैठे कुछ जान में जान आई थी और धुँधले उजाले में बार की आउट-लाइंस स्पष्ट होना शुरू हुई थीं। बारह-पन्द्रह लोगों की, दो कतारों में गुंजाइशवाला सीधा और सुथरा बार। हल्के स्वर में संगीत था और सामने की दीवार पर हीर-राँझा की बड़ी पेंटिंग जो उमर खैयाम और उसके अलौकिक साक़ी से बहुत मिलती-जुलती थी।

बार में उसके अलावा सिर्फ़ दो लोग और थे।

शहर में नए और अच्छे होटल बेहतर लोकेशंस पर खुलते जाने के साथ वहाँ आनेवालों की संख्या पर ख़ासा असर पड़ा था। दूसरे, होटल की बिल्डिंग को लेकर उसके असली मालिकों से होटल प्रबन्धन का लम्बे समय से मुक़द्दमा चल रहा था और अनिश्चय की स्थिति में होटल मालिकान उस पर पैसा ख़र्च नहीं करना चाहते थे। उन्होंने भी नए भोपाल में अपना एक भव्य होटल बना डाला था और यहाँ, मुक़दमे के किसी अन्तिम फ़ैसले तक टाइम पास कर रहे थे।

सौ लफ़ड़ों के बीच दुनिया चलती रहती है।

उसी चल सकने के लिए सारी उठापटक थी!

अपनी कमी की कल्पना, जीते-जी, ख़ुद ही कोई करना चाहे तो करता रहे, वरना आज मरे और कल शब-बरात का मामला था, सबकुछ!

वेटर उसका ऑर्डर सर्व कर गया था।

शाम को वकील मरियम द्वारा भेजे गए बैंक के काग़ज़ात लेकर टेकरी पर पहुँचा था।

उस समय तक ख़ुद उसे याद नहीं था कि आज शब-बरात थी।

उन काग़ज़ों में मरियम के हस्ताक्षर की हुई ब्लैंक चेकबुक भी थी।

आश्चर्य यह कि हिसाब में बैलेंस अकाउंट आठ लाख रुपए से ऊपर था जिसमें बादबान साहब द्वारा लौटाई गई रक़म भी शामिल थी!

काग़ज़ात को पाकर न वह हैरान हो पाया था, न ख़ुश या बेफ़िक्र।

उसे चिन्ता हुई थी, मरियम के हस्ताक्षर की हुई ब्लैंक चेकबुक देखकर।

डर लगा था कि कहीं मरियम ने कोई आख़िरी फ़ैसला तो नहीं कर लिया।

ऐसा वह उसे नहीं करने देगा! उसी पल उसने संकल्प किया था। जहाँ इतना उसके अनचाहे ख़राब हो चुका था, वहाँ ख़राबी को टालने, ज़रूरत हुई तो वह भी ख़राबी का नाटक करने से नहीं हिचकेगा! जो कुछ बिगड़ा, उसमें मरियम का बहुत कम क़सूर था; असल ज़िम्मेदार तो वह ख़ुद था, जो कल्पना और व्यवहार के जीवन में तालमेल ही स्थापित नहीं कर पाया!

अपनी ग़लतियों की सज़ा वह मरियम और बिटिया को अकेले नहीं भुगतने देगा; नौबत आई तो जिस बेग़ैरती का सबूत, अभी तक, एक तरह देता रहा, उससे कई गुना ज़्यादा, दूसरी तरह देने से नहीं हिचकेगा!

यह तो तय था।

अब वह जिस तरह भी हो : मरियम को जीतने के लिए उसे मज़हब का पाखंड ही क्यों न करना पड़े क्योंकि उसे मरियम और बिटिया को उस तरह-तरह की संकीर्णताओं में विभाजित संसार से मुक्ति दिलानी थी।

परछाईं का महत्त्व, उस दृष्टिकोण से उनके सामने रखना था, जिससे वह हर ज़िन्दा शै का सबसे अभिन्न भाग ठहरती है : अँधेरा बनकर असल को ढक ले, उससे जुदा किसी हालात में नहीं होती।

यह उस पल के उसके विचार थे, जब वकील ने क़ाग़जात उसे थमाते हुए नीचे खड़े ऑटो-रिक्शा वाले का किराया माँगा था।

—कोई हिन्दी गाना या ग़ज़ल नहीं सुनवा सकते? उसने गोपाल को तलब करके फ़रमाइश की थी।—या क़व्वाली? मालूम है आज शब-बरात है।

गोपाल ने रोबोट की तरह गर्दन हिलाई थी, चेहरे पर चिन्ता की मन्द मुस्कान सहित।

—यस सर! अ वेरी हैप्पी शब-बरात टु यू, सर! मैं अगर रॉन्ग हूँ तो प्लीज़ फ़ॉरगिव मी, सर!

—रॉन्ग क्यों?

—आइडिंया नहीं रहता सर, इतना बड़ी कंट्री है! दीवाली, दसेहरा, क्रिसमस, न्यू ईअर, ईद तो सब हैप्पी, नो कनफ्यूज़न सर। कभी रॉन्ग हो जाता है। जैसे मैं एक को—बहुत पुरानी बात है, सर—हैप्पी मुहर्रम विश कर दिया, वह बुरा मान गया! माई मिस्टेक, सर! तभी मैं बहुत केयरफुल रहता हूँ, सर!

—पता नहीं, शब-बरात हैप्पी होती है या सैड, मुझे ख़ुद ही नहीं मालूम! थैंक्स फ़ॉर युवर विशिंग मी, एनी वे!

—बट सर! गोपाल की चिन्ता अभी दूर नहीं हुई थी।—बरात इज़ वेडिंग! हाऊ कैन वेडिंग बी सैड? बरात में सब ख़ुश होते हैं?

—ओह बारात! साबिर ने ठंडी साँस ली थी।—वह बारात नहीं, यह बरात है। कहते हैं ना मुक़दमे में मुल्ज़िम बरी हो गया। यानी मुक़द्दमा जीत गया। उस बरी से है यह बारात, यानी मुक्ति, रिहाई, मगफ़िरत! आज रात इबादत क़बूल की जाती है, गुनाह माफ़ किए जाते हैं, मरों के लिए उनके मोक्ष की दुआ क़बूल की जाती है। हिन्दुओं में भी तो होती है, पितृमोक्ष अमावस्या?

—यस सर!

—वहाँ अमावस्या है और यहाँ पूरा चाँद—इतना ही फ़र्क़ है दोनों में बस! मतलब दोनों का एक ही है! इसी ख़ुशी में हिन्दी म्यूज़िक हो जाए फिर!

—सॉरी सर! गोपाल ने माफ़ी माँगते, उदास स्वर में कहा था।—अलाउड नहीं है, सर! नो परमीशन!

—किसकी परमीशन? उसे हँसी आ गई थी।

—मैनेजमेंट सर! गोपाल एक वफ़ादार सिपाही की तरह अटेंशन होकर जवाब दे रहा था।

वह 'चे पिद्दी, चे पिद्दी का शोरबा!' कहना चाहता था मगर लगा गोपाल ग़लत समझ सकता था : उसके कहे को खाने के मेन्यू से गड़बड़ा सकता था! या वह बड़ा फ़रमाबरदार और मालिकों का नमक़-ख़्वार। कड़े डिसिप्लिन का पाबन्द, वर्दी से लेकर व्यवहार तक, हर मामले में। उसके गले का काला बाओ शायद ही किसी ने तिरछा देखा हो। इसी तरह क़मीज़, पतलून और कोट की देख-रेख, बिलकुल कॉपी-बुक स्टाइल में। कुछ तो होगा जो उसके मालिकों को भाता था और होटल की पैंतीस वर्ष की ज़िन्दगी में उसे एक परमानेंट फ़ीचर बनाए रहा था।

क्या इत्तिफ़ाक़ कि शब-बरात को आज ही होना था!

मरियम को आज ही काग़ज़ात लौटाने थे।

मोटरसाइकिल आज शाम ही ठंडी सड़क—हमीदिया रोड पर बिगड़नी थी, जहाँ शहर के ज़्यादा मेकैनिकों की दूकानें और लगभग सारे ही क़ब्रिस्तान थे!

—कहा जाता है, सरेशाम मरियम के घर से लौटकर, टेकरी पर रम का घूँट लेते हुए वकील ने कहा था—आज की रात बन्दों का हिसाब-किताब लेने की मंशा से अल्लाह मियाँ के दरबार का इजलास, चौथे आसमान पर उतर आता है। माँगी हुई दुआएँ क़बूल होती हैं और गुनाह माफ़। मरे लोगों की रूहों को इजाज़त दे दी जाती है कि वह ज़मीन पर अपनी क़ब्रों में लौटकर, अपने लिए फ़ातिहा पढ़ने और बख़्शिश की दुआ करने आनेवालों को देख सकती हैं।

—हमारे—मेरा मतलब अम्मा के ख़ानदानी मसलक में, तो यह सब माना नहीं जाता। सगे बाप के ख़ानदान में ज़रूर माना जाता होगा, तो उन लोगों के बीच शब-बरात गुज़ारने का कभी मौक़ा ही नहीं मिला!

—यू.पी. में तो सुना है क़ब्रिस्तानों में दीवाली की तरह चरागाँ किया जाता है। यहाँ वह सब तो नहीं लेकिन फ़ातिहा पढ़ने ज़रूर क़ब्रिस्तान जाते हैं। ख़ैर-ख़ैरात करते हैं, खाने पकाए और मीठे हलवे बनाए जाते हैं। कुछ लोग बाक़ायदा नाम से फ़ातिहा भी देते हैं लेकिन कम। एक पठान रियासत जिस पर ज़्यादा वक़्त औरतों ने हुकूमत की, बहुत सारे बिगाड़ों से बच गई है।

—मुझे मालूम है, उसने थके स्वर में कहा था।—यहाँ बचपन में आता था, वह भी देखा है और पिछले पड़ाव में भी कई शब-बरातें यहीं गुज़री थीं।

वह उसी पल मरियम से जाकर मिलना चाहता था!

किसी भी तरह, उस दूरी को ख़त्म कर सकने के प्रयास में जो उसे नहीं मालूम था, सचमुच किस प्रकार किया जा सकता था!

या किया भी जा सकता था या नहीं—मगर किया तो जाना था!

वह उससे दोबारा, एक नई ज़िन्दगी शुरू करने की विनती करना चाहता था, यह जानते हुए भी कि यह कोई ऐसी काग़ज़ी कार्यवाही नहीं जिसे कुछ शपथ-पत्र भरने के बाद, क़ानूनन ऐसा किया जा सकता हो।

फिर भी, वह कोशिश तो करेगा ही, इस विश्वास के साथ कि ऐसा सफलतापूर्वक हो पाएगा!

वह एक क्षण था जिसमें वह बिना आगा-पीछा सोचे एक शुरुआत कर सकता था लेकिन उसने उसे बीत जाने दिया था। किसी आनेवाले मुनासिब क्षण तक; एक बेहतर शुरुआत की आशा में।

वकील के साथ टेकरी पर बैठा वह कुछ ऐसा याद कर सकने की कोशिश करता रहा था जो उसकी शक्ति बन पाता।

माहिम दरगाह और कलीम बाबा?

पिछले दो वर्ष से बाबा की किसी को कोई ख़बर नहीं थी : एक सुबह लोगों ने उनकी कोठरी को ख़ाली पाया था और तब से ही उनका कोई पता-ठिकाना नहीं था। हर बार, बम्बई जाकर उनसे मिल सकने के लिए वह जाने कहाँ-कहाँ मारा फिरा था, लेकिन ऐसा सम्भव नहीं हो पाया था।

उसके पास उनकी कोई तस्वीर नहीं थी जिसे अख़बारों में छपवाकर उनके तलाश किए जाने की अपील की जा सकती!

वह वकील के साथ रम के घूँट लेता, उम्र पर फैली शब-बरात की स्मृतियों को ध्यान से सुनने की कोशिश करता रहा था।

—चीज़ें कितनी ख़ालिस मज़हबी होती हैं और कितनी ज़िन्दगी में थोड़ा रंग भरने की ख़ातिर, ज़िन्दा लोगों के जरिए उनको मन-मुनाफ़िक़ तब्दील कर दिया जाता है, कौन कह सकता है? वकील उदास था।—फिर सवाल यह उठता है कि मज़हब ज़िन्दगी के लिए बना या ज़िन्दगी इसलिए है कि उसे मज़हब का गुलाम बना दिया जाए! किसी एक बात को लेकर तो दो अलग-अलग, मज़हब तो छोड़िए! एक ही मज़हब के दो सो-कॉल्ड प्रैक्टिसिंग एक्सपर्ट्स, एक-राय होते नहीं! इन्हें यह कह देने में क्या तक़लीफ़ होती है कि लोग, जब तक वह बुनियादी चीज़ों में हेर-फेर नहीं कर रहे, तो अपने-अपने ढंग से ख़ुश या उदास होने का हक़ रखते हैं?

—उनके ऐसा न करने के आदेश से फ़र्क़ क्या पड़ता है! साबिर ने कुछ कह सकने के लिए कहा था आदमी करता तो वही है जिस पर उसका दिल ठहरता या गवाही देता है।

—क्या मज़हब की परिकल्पना ख़ुद अपने में यह उदारता साथ नहीं लिये हुए है?

—पता नहीं! शायद लिये हुए है। लेकिन उसे एक दिए वक़्त की राजनीति और उन तमाम सचों से कैसे अलहदा किया जा सकता है जो उसके माननेवालों को दरपेश होते हैं? मैं यह नहीं कह रहा कि ऐसा करना सही या मुनासिब है। तुम्हारे या मेरे सोचने से फ़र्क़ पड़ता भी नहीं क्योंकि हममें दिल की बात खुलकर कहने की भी तो हिम्मत नहीं! हर कमज़ोरी का एहसास हमें ज़्यादा मज़हबी बनाता जाता है। बुढ़ापे का एहसास, समाज में असुरक्षा की भावना और आए दिन के दंगे, ग़रीबी, बीमारी, भूकम्प, सैलाब हमें एक कठघरे में जाने पर मजबूर कर देते हैं, जहाँ एक ऊँची जगह पर बैठा या खड़ा, कोई यह ऐलान कर रहा होता है कि उसके पास एक ऐसा मंत्र है जो हमें इस दुनिया की तक़लीफ़ों से लड़ने की हिम्मत ही नहीं, इसके बाद की

एक ऐसी दुनिया का टिकट भी देता है, जहाँ सब वैसा है जैसा हम चाहते हैं और हमेशा-हमेशा के लिए है। कभी बदलेगा नहीं। क्या हममें यह हिम्मत है कि डाँटकर उससे कह सकें वह झूठ बोल रहा है! उसे हरगिज़ नहीं मालूम, मरने के बाद क्या होगा, क्योंकि मरने के बाद कुछ नहीं होगा! हर साल शब-बरात जैसे त्योहार आते रहेंगे, जिन्हें हम अपनी ज़िन्दगी की तरह ही ख़ूबसूरत या बदसूरत बनाते रहेंगे। मसला वैसे भी ज़िन्दगी और उसकी ख़ूबसूरती या बदसूरती है। एक बदसूरत ज़िन्दगी से बड़ा जहन्नुम क्या हो सकता है!

—यह तो है, वक़ील की उदासी बढ़ गई थी।—किस तेज़ी से उम्र बीतती है! और उसके बीतने के साथ इतना कुछ जानते जाने के बावज़ूद समझ में क्या ख़ाक आ पाता है! आज भी ज़ेहन में वही ताज़ा है जो बचपन में बड़ों ने बता दिया था; ज़ाहिर सी बात है ख़ुद अपने बड़ों के वसीले से जानकर! शब-बरात, यानी अल्लाह मियाँ का, साल भर का, बजट सेशन! जिसमें बन्दों की मौत-ज़िन्दगी, दाना-पानी, ग़म-ख़ुशी तय होता था! कहा जाता था आसमान में कहीं एक विशाल दरख़्त था, जिसमें ज़मीन पर ज़िन्दा लोगों के नाम के पत्ते थे और आनेवाली शब-बरात तक, एक साल की मुद्दत में, जिन्हें दुनिया से उठ जाना था, उनके नाम के पत्ते इस शब-बरात को, उस दरख़्त की शाखों से झड़ जाते थे! यह तसव्वुर कर पाना कि वह दरख़्त कितना बड़ा होगा जिसकी शाखों पर दुनिया के तमाम लोगों के नाम के करोहड़ा-करोड़ पत्ते लगे थे, कुछ उतना ही मुश्किल और दिल को डरानेवाला था, जैसे यह सोचा पाना कि होने की सारी जानी और समझी जा सकनेवाली शक्लों से भिन्न, जिसे इनसान का दिमाग़ सोच नहीं सकता था, अल्लाह मियाँ थे! मुँह नहीं था मगर बोलते थे, कान नहीं थे मगर सुनते थे! बिना नाक के सूँघते और बिना आँख के देखते थे। यह ख़याल जितना डराता था, उतना ही आकर्षित भी करता था : कुछ ऐसा मज़ा था उसमें जैसा, शायद दुनिया की सबसे ख़ूबसूरत शायरी में होता है! हैरत होती है आज कि उस उम्र में उसका, न होना और होना, अपने आपमें एक कैसी मुकम्मल इकाई बन जाता था, बिना किसी विरोधाभास के! एक और शगूफ़ा छोड़ दिया गया

था बुज़ुर्गों के नाम पे, कि आज की शब जिसके नाम का पत्ता दरख़्त से कटता है, वह अगर चाँदनी में अपनी परछाईं देखे, तो उसमें बिना सिर का धड़ नज़र आता है! एक टेंशन रहता था और क़ब्रिस्तान में, या वहाँ जाने और वापस आने में, पूरी कोशिश होती थी कि अपनी परछाईं पर नज़र न पड़े। अगर वह ग़लती से पड़ ही जाती और धड़ सिर के साथ नज़र आता, तो सौ-सौ शुक्र अदा किए जाते अल्लाह मियाँ के और शुकराने की ख़ास नमाज़ें पढ़ी जातीं! हो सकता है कम उम्र के बच्चे आज भी हर साल उसी अनुभव को जीते हों। जीते तो हम भी हैं, लेकिन कुछ इस उदासी के साथ कि यहाँ से कोई चला गया!

—तुम कब से क़ब्रिस्तान नहीं गए, मेरा मतलब शब-बरात को?

—बहुत ज़माना हो गया, सही-सही याद भी नहीं! जब गया था तब भी फ़क़ीरों की भीड़-भाड़ और माइक पर चन्दे की अपीलें सुनकर अच्छा नहीं लगा था। किसी मेले की मौज-मस्ती का समाँ था।

—उन रूहों का जाने क्या होता होगा जिनकी क़ब्रों पर पुख़्ता इमारतें बन गईं! जाने उसने महज़ मज़ाक में कहा था या सचमुच उन आत्माओं की चिन्ता में।—वह आज की रात अपने लिए फ़ातिहा पढ़ने और बख़्शिश की दुआ करने आनेवालों को देख सकने के लिए कहाँ जाती होंगी!

वकील हँस दिया था।

—जो भी हो, उसने कहा था—मुझे तो यह ख़याल बड़ा अपीलिंग लगता है। ज़ाहिर-सी बात है, मज़हबी किताबों में तो होगा नहीं। यह तो उन लोगों की ईजाद है जो ज़िन्दगी से मुहब्बत करते हैं। दो तरीक़े हो सकते हैं ख़ुद का बाक़ी दुनिया से रिश्ता क़ायम कर सकने के कि या तो हम जो है उसे क़बूल करके उसका जश्न मनाएँ या फिर मातम! मातम करनेवालों की भी कमी नहीं। शब-बरात का तो पूरा तसव्वुर ही इन्तिहाई रूमानी है।

—बेशक, साबिर ने कहा था।—मैं बुरा या भला नहीं कह रहा। बस, सोच रहा था, इस ज़िन्दगीनामी गोरखधन्धे के बारे में! सादा दिल लोगों के लिए तो यह इम्तिहान-ही-इम्तिहान है। हर इम्तिहान की तरह इसमें भी पास और फेल लगा है, जो कभी-कभी, किसी पल, लगता है, शायद समझ में भी आ

रहा है। शायद इतना-भर होना भी कम नहीं, काफ़ी है! जब तक कोई एक दूसरी सदा-सदा क़ायम रहनेवाली दुनिया के टिकट के चक्कर में न पड़े इतना बहुत से ज़्यादा है और हर हासिल किया जानेवाला मक़सद, हासिल किया जा सकता है! कोई देर नहीं हुई।

—इतना मानने से भी, वकील की चिन्ता गहरा गई थी—कि मरने के साथ ही सबकुछ ख़त्म हो जाएगा और मिट्टी और नमी के हवाले जिस्म भी सड़-गलकर मिट्टी हो जाएगा या आग के हवाले किए जाने के बाद पंचतत्त्वों में विलीन, ज़िन्दगी और ज़िन्दा लोगों की असलियत, उसकी ख़ूबसूरती-बदसूरती और पेश आनेवाले इम्तिहानों, जीत और हार से कैसे इनकार किया जा सकता है। ज़िन्दगी तमाम मज़हबों से बड़ी और अव्वल है और मज़हब सिर्फ़ उससे एक सही-सही रिश्तेदारी क़ायम करने की कोशिश और तालीम है। आप एथीस्ट हैं, एग्नॉस्टिक हैं या बिलीवर, ज़िन्दगी तो वही एक है! आप ख़ुद उसका क्या बनाते हैं, वह आपका कारनामा कहलाया जाएगा। इस तरह की बात करते हुए मुझे, और दूसरों के अलावा, बर्टेंड रसेल और उसका 'व्हाई आई एम नॉट अ क्रिश्चियन' सबसे ज़्यादा याद आते हैं, शायद इसलिए कि उसे मैंने ज़ेहनी कँवारेपन की अवस्था में, सबसे पहले पढ़ा था। सारे मदरसे और उनमें दी जानेवाली तालीम ज़िन्दगी और ज़िन्दा लोगों से ही सम्बद्ध है, जहाँ इसे अलग-अलग तरीक़ों से गुज़ार सकने की शिक्षा दी जाती है। अक्सर इसमें नेक तरीक़े से जीने का इनाम एक दूसरी हमेशा क़ायम रहनेवाली ऐशो-आराम की दुनिया का टिकट भी शामिल कर देते हैं! यह इनसान की कमज़ोरी और सादगी और शायद उसके लालची स्वभाव को देखते हुए किया जाता हो, या एक लम्बे सिलसिले को एक लॉजिकल अंत देने की कोशिश में।

—और वही लालच और लँगड़ी-लॉजिक जीवन का मक़सद हो जाते हैं, लाख फ़ैज़ अहमद 'फ़ैज़' कहते रहें कि 'जज़ा-सज़ा सब यहीं पे होगी! यहीं पे रोज़े हिसाब होगा!'

—वह ख़ुद जो सोचते हैं, वह कहने की हिम्मत तो करते हैं! मज़हब को इसलिए गालियाँ नहीं देते कि वह उनके सुविधा-संसार में कोई अड़चन बन

रहा हो! ख़ुद को गालियाँ देना भी फ़ैशन हो गया है, मगर मैं ख़ुद अपनी कहूँ तो मेरे अन्दर घोर दोग़लापन है! मुझे यक़ीन है कि मैं अपनी तरह नास्तिक हूँ, लेकिन बिना मौत की ज़िन्दगी की ही तरह, मुझे किसी ज़िन्दा का हमेशा-हमेशा के लिए मर जाना भी बहुत कनविंसिंग नहीं लगता! उस मौत की कल्पना मुझे डराती है जिसका अन्त दोबारा ज़िन्दगी न हो! यह सोच कि लम्बी नींद के बाद जागेंगे, अच्छे-बुरे का हिसाब होगा, फल मिलेगा, उसी मौत की कल्पना को काफ़ी आसान कर देता है! मैं अच्छाई और बुराई को मानता हूँ, ज़िन्दगी में काम करने को अव्वल समझते हुए, मौत को उसका आख़िर समझता हूँ। उसके साथ-साथ ही, वजूद में यह चूहे भी पतले-पनपते रहते हैं!

कुछ देर की ख़ामोशी के बाद साबिर हँस दिया था।

—मुझे आज तक कोई ऐसा इनसान नहीं मिला जिसके ख़याल में तालीम इनसान को आज़ाद न करती हो और जो यह न मानता हो कि आज़ादी वक़्त के साथ ज़िन्दा रहने की पहली शर्त है। अब इस आज़ादी का मतलब ज़रूर एक पहेली है और शायद वही सारे दोग़लेपन की भी जड़ होगी! यह तो अच्छा ही हुआ कि हमारा शुमार जाहिलों में है : न कोई डिग्री न सनद!

—लेकिन आप तो एक मदरसा क़ायम करने के ख़्वाहिशमन्द रहे हैं? वकील ने याद दिलाया था।

हाँ! उसने चहककर कहा था—अफ़लातून की तर्ज़ पर मैं भी एक 'एकेडमी' शुरू करना चाहता हूँ। तुम मेरे सुकरात बनने पर राज़ी हो?

एकदम, बार में धीमे संगीत के ऊपर आवाज़ें आने लगी थीं—किसी के चिल्लाकर, बोलने और शीशे के बर्तन टूटने की।

गोपाल और अन्य वेटर्स ने लपककर उस टेबिल को घेर लिया था, जहाँ इतनी देर से बहुत शान्तिपूर्वक बैठे दो लोग शराब पीते रहे थे। अब वह चिल्ला-चिल्लाकर एक-दूसरे को फ़ुहश गालियाँ दे रहे थे। और गिलास-क्रॉकरी से निशाने साधने की कोशिश कर रहे थे।

सबकुछ इतनी तेज़ी से हुआ था कि होटलवाले ख़ुद को बिलकुल तैयार नहीं कर पाए थे और गोपाल 'सर! सर!' करता, हाथ जोड़े और बाक़ी स्टॉफ, टेबल के गिर्द घेरा बाँधे खड़ा था।

गालियों के बाद जान से मार देने की धमकियों का आदान-प्रदान हुआ था और किसी ने रिवॉल्वर का ज़िक्र भी किया था।

आवाज़ें नियन्त्रित होती गई थीं, बातचीत में दोस्ती का मुहावरा वापस लौट आया था!

दो लोगों के लिए जो पुराने दोस्त और होटल के पुराने कस्टमर थे, नई टेबल लगा दी गई थी।

बातचीत दोबारा धीमी हँसी और सरगोशियों में तब्दील हो गई थी।

न किसी ने उसकी ओर ध्यान देना ज़रूरी समझा था, न कुछ बताना-समझाना।

मन हुआ वह उठ जाए, मगर क़ब्रिस्तान जाने के लिए वह पल जल्दी था : वहाँ भीड़भाड़ छँटने को कुछ और समय चाहिए था।

वह मरियम से मिलेगा ज़रूर!

मरियम और बिटिया की शर्तों पर, उनके साथ रहने की रज़ामन्दी उनके सामने रखने की कोशिश करेगा।

उन्हें ऐसा करने पर राज़ी कर पाएगा?

मरियम के ऐलान के बावज़ूद कि उनकी तलाक़ हो चुकी?

पिछले रमज़ान में तल्ख़-तुर्श बात चली थी, बिना किसी नतीजे पर पहुँचे!

उसने भी जैसा सुना था, वैसा ही लौटकर सुनाया था!

क्या वह मरियम को मना पाएगा?

क्यों नहीं। बहुत कुछ कहने और दिल की भड़ास निकालने को ही कहा जाता है। मियाँ-बीवी के बीच ऐसा कुछ भी हो जाता है कि मुड़कर सोचने की हिम्मत नहीं पड़ती।

हुआ तो कुछ उनके बीच भी ऐसा ही था!

क्या कसर छोड़ी थी, उन्होंने हर तरह ज़लील करने में।

दिल में गुंजाइश होती तो वह सब करते?